中央社会主义学院统一战线高端智库资助课题项目（编号 ZK20220214）

统一战线话语体系
建构机制研究

Research on the Construction
Mechanism of
the United Front Discourse System

杨彬彬　著

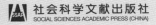

社会科学文献出版社
SOCIAL SCIENCES ACADEMIC PRESS (CHINA)

目　录

导　论

统一战线是中国共产党凝聚人心、汇聚力量的政治优势和战略方针，是中国共产党领导人民夺取革命、建设、改革事业胜利的重要法宝，是增强党的阶级基础、扩大党的群众基础、巩固党的执政地位的重要法宝，是全面建成小康社会、加快推进中国式现代化、实现中华民族伟大复兴中国梦的重要法宝。统一战线工作的本质要求是大团结大联合，解决的就是人心和力量问题。把握统一战线的核心要义、精髓实质、价值功能和现实意义，不仅要注重从历史逻辑、理论逻辑、实践逻辑入手进行分析，而且要注重从政治逻辑、话语逻辑、价值逻辑入手进行分析。唯有如此，我们才能全面总结统一战线发展的历史经验、深刻揭示统一战线的演进规律、科学阐释统一战线的转换关系、整体展现统一战线的时代图景、深入剖析统一战线的发展路径。

一　统一战线话语研究的重要意义

当前研究统一战线话语具有鲜明的时代价值和现实意义。统一战线话语是中国特色社会主义话语体系的重要组成部分，研究这一具有中国特色的话语表达形式，是建构中国特色哲学社会科学学科体系、学术体系、话语体系和建构中国自主的知识体系的内在要求。

（一）统一战线话语研究的背景

党的十八大以来，以习近平同志为核心的党中央高度重视统一战线工作，带动全党形成重视统一战线、发展统一战线的良好局面，并逐渐建构起

"大统战"格局，推动统一战线相关制度体制机制的改革与完善，充分彰显了统一战线的鲜明特质、独特优势和时代价值。在中央统战工作会议、庆祝中国共产党成立100周年大会、纪念辛亥革命110周年大会、党的十九届六中全会、党的二十大等重要会议上，习近平总书记多次强调用好统一战线这个重要法宝。统一战线发展是重大理论命题和现实问题，统一战线话语是推进这一课题研究的重要切口和视角。

概念史、命题史、论断史以及话语史研究，是建构中国特色哲学社会科学学科体系、学术体系、话语体系以及建构中国自主的知识体系的重要路径，从一定意义上来讲，也是巩固文化主体性、增强文化自信和文化主动、牢牢掌握意识形态领导权的必然要求。近年来，以核心概念、重大命题、关键论断、特色话语为主要线索的研究取得了较为丰硕的成果，尤其是概念史的研究方法已经成为马克思主义理论、中国共产党历史和中国近现代史研究的重要方法和可行路径。本书将理论研究、实践研究、话语研究、制度研究进行整合，致力于实现统一战线的宏观研究与微观研究的深度结合。以核心概念、重大命题、关键论断、特色话语为主要线索的研究，有助于突破长期以来统一战线研究中以历史事件、重要人物、关键文献、历史分期等为中心的研究局限；通过分析概念、命题、论断、话语的生成、转换、消解与重生，剖析不同类型和形态的统一战线话语背后的广阔历史背景和复杂历史动因，将制度史研究与思想史、观念史、社会史等结合起来，有助于全面展现统一战线的思想文化基础、制度建构的经济社会条件、制度变革的历史动力因素，全面把握中国统一战线的历史起源、时代转换、演进趋势和内在规律。

（二）统一战线话语研究的意义

1. 理论意义

其一，深入揭示统一战线话语的存在形态、结构功能、生成机制。本书坚持基础研究和前沿研究、理论研究和实践研究相结合：通过分析统一战线话语从理论形态到实践形态、从概念突破到系统表达、从话语创新到正式确认的转变，揭示其演进的历史经验和所蕴含的方法论。

其二，深入剖析统一战线话语的内在逻辑、多样表达、时代特质。坚持大历史观、正确党史观，秉持系统观念、整体思维，综合分析统一战线话语与革命话语、建设话语、改革话语以及执政话语、治理话语、民族复兴话语、现代化话语之间的互动关系，整体把握统一战线话语的演进特点和时代特质。

2. 实践意义

其一，深刻把握建构新时代统一战线话语体系的基础问题。研究统一战线的概念演进和话语表达，把握标识性、原创性概念及话语体系的历史起点和逻辑起点，为话语创新和规范提供基础资料。从新时代统一战线话语所要直面和回应的问题着手，进一步提出具体的对策、建议，为推动新时代统一战线话语体系建构提供切实可行的方案。

其二，深入探索建构新时代统一战线话语体系的现实机制。建构和完善统一战线话语体系，增进对新型政党制度、新型国家制度、协商民主的全方位认识和历时性审视，有助于为充分发挥统一战线话语体系的阐释作用、引领作用、认同作用提供宝贵历史资源，增进人民群众的"四个自信"，为凝聚最大共识、寻求最大公约数、画出最大同心圆提供重要支撑。

二　统一战线话语研究的文献综述

统一战线是统一战线学、马克思主义理论、中共党史党建、政治学等学科研究的重要课题，长期以来学术界围绕相关议题展开了多方面、多层次、多维度、多视角的研究，取得了较为丰硕的成果。新时代以来，统一战线话语体系建构研究成为新的学术生长点，学术界就统一战线进行的相关研究主要侧重于概念内涵、关系梳理、内容阐释、功能作用等方面，取得了一定的成果，但整体研究仍较为薄弱。

（一）概念内涵：统一战线研究的学科视阈

学界就"统一战线"概念的理论阐释颇多，且研究成果呈现出跨学科交又融合的特点。学者立足时代背景丰富且深化了"统一战线"的概念内涵。

第一，从哲学视阈展开研究。有学者对统一战线进行哲学解读，强调从哲学的高度理解中国特色统一战线"创造和谐"的本质是正确处理和协调政党关系、民族关系、宗教关系、阶层关系、海内外同胞关系，以统一战线的内部和谐促进社会和谐，且统一与和谐的实现需要从同一性、异一性、合一性三个方面辩证分析①；还有学者倡导建构统一战线"元理论"，使其超越政党政策理论而升华为科学理论，使统一战线理论体系的内涵、外延、论断、逻辑更加科学化、学术化②，这是对这一概念进行学术化阐释的尝试，其根本目的是廓清统一战线的本质，避免出现概念模糊与混淆，提升我国统一战线在国际上的话语权。

第二，从历史学视阈展开研究。这一视角侧重于把"统一战线"这一概念置于历史进程中进行考察，梳理其发展脉络并勾勒概念轮廓。一方面，从宏观角度切入，学界的关注焦点在于对其形成与发展的历史考察。在理论渊源方面，马克思主义关于无产阶级解放运动中自身团结统一和同盟军问题的论述，为统一战线理论的形成奠定了理论基础，列宁在继承和发展马克思主义统一战线思想的同时，将其从哲学领域扩展到政治学领域；统一战线工作贯穿于中国共产党的全部历史，形成了大革命时期的革命统一战线、土地革命时期的工农民主统一战线、全面抗日战争时期的抗日民族统一战线、抗日战争胜利后的人民民主统一战线以及党的十一届三中全会以后的新时期爱国统一战线③。中共中央统战部 2017 年编著的《中国共产党统一战线史》以统一战线的历史演进为线索进行系统梳理和阐述。也有学者以国体的演进历程为依托进行研究④，总结统一战线在理论和实践发展过程中的经验，为新时代推动统一战线进一步发展提供借鉴。另一方面，从微观角度切入，有学者选取"抗日民族统一战线"作为考察对象，并基于帝国主义理论进行

---

① 张祎娜：《中国特色统一战线的哲学解读》，《中国特色社会主义研究》2012 年第 3 期。
② 王磊：《建构统一战线"元理论"及其学术规范》，《中央社会主义学院学报》2013 年第 5 期。
③ 高春月：《关于统一战线形成与发展的历史考察》，《山西财经大学学报》2014 年第 S1 期。
④ 鲁法芹、赵彩燕：《论作为国体的统一战线》，《当代世界社会主义问题》2014 年第 1 期。

了深入分析，探究了中国共产党统一战线由反对帝国主义的统一战线到反对帝国主义、法西斯主义的统一战线再到抗日民族统一战线演变的全过程①，着力剖析特定历史条件下统一战线的社会价值和社会功能。

第三，从法学、社会学与政治学视阈展开研究。有学者基于宪法文本展开研究，探索其规范意义及规范体系的建构②。有学者阐释了统一战线社会服务概念，即统一战线中的各方主体通过自身的独特优势单独或联合为人民群众的社会生活提供服务，以实现改善民生、社会和谐等目标的社会活动③。还有学者从协商民主以及政治伦理的角度对统一战线展开研究，拓展了统一战线概念的外延。一方面，统一战线与社会主义协商民主有着共同的理论依据，即马克思主义政党理论和民主政治理论，统一战线既是我国在社会主义条件下进行民主政治建设的重要载体，也是中国多党合作和政治协商的最初形式，推动了协商民主的发展④；另一方面，有学者将政治伦理作为统一战线的目的论进行研究，"新时代，个体—社会—种属三个维度立体构建出统一战线的自我伦理、共同体伦理和人类伦理，实现了伦理价值从联结伦理到责任伦理以致信念伦理的革新升级"⑤。

第四，从马克思主义理论学科视阈展开研究。有学者就马克思主义国际统一战线理论的中国化以及马克思主义统一战线概念的由来展开研究，进一步探索其"一致性"与"多样性"并指出统一战线的精髓要义是法宝、和合与平衡。其一，马克思主义经典作家在长期探索中形成了马克思主义国际统一战线理论，中国共产党在抗日战争时期将马克思主义国际统一战线理论与中国的具体实际相结合，形成了具有中国特色的马克思主义国际统一战线

---

① 周家彬：《中共对反帝统一战线的认识演变（1931—1937）——兼论抗日民族统一战线的理论来源》，《中共党史研究》2019 年第 3 期。

② 阿力木·沙塔尔、胡弘弘：《"爱国统一战线"的规范意义及规范体系构建》，《社会主义研究》2019 年第 3 期。

③ 曹胜：《统一战线社会服务概念及其基本模式研究》，《中央社会主义学院学报》2014 年第 5 期。

④ 蔡宇宏：《统一战线是社会主义协商民主的内生性要素》，《当代世界社会主义问题》2017 年第 3 期。

⑤ 苏云婷：《新时代统一战线政治伦理的三重维度》，《理论导刊》2022 年第 5 期。

策略，即"通过积极开展国际统一战线工作，争取英美苏等国政府和民众对中国抗战的同情、支持和帮助，改善中共与英美在抗战时期的关系"①。这类研究旨在为当前开展国际统一战线工作提供借鉴。其二，马克思恩格斯提出了统一战线思想，但是并没有使用"统一战线"这个词语，而是使用"联盟""同盟""联合"等词语；列宁、斯大林在探索中创制了统一战线这一专有名词，并在各个共产党中传播；在我国陈独秀最早将"United Front"翻译为"联合战线"，后来邓中夏改译为"统一战线"；以毛泽东同志为主要代表的中国共产党人将统一战线与中国的具体实际相结合，使之成为中国革命取得胜利的重要法宝之一②。其三，马克思主义阶级理论是无产阶级统一战线建立的内在依据，"革命-爱国-复兴"是中国统一战线工作的逻辑主线；革命统一战线的一致性在于斗争目标，多样性在于其属性定位；爱国统一战线的一致性在于思想根基，多样性在于利益诉求；复兴统一战线的一致性在于权利义务，多样性在于行为主体③。其四，中国共产党将统一战线的价值功能定位为"法宝"，使得中国模式更加具有集中力量办大事、应对复合风险挑战的制度优势，"从本质上看，无论是中华民族共同体这一国家建构视阈下的统一战线，还是人类命运共同体这一世界治理视阈下的统一战线，都蕴含着我国传统文化中崇尚'和合'的价值导向"；平衡好统一战线的一致性与多样性、既成性与生成性、原则性与灵活性的关系，是中国共产党既往工作的主线，也是未来开展统一战线工作的要求④。

（二）关系梳理：统一战线研究的主要对象

第一，从政治关系来看，学界研究成果侧重于探讨其与马克思主义中国

---

① 杜俊华：《论抗战时期马克思主义国际统战理论的中国化——简论马克思主义国际统一战线理论》，《马克思主义研究》2013年第9期。
② 路璐：《马克思主义统一战线概念的由来新探》，《统一战线学研究》2018年第4期。
③ 何虎生：《马克思主义阶级理论视角下统一战线的"一致性"与"多样性"研究》，《马克思主义研究》2021年第7期。
④ 何虎生、赵文心：《中国共产党统一战线思想的精髓要义：法宝、和合与平衡》，《中国人民大学学报》2021年第1期。

化、时代化、大众化的结合，强调实现统一战线思想的中国化、时代化、大众化①。

首先，研究对象涉及国家政权、政治体制改革、依法治国、协商民主等。以国家政权为研究对象，有学者认为中国国家政权在社会主义时期仍然具有统一战线的性质，原因如下：爱国统一战线是对人民民主统一战线的继承和发展；中国国家政权中的多党合作和政治协商制度具有统一战线性质；新时期中国国体即人民民主专政实际上是爱国统一战线政权与无产阶级专政的有机统一②。以政治体制改革为研究对象，有学者认为政治体制改革是推动社会主义民主建设的根本动力，党的十八大对政治体制改革内容提出明确要求，具体到统一战线领域，强调健全社会主义协商民主制度、巩固和发展最广泛的爱国统一战线③。以依法治国为研究对象，有学者认为爱国统一战线为依法治国提供力量支持，依法治国为爱国统一战线提供制度保障，正确处理二者之间的关系，既有利于巩固和发展爱国统一战线，又有助于全面推动依法治国进程④。以协商民主为研究对象，有学者认为中国的协商民主是统一战线的工作方式或方法，并在统一战线从非制度化到制度化转型中走向制度化⑤。

其次，研究对象涉及社会结构、意识形态关系、社会主义核心价值观、群众路线、党风建设以及政党政治。以社会结构为研究对象，有学者认为改革开放以来经济体制改革促进了经济结构调整和社会结构变迁，要求加强统一战线社会整合，也就是通过统一战线协调社会不同因素之间的矛盾、冲突和纠纷。当前中国统一战线社会整合面临着利益整合、价值整合、组织整合

① 王继昆：《统一战线与马克思主义的中国化、时代化、大众化》，《中央社会主义学院学报》2012 年第 1 期。

② 罗振建、孙俐俐：《社会主义时期我国国家政权是否具有统一战线性质》，《探索》2013 年第 2 期。

③ 王寅平：《论政治体制改革与发展统一战线要求》，《求实》2013 年第 S2 期。

④ 曹振鹏：《论爱国统一战线与全面推进依法治国的关系》，《人民论坛》2015 年第 17 期。

⑤ 李君如：《中国共产党的协商民主及其与统一战线、选举民主的关系》，《中共天津市委党校学报》2015 年第 3 期。

等问题，创新和优化统一战线社会整合工作，需要中国共产党的坚强领导，因此，社会整合也就成为中国共产党统一战线工作的本质内容之一①。以意识形态关系为研究对象，有学者认为新时代要使意识形态工作与统一战线工作形成合力，强调"统一战线之'魂'是意识形态，意识形态通过统一战线方能获得民心之'势'"②。以社会主义核心价值观为研究对象，有学者认为社会主义核心价值观作为社会主义意识形态的本质和内涵，在社会价值观多元化的当今时代为统一战线的创新与发展提供了新的思路③。以群众路线为研究对象，有学者认为在价值维度上，群众路线与统一战线都根源于人民群众的历史主体地位；在历史维度上，二者都形成于中国革命和建设的实践之中；在实践维度上，二者都统一于中国特色社会主义民主道路的探索；在目标维度上，二者都致力于在实现中国梦中凝聚中国力量④。以党风建设为研究对象，有学者研究了抗日民族统一战线建立前后的中国共产党党风建设，在领导作风方面，实行统一战线政策，领导干部自觉接受党外民主监督⑤。以政党政治为研究对象，有学者认为新型政党制度与统一战线在新中国立法中互为逻辑，统一战线组织形态实现了两次飞跃：第一次是"改革开放至新世纪初，统一战线高级组织形态在立法路径中得以确立"；第二次是 21 世纪以来"开启了统一战线工作形态的法规化道路"⑥。

最后，研究对象涉及共产国际、共产国际工人统一战线乃至全面推进人类命运共同体建设等。以共产国际为研究对象，有学者重点讨论了共产国际对中国共产党统一战线的影响，1935 年共产国际确立了反法西斯统一战线的策略方针，并指导和帮助中国共产党提出建立抗日民族统一战线的基本策略⑦。以

---

① 陈定洋、陈自水：《公民社会兴起与统一战线社会整合体制机制创新》，《中央社会主义学院学报》2013 年第 3 期。
② 余源培：《统一战线与意识形态关系》，《探索与争鸣》2014 年第 10 期。
③ 杨晓光：《运用社会主义核心价值观推进统一战线构建》，《人民论坛》2014 年第 34 期。
④ 李照修：《统一战线与群众路线内在逻辑的四重维度》，《求实》2014 年第 12 期。
⑤ 唐金培：《抗日民族统一战线建立前后的中共党风建设》，《河北学刊》2016 年第 5 期。
⑥ 林少红：《政党政治与统一战线的互存逻辑探究》，《人民论坛》2016 年第 20 期。
⑦ 王树林：《共产国际、斯大林与中共六届六中全会——以抗日民族统一战线为中心的考察》，《中共党史研究》2015 年第 10 期。

共产国际工人统一战线为研究对象，有学者论述了共产国际工人统一战线策略经历了从"争取工人阶级的大多数"到"工人政府"再到"工农政府"方针的转变，最终在共产国际第五次代表大会上工人统一战线策略被抛弃①。以全面推进人类命运共同体建设为研究对象，有学者强调，"要用马克思主义'阶级—共同体'思维架构引领统一战线建设，塑造将民族国家诉求与世界历史发展要求一体化的无产阶级'大统战'理念"②。

第二，从经济关系来看，学界研究的关注点主要有统一战线服务经济发展方式转变、非公有制企业转变经济发展方式等。在统一战线服务经济发展方式转变方面，有学者认为统一战线为加快转变经济发展方式提供了智力支持、人才支持、力量支持和环境支持，而"服务经济发展方式转变是统一战线围绕中心、服务大局的全新使命，也是统一战线科学发展、有所作为的时代课题"③。在非公有制企业转变经济发展方式方面，有学者认为应该发挥统一战线的人才优势、联系广泛的优势以及协调优势，为非公有制企业转变经济发展方式提供智力支持，搭建信息平台、贸易合作平台、协调平台，并解决非公有制企业的资金"瓶颈"④。

第三，从文化关系来看，学界重点关注中华文化与地方文化资源，以便通过资源整合更好地开展统一战线工作。中华优秀传统文化是统一战线创新发展以及创造性转化的宝贵资源。有学者认为，中华文化与海外统一战线工作是一种相辅相成的关系，中华文化是开展海外统一战线工作的精神基础，海外统一战线工作则以中华文化为国家统一和民族团结的文明传承纽带；以文化统一战线强化海外统一战线⑤。有学者认为，要充分利用地方文化资源

---

① 宫玉涛：《共产国际工人统一战线策略的演变解析》，《当代世界与社会主义》2019 年第 2 期。
② 张艳娥：《在阶级联合与共同体之间——无产阶级统一战线的双重属性与构建人类命运共同体》，《山东社会科学》2019 年 11 期。
③ 路笃盛、刘建、程芳：《关于统一战线服务经济发展方式转变的研究》，《中央社会主义学院学报》2012 年第 1 期。
④ 宋海琼、迟琳：《统一战线视阈中的非公有制企业转变经济发展方式探析》，《中央社会主义学院学报》2012 年第 2 期。
⑤ 邓聿文：《中华文化与海外统一战线》，《中共中央党校学报》2012 年第 3 期。

中政党合作共事、民族和谐共荣、宗教精髓文化、行业创业文化、旅游民俗文化等开展统一战线工作，以促进新时期政党关系、民族关系、宗教关系、阶层关系、海内外同胞关系的和谐发展①。

此外，在论述中华优秀传统文化与新时代统一战线创新发展时，有学者认为，中华优秀传统文化助推新时代中国统一战线实践面临的新任务的完成，表现在三个方面：一是中华优秀传统文化为统一战线实践适应复杂多变的环境提供对话渠道；二是中华优秀传统文化为统一战线实践联合多元共存的力量提供智慧资源；三是中华优秀传统文化为统一战线实践采取灵活有效的方法提供启悟力量。在实践路径上，一方面要坚持马克思主义的指导，并融合中华优秀传统文化，把握统一战线的时代主题；另一方面要发挥高校、科研院所、各级党校、社会主义学院等单位中教研系统的主流阵地作用，大众传媒的传播高地作用，做好统一战线相关培训工作②。有学者认为，中华优秀传统文化中的"大一统"思想是统一战线形成的历史文化基础，"天下为公"思想是统一战线形成的社会理想基础，"和"文化是统一战线形成的哲学思想基础，忠孝思想是统一战线形成的道德基础，"和而不同"是"求同存异"原则的理论来源，实现中华优秀传统文化创造性转化、创新性发展，要坚持以马克思主义为指导，精确解读中华优秀传统文化，把握统一战线的时代主题，以文化共识铸牢中华民族共同体意识，提升文化自觉、增强文化自信③。

第四，从社会关系来看，学界立足社会组织与社会管理创新，对打造社会组织统一战线工作的新格局进行了尝试。有学者认为，新时期全面开展社会组织统一战线工作需要对社会组织进行灌输、赋权和引领，即灌输统一战线意识、向社会组织赋权、引领社会组织，建构"一个核心、两重统战"，

---

① 李坤凤：《结合地方文化资源开展统一战线工作》，《人民论坛》2013 年第 17 期。
② 丁凌、方雷：《中华优秀传统文化与新时代统一战线创新发展》，《理论学刊》2019 年第 2 期。
③ 商莹、蒋满娟：《新时代统一战线思想的中华优秀传统文化基因》，《社会科学家》2020 年第 5 期。

即社会组织的统一战线工作与统战部的统一战线工作有机结合的统战工作新格局①。有学者以社会管理创新为背景研究统一战线，认为一方面社会管理创新对统一战线提出了新要求：当前社会阶层分化与社会职业结构多样化，扩大了统一战线工作的范畴；社会组织的培育发展要求统一战线工作社会化；城市化发展迅速，少数民族人口流动性增强，对城市民族工作产生了较大影响；虚拟社会的管理成为信息化时代统一战线工作的重要内容。另一方面要发挥统一战线在社会管理创新中的作用，体现为整合新社会阶层人士（尤其是新社会组织从业人员）、参与城乡基层群众自治制度建设、服务管理民族宗教工作、妥善应对突发性社会群体事件以及构建统一战线工作网络②。

（三）内容阐释：统一战线研究的基本内容

在现有研究成果中，学界对统一战线内容的研究所占比重较大，且集中在时间、空间、人物以及价值四个维度。

第一，基于时间维度的阐释。学界对具体时间段的划分较为明确，研究成果对各个历史阶段如大革命后期、抗日战争时期、新中国成立初期、改革开放和社会主义现代化建设新时期均有涉及，但是以新时代作为研究背景的成果依然较少。

大革命后期，随着北伐的进行以及其他多种因素的影响，统一战线内部出现分化和斗争。有学者梳理了该时期中国共产党党内围绕着如何对待工农运动以维持统一战线所进行的争论，即"如何对待工农运动以维持与国民党右派的关系，如何对待工农运动以维持与国民党左派的关系"③。抗日战争时期，中国共产党与晋系抗日统一战线关系是抗日民族统一战线的重要组

---

① 肖存良：《社会组织与政党：挑战与回应——基于社会组织统一战线的视角》，《理论与改革》2012 年第 4 期。

② 张卫、王振卯、岳少华：《社会管理创新背景下的统一战线研究》，《江海学刊》2012 年第 6 期。

③ 张学成：《大革命后期中共党内关于工农运动与统一战线问题的争论——兼谈对"党内争论"的认识》，《党史研究与教学》2012 年第 4 期。

成部分，也是中国共产党对国民党地方实力派开展统一战线工作的成功案例。有学者从抗日战争时期中国共产党与晋系抗日统一战线工作的开展，特别是共产党实施正确的统战方针、政策以及所付出的艰辛努力入手，深入分析了这一统战关系的时代背景、突出特点和历史意义，认为从对立走向合作，在合作中存在斗争，是中国共产党与晋系统战关系的一个基本特征。中国共产党与晋系统战关系的形成和发展，为以第二次国共合作为基础的全国抗日民族统一战线的伟大实践提供了许多宝贵经验；双方的合作对支援华北抗战乃至夺取全国抗战的最后胜利作出了重大贡献①。有学者论述了抗日战争时期中国共产党广东党组织基层统一战线工作的策略，强调坚持抗战方向，并做到以我为主，是其成功的前提；扎根基层、坚持群众路线的工作态度是其成功的基础；坚持民主原则，积极完善自身组织系统是其成功的关键；有效完成各项抗战任务，并因此取得各方认可是其成功的必要条件；善于利用国民党内部矛盾，而又不卷入国民党派系纷争是其成功的法则②。

　　统一战线思想与中国国体之间有着密切联系，有学者论述了新民主主义革命时期毛泽东同志统一战线思想与人民共和国国体之间的关系，包括国民革命统一战线与"人民的统治"的国体观、工农联盟统一战线与"工农民主专政"国体观、抗日民族统一战线与"各革命阶级联合专政"国体观、人民民主统一战线与"人民民主专政"国体观③。新中国成立初期，毛泽东同志对《论反对日本帝国主义的策略》进行了一次实质性修改，有学者认为这次修改主要反映出毛泽东同志统一战线思想的发展：明确将民族资产阶级纳入抗日民族统一战线；对建立抗日民族统一战线的许多重要策略、表述进行了与时俱进的修改和发展；突出强调了国际援助尤其是苏联援助在抗日

① 殷启翠、翟志、许琳：《抗战时期中共与晋系的统一战线工作及其历史意义》，《学术交流》2012 年第 7 期。
② 沈成飞：《试论抗战时期中共广东党组织基层统一战线工作的策略》，《中共党史研究》2013 年第 7 期。
③ 鲁法芹、蒋锐：《民主革命时期毛泽东的统一战线国体观》，《当代世界社会主义问题》2016 年第 1 期。

国际统一战线中的首要地位①。

　　改革开放以来，中国共产党统一战线工作在理论和实践两个层面都发生了重大变化。在理论方面，统一战线的功能被定位为"爱国统一"与"中华民族伟大复兴"；面对日益分化的社会结构和多元利益，中国共产党提出了"同心"理论。在实践层面，加强统战组织自身建设，确立了"党政融合"的大统一战线格局；统战对象不断增多，团结一切可以团结的力量；统战策略和方法维度呈现制度化和精细化的趋势②。随着社会主义市场经济的进一步完善与发展、社会分工的日益细化和经济结构的转型，新世纪新阶段的统一战线的阶级阶层间关系也表现出与以往不同的特征。首先，新世纪新阶段统一战线的阶级阶层间关系总体表现为相互促进、共存共荣，但利益矛盾和冲突在不同阶级阶层间表现明显；其次，新世纪新阶段统一战线的阶级阶层间关系建立在统一的政治理念和思想基础上，但统一战线内部不同阶级阶层间存在文化价值观念上的冲突；最后，新世纪新阶段社会阶级阶层结构的多元化和利益关系的复杂化，给统一战线发挥整合功能带来了挑战③。

　　第二，基于空间维度的阐释。我国幅员辽阔，政治地理环境各异，政权建设和统一战线工作相应受到很大地域影响。有学者针对民主党派广东省地方组织、湖南和平解放、华中抗日根据地、东北抗日统一战线、中共东北党组织、中共中央南方局以及陕甘宁抗日根据地进行研究，以具体的地理区域为样本阐释统一战线工作的流变。新中国成立后确立了中国共产党领导的多党合作和政治协商制度，中共中央华南分局统战部将对民主党派（比如广东省地方组织）的统战工作视为首要工作，帮助民主党派进行思想建设、组织建设等，领导民主党派参与新中国建设，使其适应参政党

　　①　汪效驷、阮平：《新中国成立初期毛泽东统一战线思想的发展——以〈论反对日本帝国主义的策略〉的文本修改为中心》，《学术界》2021 年第 12 期。
　　②　廖幸谬、景跃进：《改革开放以来的中共统一战线工作——理论与实践的新探索》，《浙江社会科学》2018 年第 9 期。
　　③　李俊、蔡宇宏：《论新世纪新阶段统一战线阶级阶层关系的特点》，《马克思主义与现实》2013 年第 3 期。

这一新角色①。

有学者以湖南和平解放为研究切入点，认为以毛泽东同志为主要代表的中国共产党人的宏观统战，加上地方党的工作委员会全面细致地贯彻中央统战方针，合力促进了长沙城内第二条战线的全面形成，使湖南和平解放②。有学者以华中地区的苏北、苏中、苏南三个地区抗日根据地的政权建设与统一战线为研究对象，阐述了具有三区特色的伪军工作和土匪、帮会工作，强调三区抗日统一战线工作各有侧重，争取中间派是中国共产党统一战线工作的关键环节③。东北地区是中国共产党最早践行抗日统一战线政策的重要区域，有学者论述了共产国际对东北地区统一战线工作的影响④。

还有学者论述了在中国共产党的领导下，东北地区建立了人民革命军，不断加强党对军队的领导，联合义勇军反抗日军以及广泛发动爱国民众开展抗日斗争等问题⑤。中共中央南方局是抗日战争时期中国共产党派驻重庆的秘密机构，以国共关系发展为导向，以发展抗日民族统一战线为重点，以"区别对待"与"利用矛盾"为策略，统筹国统区和沦陷区的各项工作⑥。陕甘宁抗日根据地坚持党的统一战线政策和团结抗战的原则，对国民党顽固分子予以坚决自卫反击，争取中间社会阶层；坚持民族平等原则，积极引导少数民族人民参加抗日战争；在国际上宣传党的抗日民族统一战线政策主张，积极促成国际反法西斯同盟⑦。

此外，互联网塑造的新社会空间成为不同于现实空间的另一个社会空

---

① 黄利新：《新中国成立初期广东省统一战线工作与民主党派地方组织的转变》，《当代中国史研究》2012 年第 3 期。
② 周锦涛：《统一战线视域下的湖南和平解放》，《党史研究与教学》2012 年第 3 期。
③ 王明前：《"三三制"与"两面派"——华中抗日根据地的政权建设和统一战线》，《浙江师范大学学报》（社会科学版）2015 年第 6 期。
④ 何志明：《中共中央、中共代表团与满洲省委：围绕东北抗日统一战线的多边互动（1931—1936）》，《抗日战争研究》2017 年第 4 期。
⑤ 张宽、王广义：《中共东北党组织与东北抗日游击战争的新局面——以贯彻抗日统一战线为中心》，《党的文献》2020 年第 4 期。
⑥ 李玓：《统一战线视阈下中共中央南方局在抗战相持阶段的重要作用》，《江西师范大学学报》（哲学社会科学版）2021 年第 2 期。
⑦ 王明前：《陕甘宁抗日根据地统一战线研究》，《中国延安干部学院学报》2019 年第 4 期。

间，涵盖了不同社会群体、横跨了不同领域、超越了传统媒体，发挥着巨大的作用。为适应新形势下创新统一战线的需要，为统战工作争取网络力量和网络空间，避免网络分层、分化甚至分裂，建立网络空间统一战线显得尤为重要①。

第三，基于人物维度的阐释。学界对党的领导人关于统一战线论述的相关研究较多，且以对毛泽东同志统一战线思想的研究为重。例如，有学者研究了毛泽东同志关于抗日民族统一战线阶级构成思想的形成过程。认清抗日民族统一战线的阶级构成，对于建立全民族的抗日统一战线具有重要意义，毛泽东同志根据华北事变后中国社会各阶级关系的变化，对抗日民族统一战线中的各阶级作了一系列论述，形成了关于抗日民族统一战线阶级构成的思想②。

在国际统一战线理论方面，有学者认为毛泽东同志的国际统一战线理论属于军事政治范畴，起初是为了反对以美国为首的帝国主义，中苏关系破裂后转为反苏，其目标是争取一个和平的发展环境③；有学者认为毛泽东同志提出的"三个世界"主张，是毛泽东同志统一战线思想的又一次经典运用，且坚持了独立自主、具体情况具体分析、战略的灵活性与原则的坚定性相统一的原则，为建立反霸国际统一战线指明了具体方向④；有学者论述了毛泽东同志关于建立反法西斯国际统一战线的策略思想，并将之概括为既要广泛联合又要区别对待，以必要的斗争求必需的团结，坚持原则性、灵活性，立足自力更生，努力争取外援，坚持爱国主义基础上的国际主义，两条统一战线相互配合、相互促进⑤。有学者重点论述了毛泽东同志统一战线辩证法思

---

① 李彦娅、何植民：《论构建网络空间中的统一战线》，《领导科学》2013 年第 5 期。
② 董平：《毛泽东关于抗日民族统一战线阶级构成思想的形成》，《东北师大学报》（哲学社会科学版）2012 年第 2 期。
③ 胡为雄：《建国后毛泽东国际统一战线理论的发展和演变——读〈建国以来毛泽东军事文稿〉的一点体会》，《毛泽东思想研究》2013 年第 2 期。
④ 宋明：《毛泽东统一战线思想中的战略智慧》，《人民论坛》2016 年第 25 期。
⑤ 唐正芒、李国亮：《毛泽东关于建立反法西斯国际统一战线的策略思想》，《党的文献》2019 年第 6 期。

想，即斗争性与统一性相协同、广泛性与独立性相结合①。有学者认为坚持独立自主与坚持统一战线是毛泽东同志处理国共关系的艺术，充分做到了有理有力有节等②。

此外，还有学者对周恩来、刘少奇、朱德、邓小平、习仲勋、江泽民、胡锦涛等同志的统一战线思想进行了研究。周恩来作为中国共产党内较早明确提出统一战线思想的领导人，高度重视开展以瓦解敌军为目的的兵运工作；主政苏区中央局，纠正"肃反"扩大化错误；援助同盟军，号召进行抗日救国宣传，用六大纲领瓦解敌人③；积极推动美术界抗日民族统一战线的建立，为中央苏区统战工作作出突出贡献④。刘少奇在主持中共中央北方局工作时对党的统战工作进行了理论方面的思考，其中，转变党的工作作风和领导方式是华北统战的思想基础；消除中国共产党党内"左"倾错误，是统一战线思想的"瓶颈"突破；领导权、左派组织、上层统战和舆论宣传是统一战线思想的"助推器"⑤。朱德在抗日战争时期重视瓦解日军工作，支持建立"日本人民的统一战线"，帮助在华日本人反战组织的发展；倡导"东方反法西斯阵线"与"西方反法西斯阵线"联合起来⑥。邓小平同志的统一战线思想在党的十一届三中全会之后得到全面发展，邓小平同志坚持发挥统一战线的法宝作用，概括了统一战线的性质——最广泛的爱国统一战线，明确了统一战线的任务是团结一切可以团结的力量，维护安定团结，为社会主义现代化建设和祖国的和平统一而奋斗；强调知识分子问题是统一战线的重要问题；正确处理政党关系是邓小平同志统战思想的一大亮点，民族

---

① 周毅：《抗战时期毛泽东统一战线矛盾辩证法思想探析》，《中国特色社会主义研究》2014年第6期。

② 金以林：《独立自主与统一战线：毛泽东处理国共关系的艺术》，《安徽师范大学学报》（人文社会科学版）2015年第4期。

③ 魏清源：《周恩来与中央苏区统一战线》，《毛泽东思想研究》2015年第6期。

④ 吴继金：《周恩来在建立美术界抗日统一战线中的作用》，《美术学报》2019年第1期。

⑤ 马海杰：《七七事变前刘少奇主持北方局时期的统一战线思想》，《史学月刊》2017年第2期。

⑥ 张牧云：《朱德关于建立世界反法西斯统一战线的思考与实践》，《党的文献》2020年第2期。

宗教问题是邓小平同志统战思想的重要组成部分，对非公有制经济代表人士和后来出现的新的社会阶层的统战工作是邓小平同志统战思想中具有开拓性的创新内容，提出"一国两制"和实现香港回归是邓小平同志统战思想的成功实践，海外统战是邓小平同志根据改革开放的现实需要开辟的新的统战领域；邓小平同志统战思想具有实事求是、解放思想、高瞻远瞩的特点，实现了中国共产党领导的统一战线理论的发展创新与实践的拨乱反正，实现了马克思所创立的无产阶级统一战线思想与中国具体实践相结合的第二次飞跃，为实现中国梦凝聚了中国力量①。习仲勋在担任中共中央西北局书记时结合西北地区的实际情况，提出了关于统一战线的许多重要工作思路，主要包括土地改革和统一战线应结合起来，谁要是忽视了民族问题、谁就忽视了西北的实际情况，谨慎稳进的方针是唯一主要的方针，实事求是，主动地进行自我批评等②。在新的历史时期，江泽民同志确立了统一战线新的历史定位，强调统一战线是党的"重要法宝""政治优势""长期方针"；明确了统一战线的宗旨是大团结、大联合，目标是实现社会主义现代化；对统一战线的范围和构成作了重新确认；提出坚持和完善中国共产党领导的多党合作和政治协商制度，并将其法制化；提出了我国政党制度的特征和坚持多党合作的政治准则，以及衡量我国政党制度优劣的"四条标准"；提出新时期统战要做好民族宗教工作、非公有制经济人士工作、知识分子工作以及祖国完全统一等方面的工作③。胡锦涛同志提出建立国际统一战线主要有三个方面的考虑，即反制西方对中国的围堵、营造和平良好的外部环境、壮大社会主义建设者的队伍；目标是构建"和谐世界"，准则是合作共赢与均衡普惠，新方法是以民间外交与公共外交促联合④。

当前，学界聚焦习近平总书记关于统一战线工作重要论述及辩证思维

---

① 姜丽华：《论邓小平的统一战线思想》，《中央社会主义学院学报》2014 年第 4 期。
② 潘敬国：《习仲勋主政西北时期开展统一战线工作的基本思路》，《党的文献》2014 年第 1 期。
③ 谭首彰：《论江泽民的统一战线思想》，《学术论坛》2007 年第 12 期。
④ 谭来兴、亢升：《胡锦涛国际统一战线思想研究》，《人民论坛》2014 年第 19 期。

向度，进一步谋求理论创新与发展。其一，习近平总书记关于统一战线的重要论述内涵丰富，有学者概括为"大团结大联合是统一战线的本质，是党治国理政必须解决好的重大战略问题；同心圆论、石榴籽论、最大公约数论是统战工作的有效策略；非公有制经济人士中的年轻一代、海外留学人员、新媒体中代表人士是统战工作新的着力点；兼顾一致性和多样性、实行民主协商、善于联谊交友、构建大统战工作格局是统战工作应当加强的方法；构建人类命运共同体是国际统战的价值引领等"①。其二，习近平总书记继承我们党在各个历史时期形成的统一战线思想或理论，并与中国特色社会主义进入新时代以来的新形势新任务紧密结合，坚持以人民为中心的发展思想②。其三，习近平总书记关于加强和改进统一战线工作的重要论述蕴含着重要的辩证思维方法，即立足当前与长远的辩证统一确立新时代统一战线战略地位，坚持务实与务虚的辩证统一明确新时代统一战线形势任务，坚持两点论和重点论的辩证统一创新新时代统一战线工作方法，坚持历史与逻辑辩证统一总结梳理统一战线经验教训，坚持系统与要素的辩证统一推进统一战线工作整体优化，坚持理论创新与实践创新的辩证统一开创统战工作新局面③。其四，习近平总书记对统一战线理论的创新与发展，坚持解放思想、求同存异、原则性与灵活性相结合的原则向度，系统回答了新时代要不要统一战线的问题、要建设怎样的统一战线的问题以及怎样建设统一战线这一重大课题④。

第四，基于价值维度的阐释。有学者就统一战线国家治理意蕴作政治学分析，认为"统一战线国家治理意蕴的实践特质体现的是一种共识之治、

① 莫岳云：《习近平总书记关于加强统一战线工作重要论述的精髓要义》，《马克思主义研究》2019 年第 12 期。
② 包心鉴：《开创新时代统战工作新局面的根本纲领——论习近平关于加强和改进统一战线工作的重要思想》，《当代世界社会主义问题》2019 年第 1 期。
③ 周述杰、朱小宝：《习近平关于加强和改进统一战线工作重要思想的辩证思维向度》，《当代世界社会主义问题》2020 年第 4 期。
④ 杨爱珍：《习近平对统一战线理论的创新与发展》，《党政研究》2020 年第 5 期。

民主之治、制度之治"①，在提升制度化水平的同时发掘其现代价值。还有学者分析了新时代党的统一战线思想的哲学底蕴，即坚持实事求是与人民主体论，坚持唯物论与辩证法相结合、两点论与重点论相联系、系统与局部相协调、普遍性与特殊性相统一，体现了马克思主义哲学底蕴，也体现、创新和发展了中国特色社会主义理论②。有学者指出，面对当前日益复杂严峻的国际形势，需要发挥统一战线凝聚人心、汇聚力量方面的制度优势③。还有学者研究了统一战线在现代化国家建设中的运行逻辑及其优势，包括治理主体的广泛性、多样性，价值的包容性，组织平台的宽广性④。

（四）功能作用：统一战线研究的现实归宿

学界关于统一战线功能作用的研究主要涉及教育、整合、服务、治理四个层次。

第一，从教育层次审视统一战线的功能作用。学界既有研究成果认为，借助文化所具有的导向、凝聚、激励、规范、教育功能强化统一战线，对于扩大统战工作的覆盖面、提高统战工作的时效性、增强统战工作的亲和力、实现统战工作的科学化具有重要意义⑤。一方面，统一战线具有重要的制度优势，对于国家文化软实力具有支撑和保障作用⑥；另一方面，统一战线在推进社会主义文化建设方面具有力量优势、智力优势、资源优势、政治优势、功能优势，对于坚定文化自信，建设社会主义文化强国具有重要作用⑦。

---

① 雷振文、姚祥翔：《统一战线：国家治理意蕴的政治学分析》，《南昌大学学报》（人文社会科学版）2017年第1期。

② 韩志宏、李俊：《新时代党的统一战线思想的哲学底蕴》，《中州学刊》2018年第9期。

③ 全根先：《疫情防控彰显我国统一战线制度优势》，《人民论坛》2020年第30期。

④ 李俊：《统一战线的现代化国家建设逻辑及其优势》，《社会主义研究》2021年第5期。

⑤ 房剑森：《论文化在统一战线工作中的作用》，《中央社会主义学院学报》2012年第2期。

⑥ 李家祥：《新世纪新阶段统一战线提升国家软实力的路径探讨》，《中央社会主义学院学报》2013年第2期。

⑦ 梁宏、马力：《论统一战线在社会主义文化建设中的重要作用》，《中央社会主义学院学报》2013年第1期。

第二，从整合层次审视统一战线的功能作用。学界研究成果认为，要着眼于社会深层转型与统一战线的社会功能调整，不断挖掘其整合和管理职能。充分发挥统一战线的社会整合功能，思想分化时代凝聚社会共识要坚持求同存异的原则，处理社会矛盾多发期的利益问题要坚持和谐共赢原则，实现社会结构复杂化时代的阶层和谐要坚持包容性原则，形成社会多元治理模式要坚持多元协商原则[①]。同样，以统一战线建设促进民族地区社会整合不失为一个必要且可行的策略，我国是一个多民族国家，统一战线所具有的凝聚、沟通、协调功能对于民族地区社会整合具有"天然的契合性"[②]。

第三，从服务层次审视统一战线的功能作用。一方面，统一战线是党执政兴国的重要法宝。党在新民主主义革命时期坚持统一战线证明了中国共产党取得执政地位离不开统一战线；新中国成立后，巩固党的执政基础、完善党的执政体制、改进党的执政方式、丰富党的执政资源、优化党的执政环境都离不开统一战线，发挥统一战线的优势，是加强党的执政能力建设的着力点[③]。另一方面，统一战线也为全面深化改革服务，统一战线具有参政议政、民主监督的政治优势，联系广泛、人脉宽广的资源优势，人才汇聚、智力密集的人才优势，协调各方、化解矛盾的功能优势，"五缘"[④] 相连、根脉联通的外联优势[⑤]，为全面深化改革营造了稳定的政治环境、提供了力量和智力支持、创造了良好的条件和机遇，使全面深化改革始终坚持人民利益至上[⑥]。全面深化改革的过程也是优化政治过程，统一战线在政治过程中的意见表达、意见综合、信息传输和监督环节起着

---

① 陈位志：《社会深层转型与统一战线的社会功能调整》，《中央社会主义学院学报》2013 年第 6 期。

② 赵淼：《民族地区社会整合路径探析——以统一战线为视角》，《贵州民族研究》2014 年第 1 期。

③ 叶介甫：《统一战线是中国共产党执政兴国的重要法宝》，《中央社会主义学院学报》2013 年第 1 期。

④ 即地缘临近、血缘相亲、文缘深承、法缘久循、商缘广连。

⑤ 李桂荣、郝连儒：《统一战线在全面深化改革中的优势及运用研究》，《领导科学》2015 年第 32 期。

⑥ 曹振鹏：《论统一战线要为全面深化改革服务》，《中央社会主义学院学报》2014 年第 2 期。

独特作用①。此外，人民政协作为开展统战工作的重要载体，为扩大公民有序政治参与提供了制度化与组织化的渠道，提高并增强了公民参与的质量与效果②。

第四，从治理层次审视统一战线的功能作用。有学者认为，统一战线工作"大团结大联合"的本质要求，解决的就是"政治上的'人心'和治理中的'力量'问题"，践行统一战线凝聚人心的政治使命，发挥统一战线汇聚力量的治理功能，是我国政治发展与国家治理的重要抓手，是最大的政治③。有学者认为，统一战线具有增强政治认同、整合社会力量、扩大政治参与等政治作用，为推进"四个全面"战略布局提供合力支持，为推进治理体系和治理能力现代化进行资源整合，为培育社会主义核心价值观提供有效路径，为延揽国内外智力人才发挥组织优势④。有学者认为，新时代统一战线与国家治理现代化"在价值秉持、行动主体、运行机制等方面高度契合"，即坚持以人民为中心、主体多元化、协商合作，以及坚持中国共产党的领导⑤。有学者论述了统一战线发挥情感治理效能的实践路径，认为情感治理作为一种柔性治理手段，是统一战线工作的一大优势，与刚性治理手段（比如制度、技术等）互为补充，统筹协调社会各界利益群体，提升社会治理效率⑥。

三　统一战线话语研究的基本方法

本书主要采取文献分析法、历史分析法、案例分析法、跨学科研究法。

①　于丹、杜美玲：《统一战线在优化政治过程中的作用》，《学术探索》2015 年第 10 期。
②　刘国普：《统一战线与扩大公民有序政治参与的路径探析——基于协商民主制度建设的视角》，《中央社会主义学院学报》2013 年第 5 期。
③　钱再见：《"人心"与"力量"：统一战线的政治使命与治理功能——兼论新时代统一战线工作的着力点》，《南京师大学报》（社会科学版）2018 年第 5 期。
④　李俊：《新时代统一战线"最大政治"功能的思考》，《科学社会主义》2019 年第 5 期。
⑤　徐振华：《新时代统一战线服务国家治理现代化的多重挑战与功能重塑》，《领导科学》2020 年第 18 期。
⑥　刘静、刘嘉祺：《统一战线发挥情感治理效能的实践路径》，《新视野》2021 年第 6 期。

宏观层面研究以文献研究与历史分析为主，以期揭示统一战线话语体系的内在规律；微观层面的研究以案例分析与跨学科研究为主，以期完整、准确地阐释统一战线话语的建构经验。同时，运用数据统计分析工具对相关文献包括史料进行文本分析与挖掘。

本书从历史追溯、现实回应和未来观照相结合的视角，以习近平总书记关于统一战线工作的重要论述为重点考察内容，以概念创新、命题创新、论断创新为切口，深入把握统一战线话语的生成逻辑、基本形态、结构体系，揭示统一战线话语创新的丰富资源、基本路径、主要方法和未来趋向；既注重纵向梳理也注重横向归类，力求从话语"条块"相结合的视角呈现统一战线话语体系的全貌。

四　统一战线话语研究的关键问题

"统一战线话语体系"系本书的核心研究对象，主要研究的问题包括统一战线的存在样态是什么、统一战线话语的存在形态有哪些、怎样建构新时代统一战线话语体系等。

本书着眼于统一战线话语体系建构的重大理论意义与实践意义，对统一战线话语的思想基础、历史逻辑、现实困境及现实机制进行剖析，探索建构新时代语境下统一战线话语体系的历程，分析其运行发展的内在机制机理。统一战线话语是中国特色社会主义话语体系的重要组成部分，如果仅仅将统一战线作为一种前提条件来分析，不揭示其内在的结构功能，这些话语就会成为"日用而不觉"的话语。为此，要以"解剖麻雀"的方法对统一战线话语的不同形态进行分析。统一战线话语与统一战线实践之间存在相互建构的关系，话语不仅是理解制度形态、机制、优势的媒介，而且在一定程度上建构了制度。本研究坚持以概念、话语、论断、命题等形式诠释统一战线。话语不仅是统一战线理论的表达工具，而且具有本体论意义，已经成为统一战线优势进行效能转化的不可或缺的部分。尤为重要的是，统一战线话语已经成为中国共产党发挥政治领导、思想引领、组织群众和社会号召功能的重要载体和工具。

　　统一战线话语是一个具有不同要素和不同面向的表达体系，既包括诸多概念、命题、论断等，又基于不同的表达功能具备多种形式，具有鲜明的历史演进性、时代转换性和时空独特性。本书基于话语转换视角，探讨统一战线话语建构的方法问题。回应具体的现实问题十分重要，在增强中国国际传播能力、展示真实立体全面的中国的时代要求下，我们更应当深入剖析统一战线话语建构的"元问题"，通过剖析不同形态统一战线话语的生成机制和现实作用，有针对性地提出建构策略。在这个逻辑链条中，新时代建构统一战线话语体系，就要紧紧围绕揭示统一战线本质、增进群众认知、掌握话语领导权来展开，通过这种分析，着力探讨建构统一战线话语体系的方法论问题。

第一章
统一战线话语的核心概念范畴

中国共产党作为一个百年大党，在长期的革命、建设和改革实践中，逐渐建构起富有自身特色的统一战线话语体系。统一战线话语体系是统一战线的系统化表达形态，包含诸多的概念、众多的论断、多样的命题等，是由不同话语要素交织作用而形成的表达体系，系统阐述了统一战线的价值原则、丰富内涵、基本形态和实践要求等。统一战线的建构在很大程度上是以话语为基础、媒介和载体的，统一战线的正式建构意味着一种政治秩序的形成，这种秩序的维持、巩固、变革和演进仍然需要话语作为支撑，统一战线话语兼具描述性、阐释性、规范性功能，对统一战线的理论阐释和实践推进发挥着基础性、长期性、关键性的作用。

一 统一战线的概念考辨

概念是历史沉淀的产物，是文明演化的标识，也是理论升华的结晶。在党和国家的重要文献中，核心概念是历史线索，也是历史本身，概念不仅表征着历史秩序的演进，而且影响着时代秩序的生成。从这个意义上来讲，概念的选取、生成、演变、重塑已经成为历史的一部分，既影响着人们的认识，也影响着人们的实践，还影响着人们的表达。无论是从命题、论断、话语演进的历史进程来研究统一战线，还是从思想理论、制度机制、政治实践来研究统一战线，都需要对统一战线的基本概念进行明确界定。

（一）统一战线概念的内涵和外延

概念界定是逻辑分析、理论阐释的前提。统一战线话语体系是以统一战线为核心概念形成的话语表达体系，对统一战线本身进行科学界定和考察辨析是对统一战线话语进行整体性研究的必然要求。深入分析统一战线话语发展的起始点、转折点和发展趋向，就要对统一战线话语的内涵和外延进行明确界定，在此基础上才能从话语史、思想史、制度史以及运动史相结合的视角，对统一战线进行全景式认知、历时性分析和共时性对比。

1. 统一战线概念的基本内涵

对统一战线作出界定是一个基础性、前提性、条件性问题，涉及规范性表达，也就是如何认识中国特色政治话语情境下的统一战线问题，这一问题是系统诠释统一战线话语的前提和基础。为对统一战线的基本概念进行全方位、层次化理解和认识，有必要从一般、特殊、个别的辩证关系出发将其划分为三个层次，即广义概念、中义概念和狭义概念。而在党内法规和党内规范性文件中，中国共产党对统一战线有着明确的界定，这种界定是统一战线狭义概念与中国具体实际相结合的一种表达方式，具有鲜明的中国特色和时代特色。

以概念层次化为基础，我们形成了对统一战线概念的圈层化理解。从广义层面来讲，"统一战线是不同阶级、阶层、政党、集团等社会力量，为了实现一定的共同目标，在共同利益基础上结成的联盟，简要地说就是一定社会政治力量的联合"[1]，即统一战线为特定历史主体的联合形态。质言之，统一战线是社会力量的联合形式和机制。从中义层面来讲，统一战线是"无产阶级及其政党在一定的历史条件下，为反对主要敌人，为实现无产阶级政党的奋斗目标，而同其他革命阶级、阶层、政党、团体以及一切可以团结的力量结成的联盟"[2]，简言之，统一战线是无产阶级及其政党进行力量联合的一种形式和机制。从狭义层面来讲，统一战线特指马克思主义统一战线思想与中国革命、建设、改革的具体实际深度结合所形成的一种具有中国特色、中国风格、中国气派的形态。这种形态的统一战线具有稳固的领导核

---

[1]　中共中央统战部等编《中国统一战线教程》，中国人民大学出版社，2013，第 10 页。

[2]　景杉主编《中国共产党大辞典》，中国国际广播出版社，1991，第 130 页。

心、科学的理论指导、广泛的群众基础、长期的战略意义、照顾利益的合作诚意①。简言之，统一战线是中国共产党凝聚共识、聚合力量的一种形式和机制。概言之，中国共产党领导的统一战线，是在新民主主义革命和社会主义建设与改革的历史进程中，为实现国家的独立、民主、富强和中华民族的伟大复兴，统合各民族、各党派、各阶层、各方面人士所结成的最广泛的革命统一战线、社会主义统一战线和爱国主义统一战线②。

党的十八大以来，中国特色社会主义进入新时代，统一战线的内涵也基于我国经济社会变革、社会主要矛盾转化等发生了内在变化。新时代统一战线已经从爱国统一战线发展为民族复兴统一战线，对此，《中国共产党统一战线工作条例》进行了明确规定，强调"本条例所称统一战线，是指中国共产党领导的、以工农联盟为基础的，包括全体社会主义劳动者、社会主义事业的建设者、拥护社会主义的爱国者、拥护祖国统一和致力于中华民族伟大复兴的爱国者的联盟"③。《中国共产党统一战线工作条例》作为统一战线领域的重要党内法规，对统一战线的内涵进行了全面系统且权威的阐述，指明了中国特色政治语境中的统一战线的实质是爱国者的联盟，也印证了社会主义现代化建设与中华民族伟大复兴的本质一致性。本书所研究的是中国特色的统一战线话语，也就是狭义层面的统一战线的话语表达，但这种话语并不是完全孤立的，而与一般层面、特殊层面的统一战线话语有着极为密切的联系，这种联系深刻体现在统一战线话语的来源形式上，尤其是输入性话语和转化性话语保留着深刻的理念传播、转译的痕迹。

2. 统一战线概念的基本外延

理解统一战线概念的外延，可以基于不同的视角、维度和标准。统一战线工作就是要解决中国共产党以及无产阶级与不同主体之间的关系，其目标就是要在政治共识、价值共识、思想共识基础上，建构起符合时代要求、现实需要、人民需求的统一战线形态，进而服务于党和国家特定历史阶段的中心任务。

---

① 中共中央统战部等编《中国统一战线教程》，中国人民大学出版社，2013，第10~11页。
② 《习近平谈治国理政》（第1卷），外文出版社，2018，第89页。
③ 《十八大以来重要文献选编》（中），中央文献出版社，2016，第539页。

其一，基于统一战线的基本关系来分析，政党关系、民族关系、宗教关系、阶层关系、海内外同胞关系构成了统一战线工作的五大关系，并且这五大关系并不是完全不变的，而是随着时代的变迁而呈现阶段性差异。政党关系的内涵在中国民主党派出现前后有着显著的差异，这里的政党关系主要是指国内层面的政党之间的关系，但扩展至国际统一战线领域，则包含着国际交往层面的政党关系。民族关系既涉及汉族与少数民族之间的关系，也涉及少数民族之间的关系。宗教关系既包含不同宗教之间的关系，也包含宗教作为一种社会现象与社会主义社会之间的关系。阶层关系的历时性演变更为突出，随着我国经济社会结构的变迁尤其是所有制制度的变化，我国的阶级阶层格局发生了深刻变化。海内外同胞关系同样如此，海内外同胞关系的变化具有一定特殊性，受国际环境因素影响较大，尤其是受到涉台、涉港、涉疆、涉藏、涉海、人权等问题的影响。五大关系历史变迁对统一战线形态及其话语表达的影响，后文会进行详细阐述。

其二，基于统一战线工作的主要对象来分析，从具体层面来看，统一战线工作主要涉及十二类对象：民主党派成员；无党派人士；党外知识分子；少数民族人士；宗教界人士；非公有制经济人士；新的社会阶层人士；出国和归国留学人员；香港同胞、澳门同胞；台湾同胞及其在大陆的亲属；华侨、归侨及侨眷；其他需要联系和团结的人员。概言之，统一战线工作对象为党外人士，重点是其中的代表人士，这是灵活运用"重点论"的集中体现。从这个角度来讲，统一战线工作的关键就是妥善处理中国共产党与党外人士尤其是各个领域代表人士之间的关系。

其三，基于统一战线的工作领域来分析，主要包括以下几个方面：民主党派和无党派人士工作、党外知识分子工作、民族工作、宗教工作、非公有制经济领域统一战线工作、新的社会阶层人士统一战线工作、港澳台统一战线工作、海外统一战线工作和侨务工作、党外代表人士队伍建设等。纵观中国统一战线话语表达历史生成、内涵嬗变、语义转换的基本历程，可以发现，统一战线的不同工作领域形成了具有一定主体间性的话语表达，这也是统一战线外延广泛和话语表达丰富的重要体现。

（二）统一战线概念的历史演变

"近代以来，中国人民和中华民族弘扬伟大爱国主义精神，心聚在了一起、血流到了一起，共同书写了抵御外来侵略、推翻反动统治、建设人民国家、推进改革开放的英雄史诗。统一战线始终是中国共产党凝聚人心、汇聚力量的重要法宝。"① 我们既要在历史中发现统一战线，也要在历史中阐述统一战线。历时性把握统一战线的内涵外延演化，是夯实中华民族共同体意识，建立起稳固的爱国者联盟，全面建设社会主义现代化国家、实现中华民族伟大复兴、建设中华民族现代文明的内在要求。

1. 统一战线概念的历史起点

统一战线话语的历史形态，具有逻辑必然性、历史接续性和守正创新性。历史中的统一战线理念和话语迄今依然闪耀着宝贵的政治智慧。从思想认识、概念流变、实践深化相统一的角度看，探索统一战线的过程既是中国共产党展示主体自觉性的表现，也能客观反映近代以来中国社会革命进程的成果；一方面表现出中国在重思自身建设道路时的一种思想自觉和话语自觉，另一方面表现出中国共产党以概念话语形式引导思想解放和行动转化的政治自觉和历史自觉。审视历史的价值在于从中发现未来，中国共产党始终重视经验总结，在总结统一战线实践经验的过程中实现理论升华。

对统一战线历史形态进行科学划分是一个重要的学术议题，也是一个重大的政治问题。基于历史线索和阶段性突出特征，可以将统一战线划分为革命形态的统一战线、建设形态的统一战线、改革形态的统一战线、治理形态的统一战线等，这种划分旨在凸显统一战线演变的历史阶段性，但是会忽略革命、建设、改革、治理之间的辩证统一性。革命战争时期有建设和改革，和平建设时期也有革命和改革，在深化改革和推动实现国家治理体系和治理能力现代化的时代，我们仍然肩负着革命、建设的任务。从一定意义上来讲，革命、建设、改革、治理或复兴等，都只是突出特定历史时期的中心任

---

① 习近平：《在纪念辛亥革命110周年大会上的讲话》，人民出版社，2021，第9页。

务或重点任务，并不表征这一时期党和国家的全部任务。

确立统一战线的历史起点十分重要。以概念的文本表达为线索，深入把握统一战线的多维向度和丰富内涵，有助于揭示统一战线的历史起点。在探索建构符合中国具体实际的统一战线形态过程中，中国共产党人使用了"统一战线""联合战线""联合阵线"等概念。党的一大通过了党的第一个党纲，其中明确强调"革命军队必须与无产阶级一起推翻资本家阶级的政权，必须支援工人阶级，直到社会的阶级区分消除为止"，"联合第三国际"①，这表明中国共产党作为马克思主义政党自创立之初就具有联合其他革命力量的自觉意识，基于中国革命实际所形成的统一战线形态，则是中国共产党将马克思主义统一战线思想与中国革命实践、斗争经验、现实需要深度结合的结果。党的二大通过分析当时中国经济政治状况，第一次提出了明确的反帝反封建的民主革命纲领，并提出建立"民主的联合战线"。在党和国家的重要文献中，较早使用这一概念的是瞿秋白。1923 年 12 月 20 日出版的《新青年》第 2 期刊载题为《自民治主义至社会主义》（作者自编论文集时将标题改为《自民权主义至社会主义》）的文章，其中明确使用了"统一战线"概念，并强调"中国幼稚的无产阶级，在世界的斗争范围之中，与国际无产阶级同具最终的共产主义目的，所不同的是斗争方法。先进国是无产阶级统一战线以至于劳工独裁制，中国是国民运动联合战线以至于革命独裁制，然后再进"②，突出了无产阶级建立统一战线的必然性和重要性，分析了中国革命与世界无产阶级革命运动的区别和联系。从这个意义上来讲，中国共产党的成立是中国统一战线实践的历史起点，但这一概念从明确提出、正式使用到政治确认、规范表达经历了一个演进的过程，其"历史旅行"展现了波澜壮阔的历史图景。

2. 统一战线概念的逻辑起点

统一战线的逻辑起点是无产阶级领导权，其现实指向就是"共同目

---

① 《建党以来重要文献选编（1921~1949）》（第 1 册），中央文献出版社，2011，第 1 页。
② 《建党以来重要文献选编（1921~1949）》（第 1 册），中央文献出版社，2011，第 324 页。

标"。作为在共同目标基础上凝聚政治认同而形成的一种秩序，统一战线不仅仅意味着不同主体之间的联盟，更为重要的是对共同的敌人形成一种革命性态势。这里的"革命"不是狭义上的革命，而是指"社会革命"。社会革命是一个内涵极为丰富的概念，从理论和实践层面深刻影响着人类社会发展的进程。广义层面的社会革命是指所有社会关系尤其是上层建筑发生根本性变革的运动，中义层面的社会革命是指无产阶级革命，狭义层面的社会革命是指社会主义革命以及改革等。从中国特色政治话语情境来理解，统一战线是实现社会革命的重要机制。新时代坚持和发展中国特色社会主义是一场伟大社会革命，据此而言，统一战线具有持久的存在价值和时代意义。

要以大历史观把握统一战线的逻辑起点。无产阶级掌握领导权是中国共产党领导革命、建设、改革取得重大成就的基本政治前提。近代中国面临着"三千年未有之大变局"，在"救亡图存"和"振兴中华"的过程中，各种政治势力及其代表人物纷纷登场，不同阶级阶层提出了不同的救国方案，"中国尝试过君主立宪制、帝制复辟、议会制、多党制、总统制等各种形式"①。在这些方案中，有的得以实践，有的未能实践，但最后都以失败而告终，"中国依然是山河破碎、积贫积弱，列强依然在中国横行霸道、攫取利益，中国人民依然生活在苦难和屈辱之中"②，只有无产阶级的政治代表中国共产党提出的先进行新民主主义革命，再进行社会主义革命的方案最终取得了成功并得到不同阶级阶层的认可。历史证明，在半殖民地半封建社会中，中国只有在无产阶级领导下首先完成民主主义革命其次进行社会主义革命，才能最终实现民族独立、人民解放，并为国家富强、人民幸福奠定坚实基础。统一战线服务于中国近代以来的历史任务，是确保无产阶级掌握领导权的重要基础。从这个意义上来讲，无产阶级领导权是理解近代以来中国历史的重要线索，是审视中华民族伟大复兴史的重要线索，也是把握中国社会

---

① 习近平：《在庆祝全国人民代表大会成立 60 周年大会上的讲话》，人民出版社，2014，第 2 页。

② 习近平：《在庆祝全国人民代表大会成立 60 周年大会上的讲话》，人民出版社，2014，第 2~3 页。

主义现代化建设史的重要线索。

3.统一战线概念的文本演变

文本呈现及其历史变革是统一战线概念演变的历史缩影，对于系统把握统一战线话语具有线索性作用。纵观中国共产党成立以来的历史，可以发现，围绕着"统一战线"我们形成了多样化、历史性的话语表达。从概念转译的角度来讲，形成了"联合战线""联合阵线""统一战线""共同的战线"等话语；从概念修饰的角度来讲，形成了"民主的联合战线""国际运动的联合战线""联合一个革命的战线""最广泛的统一战线""反对帝国主义的联合战线""阶级的强固的紧密的阵线"等话语；从工作对象的视角来讲，形成了"上层统一战线""下层统一战线"等话语；从历史形态的角度来讲，形成了"民主主义的联合战线""工农民主的民族统一战线""反帝国主义的民族统一战线""反封建压迫、反国民党统治的工农民主的民族统一战线""反蒋抗日统一战线""抗日民族统一战线""各界人民的统一战线""全民族的统一战线""人民民主统一战线""革命统一战线""爱国统一战线"等话语。

基于党的全国代表大会报告和不同版本的《中国共产党章程》的内容考察，可以发现，统一战线概念的应用经历了一个历史演进的过程。从党的全国代表大会报告来看，党的七大至党的十一大报告提到统一战线的次数分别是11次、8次、1次、1次、5次。党的七大主要强调抗日民族统一战线的极端重要性、独特价值性、显著优越性。党的十二大至党的二十大报告提到统一战线的次数分别是5次、2次、2次、3次、3次、2次、4次、5次、5次。从《中国共产党章程》的文本内容来看，1956年党的八大通过的党章开始出现"统一战线"的表述，强调："党必须从各方面巩固工人和农民的兄弟联盟，巩固一切爱国力量的统一战线，巩固同各民主党派和无党派民主人士长期合作的关系。"① 党的九大和党的十大通过的党章没有出现统一

---

① 《中共中央文件选集（1949年10月~1966年5月）》（第24册），人民出版社，2013，第225页。

战线的表述，党的十一大通过的党章强调"发展工人阶级领导的以工农联盟为基础的革命统一战线"①。党的十二大至党的十九大通过的党章出现"统一战线"概念的频次都是 2 次。党的二十大通过的党章出现"统一战线"概念的频次上升为 4 次，并且分别在总纲和党的组织制度部分提到，与党的建设以及党的宣传工作、教育工作、组织工作、纪律检查工作、群众工作等一起，作为党的组织制度的重要内容，体现了统一战线工作在党的工作体系中总体居于重要地位，也体现出改革开放以来党坚持在党章中对党的统一战线工作进行确认。

（三）统一战线的相关概念辨析

统一战线的一个极为重要的任务就是凝聚政治共识，从而推动不同主体基于这种共识在共同目标指引下协同发力。究其实质，统一战线就是特定时空环境中不同主体的一种聚合方式，但这种聚合不是简单化的组合排列，而是在共同的政治原则和价值取向基础上形成的一种政治共同体。在百余年的党史中，围绕着统一战线我们形成了不同的表达，全面理解统一战线有必要对相关概念进行辨析。

1. 统一战线与革命同盟

统一战线的根本问题，是无产阶级解放运动的自身统一、坚持无产阶级的领导权和团结同盟军的问题。这就决定了统一战线之于中国共产党、中国人民和中华民族的极端重要性。统一战线理论的实践转化、创新发展和话语革新，已经与中国共产党领导优势的发挥、近代中国历史命运的深刻转折、中华民族实现精神上由被动到主动转变的过程直接关联在一起。基于中国统一战线演进的历史逻辑，中国共产党主导建构的统一战线是革命同盟或革命联盟的一种形式。从政治属性和历史使命来讲，中国共产党是一个无产阶级政党、马克思主义政党，不仅要完成新民主主义革命，而且要进行社会主义革命，并且要在夺取政权之后继续进行社会革命直至实现共产主义，从这个

---

① 《中国共产党党章汇编》，人民出版社，1979，第 226 页。

角度来讲，中国共产党始终是一个革命性政党。而统一战线作为党的重要法宝和推进社会革命的重要支撑，必然是一种革命机制，统一战线则是建立革命同盟的系统工程。但革命有着丰富的内涵和多样的实现形式，不仅包括暴力革命和军事斗争，还包括政治斗争、文化斗争、经济斗争等诸多形式。因此，革命同盟与军事同盟并不能等同，统一战线也就不能简单等同于军事同盟或军事联盟。

2. 统一战线与政治联盟

政治联盟是统一战线的实质，但这种政治联盟并不是一般意义上的联盟，是立足历史必然性和人民价值性的一种联盟形式。习近平总书记曾深刻指出："中国共产党同各民主党派和无党派人士团结合作，是建立在共同思想政治基础之上的。今天，我们的共同思想政治基础就是中国特色社会主义。"① 得道多助，失道寡助。统一战线解决的是人心和力量问题，从一定意义上来讲，解决人心问题是解决力量问题的前提。中国近代以来的历史充分证明，中国共产党的领导地位是历史的必然和人民的选择，蕴含着深刻的规律性、价值性，这是近代中国的仁人志士在救亡图存过程中进行多次尝试之后得出的结论。统一战线这种政治联盟的实现与中国共产党人对近代中国社会性质、社会结构形态、阶级阶层状况的正确分析密不可分。阶级分析是阶级斗争的认识基础，只有在科学分析阶级状况的基础上确定革命对象和革命同盟军，才能将具有相同或相似革命目标、政治目标的力量聚合起来，以打败共同的敌人，建立起符合统一战线内不同力量共同追求的理想社会形态。

3. 统一战线与阶级联合

统一战线不是简单类型化基础上的阶级联合，随着时代环境、社会矛盾、阶级结构尤其是党和国家中心任务的变化，中国共产党对统一战线的认识发生变化，因此纵观中国统一战线的演进历程可以发现，统一战线的内涵呈现出历史性、阶段性、具体性特点。从中国共产党领导的统一战线建构历

---

① 《习近平关于社会主义政治建设论述摘编》，中央文献出版社，2017，第123页。

程来看，统一战线的形态经历了建党之初和大革命时期的国民革命联合战线、土地革命时期的工农民主统一战线、抗日战争时期的抗日民族统一战线、解放战争时期的人民民主统一战线、新中国成立后的爱国统一战线等。从统一战线的历史形态来看，我们可以发现，统一战线不是简单地实现阶级间的联合，更多的是在无产阶级领导下以工农联盟为基础对民族资产阶级、小资产阶级以及部分大地主大资产阶级进行分化联合；之所以能够实现这种联合，是因为中国共产党人坚持阶级分析方法，既注重经济社会标准也注重政治立场标准，将整体性分析和个体化分析结合起来，有效增强了阶级联合的实效性、广泛性、持久性。

4. 统一战线与协商民主

统一战线协调的不仅有政党之间的关系，还包括民族关系、宗教关系、阶层关系以及海内外同胞关系。并不能将统一战线限定为处理中国共产党与民主党派、无党派人士之间关系的一种政治机制。协商民主是中国共产党基于中国革命建设改革具体实际、中华优秀传统文化经过长期探索而建立起来的一种符合中国国情的中国特色社会主义民主政治制度。这种民主形式是中国特色社会主义民主政治中独特的、独有的、独到的民主形式，就其外延而言，包括政党协商、人大协商、政府协商、政协协商、人民团体协商、基层协商、社会组织协商。协商民主的理论创新和政治实践极大丰富了民主形式、拓宽了民主渠道、深化了民主内涵。从这个角度来讲，统一战线与协商民主在运行机制上存在交叉之处，协商民主是建构统一战线的重要制度基础，统一战线则是协商民主运行状态的集成化体现，但不能将二者简单等同。

二 统一战线的历史缘起

当前学界围绕统一战线的理论渊源和实践基础，取得了较为丰硕的研究成果。本部分无意对其历史基础进行系统阐述，而是从马克思主义发展史和马克思主义中国化史的角度，尤其是从统一战线概念流变史、内涵丰富史的角度阐释其理论渊源和实践历程，且重点揭示统一战线从理念到实践、从运动到制度、从学习到创新、从建构到重塑的过程和特点。

（一）统一战线的思想基础

中国共产党人的统一战线思想有着深刻的理论渊源和丰富的话语资源。科学选择马克思主义意味着中国人民和中华民族实现从自发到自觉、自在到自为的转变。马克思主义在中国的传播和发展，指导中国共产党人开辟了符合中国实际的革命道路。其中对统一战线理论建构、政治实践、话语表达具有基础性作用的是马克思主义阶级理论和无产阶级领导权思想。前者解决的是统一战线是什么和怎样建构的问题，后者解决的是统一战线的最终目标和领导权归属问题，二者辩证统一伴随着统一战线演进的始终。

1. 马克思主义阶级理论

阶级理论是马克思主义理论的重要组成部分，阶级理论有着丰富的内涵，主要包含阶级分析和阶级斗争理论，二者之间存在着密切的关系，阶级分析是阶级斗争的理论基础，阶级斗争是阶级分析的客观实践。阶级斗争思想和阶级分析方法在国际共产主义运动和世界社会主义运动中发挥了至关重要的作用。当然，阶级分析和阶级斗争都是在理论与实践结合的基础上不断演变的，社会主要矛盾的变化和社会实践的不断深入推动二者在动态中紧密结合。

阶级理论并非马克思恩格斯首创，在其理论化、系统化之前，西欧资产阶级历史学家、经济学家和空想社会主义者提供了宝贵的思想素材，正如马克思自己所说的："无论是发现现代社会中有阶级存在或发现各阶级间的斗争，都不是我的功劳。在我以前很久，资产阶级历史编纂学家就已经叙述过阶级斗争的历史发展，资产阶级的经济学家也已经对各个阶级作过经济上的分析。"① 马克思在前辈思想家的基础上将阶级分析理论置于唯物史观视域下，这是矛盾分析法在社会领域具体运用的重要成果，并为后来的马克思主

---

① 《马克思恩格斯选集》（第4卷），人民出版社，1995，第547页。

义者所继承，列宁曾指出："马克思主义者不应该离开分析阶级关系的正确立场"①。阶级分析方法从一般意义上讲是一种观察和分析社会复杂矛盾现象的基本方法，正如列宁所言："马克思主义给我们指出了一条指导性的线索，使我们能在这种看来迷离混沌的状态中发现规律性。这条线索就是阶级斗争的理论"②。这一理论也是无产阶级在阶级社会观察和分析问题的基本方法。这一方法的运用必然受到一定畛域的限定，阶级分析的前提是在阶级社会条件下，运用马克思主义的阶级观点，从阶级对立和阶级斗争的角度分析社会历史现象。不同形式的无产阶级统一战线的建构，一个重要的思想基础就是马克思恩格斯在《共产党宣言》中所提到的阶级转化思想，其中指出，"最后，在阶级斗争接近决战的时期，统治阶级内部的、整个旧社会内部的瓦解过程，就达到非常强烈、非常尖锐的程度，甚至使得统治阶级中的一小部分人脱离统治阶级而归附于革命的阶级，即掌握着未来的阶级"③，这不仅描述了阶级斗争不同阶段政治力量对比变化的复杂性和不同阶级之间基于政治立场进行的相互转化，而且为建构起不同阶级之间的统一战线提供了理论基础。

中国共产党人就是在继承马克思列宁主义阶级理论的基础上实现了阶级分析方法和阶级斗争思想的中国化。中国共产党人对马克思主义阶级理论的认识和运用不是机械式、简单化的，而是基于近代中国半殖民地半封建社会的性质和独特的阶级阶层结构，形成了符合中国具体实际、顺应中国革命要求的阶级阶层理论，为建构最大限度凝聚政治共识、最大范围团结革命力量、最大程度消解矛盾的统一战线提供了理论基础。阶级分析思想经历了一个漫长的发展过程。认识中国是改造中国的前提。中国共产党人的阶级分析思想经历了一个逐渐深化的过程，在近代中国特殊的国情背景下，革命实践的需要推动了革命理论的传播和本土化，其中阶级分析思想就经历了一个中国化的演变历程。真正的思想创造并不惧怕黑夜，在严峻的革命形势下中国

---

① 《列宁全集》（第29卷），人民出版社，1985，第140页。
② 《列宁选集》（第2卷），人民出版社，1972，第587页。
③ 《马克思恩格斯选集》（第1卷），人民出版社，2012，第410页。

共产党人将马克思主义的阶级分析思想当作打开中国革命的钥匙，实现马克思主义中国化。

2.无产阶级领导权思想

领导权问题不仅是革命战争时期的中心问题，而且是中国共产党全国执政后的关键问题。无产阶级领导权问题在当下仍然十分重要，这是关系我国根本制度的重大问题。坚持中国共产党对统一战线的领导权，不仅关系到统一战线建构的进展、成效和力度，而且关系到统一战线的性质、原则和归宿。中国共产党成立后，尤其是经历了革命的两次胜利和两次失败之后，党在总结革命成功与失败正反两方面经验教训基础上，正式提出了无产阶级领导权问题。党的四大第一次明确提出了无产阶级领导权问题，在这次会议上通过的《对于民族革命运动之议决案》指出，"无产阶级的政党应该指导无产阶级参加民族运动，不是附属资产阶级而参加，乃以自己阶级独立的地位与目的而参加"[1]，尽管是民主主义革命，但是无产阶级不是资产阶级的附属阶级，而应当保持自身的独立性和使命感，而保障这些属性就要"取得领导的地位"[2]。这一重要命题确认了无产阶级的革命领导地位和独立地位，强调了民主革命时期无产阶级的阶级独立性，标志着中国共产党对中国革命形势认识的深化，这对中国共产党探索中国革命道路起到了关键性作用。正是基于这一政治基础，中国的统一战线具备了正确的发展方向、科学的前进道路和有效的建构方法。

（二）统一战线的实践基础

百余年来，"中国共产党始终把统一战线摆在重要位置，不断巩固和发展最广泛的统一战线，团结一切可以团结的力量、调动一切可以调动的积极因素，最大限度凝聚起共同奋斗的力量"[3]。中国的统一战线不仅是马克思主义统一战线思想与中国具体实际结合的结果，也是中国共产党领导统一战

---

① 《建党以来重要文献选编（1921~1949）》（第 2 册），中央文献出版社，2011，第 216 页。
② 《建党以来重要文献选编（1921~1949）》（第 2 册），中央文献出版社，2011，第 219 页。
③ 《习近平著作选读》（第 2 卷），人民出版社，2023，第 486 页。

线建构和发展实践并不断进行理论提炼的结果。苏俄及苏联的统一战线实践和中国共产党领导的统一战线实践本身，成为统一战线理论创新、制度创新、实践创新的重要基础。概言之，中国统一战线的理论样态、实践样态、制度样态、话语样态是接续性发展、积累性升华、创新性拓展的结果。

1. 明确革命对象

阶级理论与统一战线的现实互动。阶级分析作为一种观察、认识社会结构的方法，对国民大革命时期复杂社会形势进行了科学解构，革命统一战线是阶级斗争得以胜利的有力依托，革命统一战线的有效建构需要阶级分析的科学操作，而前者在革命中的力量施展为后者提供了丰富的实践经验，理论的前瞻性和实践的客观性将二者的运作机制紧密连接。建立统一战线的可能性基于革命对象及其外部组织存在诸多裂痕。统一战线作用机制的发挥是明确矛盾对立的两个方面，革命对象的确立是革命统一战线组建的潜在条件，确立了革命对象也就明确了主要矛盾，这是对阶级社会科学分析的重要成果。毛泽东同志指出，地主阶级和买办阶级"代表中国最落后的和最反动的生产关系，阻碍中国生产力的发展"①，是"国际资产阶级的附庸，其生存和发展，是附属于帝国主义的"②，因而是反革命派，即革命的对象。毛泽东同志从其所代表的生产关系对于生产力作用的角度界定其经济地位，并将其政治立场嵌入分析，同时将反对国内落后生产关系与反对帝国主义结合起来。中国共产党在领导建构统一战线的过程中，不仅充分借鉴了苏联共产党及其前身建构统一战线的现实经验，而且立足中国半殖民地半封建社会所塑造的独特阶级阶层结构进行了广泛的探索。而这种探索不仅具有历史意义，而且具有超越时空的长期意义，为新中国成立后党建构爱国统一战线提供了科学方法论。

2. 确立革命同盟

统一战线的根本问题是组织同盟军问题。革命对象的明确是一种导向性

---

① 《毛泽东选集》（第1卷），人民出版社，1991，第4页。
② 《毛泽东选集》（第1卷），人民出版社，1991，第3~4页。

的突出，革命同盟的确立就成为斗争性的联合。中国近代以来历次变革运动以及辛亥革命的失败都深刻地表明阶层动员的狭隘性本身就包含着对自我的否定，包含对革命动力的保守估计和对中国社会的不科学解析，尤其是在面对顽固、残酷的阶级统治时，就难以实现实质性的社会变革。毛泽东同志在《中国社会各阶级的分析》等文章中坚持了马克思做阶级划分的经济标准，同时从中国的革命实际出发引进了政治标准，也就是阶级划分对象对革命的态度，这是创造性发展的理论成果，是由革命路径选择的迫切性催生的，阶级划分的方法清晰地描画出革命统一战线的阵营。毛泽东同志认为小资产阶级代表的是"小生产的经济"①，在革命形势高涨时，不仅左派、中派，甚至右派也会支持革命。半无产阶级代表的是"更细小的小生产的经济"②，他们占有少量的生产资料，还要出卖一部分劳动力来维持最基本的生活，容易接受革命的宣传。二者是革命的同盟者。其中不仅对阶级整体进行了分析，还详细分析了阶级内部不同派别或不同群体对革命的态度，以便在统一战线中采取灵活性策略。统一战线是现实的、具体的、历史的，在不同历史时期具有不同的内涵，由此所确立的"同盟军"亦是如此。新民主主义革命时期不同阶段的同盟军各有不同，新中国成立后随着社会主义改造的完成，团结一切可以团结的力量的现实指向越来越明确，改革开放后随着经济结构和社会结构的变迁，统一战线的工作领域也在发生时代化迁移。

3. 掌握革命领导权

党的百余年历史是领导中国人民进行伟大社会革命的历史。无产阶级的领导权问题是中国革命的中心问题，在革命的领导权问题上，毛泽东同志认为无产阶级"人数虽不多，却是中国新的生产力的代表者，是近代中国最进步的阶级"③，也必然是革命的领导力量。在大革命期间，中国共产党作为工人阶级的先锋队不仅是统一战线的积极组建者，同时也是统一战线的重要领导者，并且高度重视领导权问题。掌握革命领导权不仅意味着对革命战

① 《毛泽东选集》（第1卷），人民出版社，1991，第5页。
② 《毛泽东选集》（第1卷），人民出版社，1991，第6页。
③ 《毛泽东选集》（第1卷），人民出版社，1991，第8页。

争的领导，还包括对被压迫人民的启蒙，提升广大被压迫人民的阶级认知，通过政治社会化的路径将阶级分析的基本思想和成果在革命潜在动力间传播并内化，进而实现真正的民众大联合。统一战线的理论核心是坚持中国共产党的领导，这和在统一战线中保持无产阶级的独立性是辩证统一的。百余年来，中国共产党领导统一战线的鲜活实践，不仅为创造中国奇迹、开创中国之治、展现中国智慧作出了重要贡献，而且为统一战线的理论创新、实践创新、制度创新作出了独特贡献。

三 统一战线的基本定位

统一战线是中国共产党领导中国人民进行革命、建设、改革的有力支撑。2015 年 4 月 30 日中共中央政治局会议审议批准、2020 年 11 月 30 日中共中央政治局会议修订的《中国共产党统一战线工作条例》，对统一战线的价值功能和时代定位进行了系统阐述，强调统一战线是中国共产党凝聚人心、汇聚力量的政治优势和战略方针，是夺取革命、建设、改革事业胜利的重要法宝，是增强党的阶级基础、扩大党的群众基础、巩固党的执政地位的重要法宝，是全面建设社会主义现代化国家、实现中华民族伟大复兴的重要法宝。

（一）统一战线是重要法宝

中国共产党人始终高度重视统一战线的独特作用。毛泽东同志将统一战线与武装斗争、党的建设一起作为中国共产党战胜敌人的三大法宝。改革开放后，邓小平同志强调："统一战线仍然是一个重要法宝，不是可以削弱，而是应该加强，不是可以缩小，而是应该扩大。"① 进入 21 世纪，江泽民同志指出："在新世纪，统一战线作为党的一个重要法宝，绝不能丢掉；作为

---

① 《邓小平文选》（第 2 卷），人民出版社，1994，第 203 页。

党的一个政治优势，绝不能削弱；作为党的一项长期方针，绝不能动摇。"①针对新世纪新阶段的新形势新任务，胡锦涛同志强调："统一战线是中国共产党执政兴国的重要法宝，也是我们实现中华民族伟大复兴的重要法宝，巩固和发展最广泛的爱国统一战线是我们党提高执政能力的重要组成部分。"②习近平总书记在庆祝中国人民政治协商会议成立六十五周年大会上的讲话中进一步强调："统一战线是中国共产党夺取革命、建设、改革事业胜利的重要法宝，也是实现中华民族伟大复兴的重要法宝。"③

党的全国代表大会的报告和党的中央全会通过的决议、决定等，作为全党共识的集中体现，对统一战线作出的集中概括和战略部署具有权威性、代表性。从党的十二大开始，党既强调统一战线在革命战争中的作用，也强调其在社会主义建设时期"仍然发挥着十分重大的作用"④。党的十八大报告强调："统一战线是凝聚各方面力量，促进政党关系、民族关系、宗教关系、阶层关系、海内外同胞关系的和谐，夺取中国特色社会主义新胜利的重要法宝。"⑤ 党的十九大报告指出："统一战线是党的事业取得胜利的重要法宝，必须长期坚持。要高举爱国主义、社会主义旗帜，牢牢把握大团结大联合的主题，坚持一致性和多样性统一，找到最大公约数，画出最大同心圆。"⑥ 党的十九大报告明确将巩固和发展爱国统一战线作为健全人民当家作主制度体系、发展社会主义民主政治的重要举措，并在党的十九届四中全会上进行了确认。党的十九届六中全会通过了党的历史上的第三个历史决议，即《中共中央关于党的百年奋斗重大成就和历史经验的决议》，其中从概括历史成就、总结历史经验的高度，对统一战线的历史价值、现实意义进行高度凝练，强调"建立最广泛的统一战线，是党克敌制胜的重要法宝，

---

① 《江泽民文选》（第3卷），人民出版社，2006，第143页。
② 《十六大以来重要文献选编》（下），中央文献出版社，2008，第542页。
③ 《十八大以来重要文献选编》（中），中央文献出版社，2016，第70页。
④ 《十二大以来重要文献选编》（上），人民出版社，1986，第36页。
⑤ 《十八大以来重要文献选编》（上），中央文献出版社，2014，第23页。
⑥ 《十九大以来重要文献选编》（上），中央文献出版社，2019，第28页。

也是党执政兴国的重要法宝"①。考察党和国家主要领导人关于统一战线的重要论述以及党和国家的相关重要文献，可以发现，无论是在中国共产党的话语体系中还是在中国特色政治话语表达中，统一战线始终居于重要位置，是中国共产党领导革命建设改革，处理好改革发展稳定关系，解决好治国理政重大问题，有效推动社会主义现代化建设和中华民族伟大复兴进程的重要法宝。

（二）统一战线是宝贵经验

总结经验本身就是中国共产党的重要优势和优良传统，统一战线是党的经验体系中的重要内容。为此，我们要坚持大历史观和正确党史观，从历史与现实的结合点上、从话语与秩序的互动关系中把握统一战线的独特价值。习近平总书记强调，我们要"树立大历史观，从历史长河、时代大潮、全球风云中分析演变机理、探究历史规律，提出因应的战略策略，增强工作的系统性、预见性、创造性"②，如此才能顺应历史大势，掌握历史主动，增强历史自信。中国共产党通过党的会议、领导人谈话、讨论撰写相关决议决定方案、纪念和庆祝相关历史事件等形式对统一战线改革与发展的经验进行阶段性总结，并将这些形式作为优良传统沿袭下来。

党的十九届六中全会通过的《中共中央关于党的百年奋斗重大成就和历史经验的决议》，从党的百年奋斗历史经验的角度对统一战线的历史价值、显著优势进行系统提炼概括，将其作为党的十大历史经验之一，其中指出："建立最广泛的统一战线，是党克敌制胜的重要法宝，也是党执政兴国的重要法宝。党始终坚持大团结大联合，团结一切可以团结的力量，调动一切可以调动的积极因素，促进政党关系、民族关系、宗教关系、阶层关系、海内外同胞关系和谐，最大限度凝聚起共同奋斗的力量。只要我们不断巩固和发展各民族大团结、全国人民大团结、全体中华儿女大团结，铸牢中华民

---

① 《中共中央关于党的百年奋斗重大成就和历史经验的决议》，人民出版社，2021，第70页。
② 习近平：《在党史学习教育动员大会上的讲话》，人民出版社，2021，第14页。

族共同体意识，形成海内外全体中华儿女心往一处想、劲往一处使的生动局面，就一定能够汇聚起实现中华民族伟大复兴的磅礴伟力。"[1] 中国统一战线工作的既有实践、宝贵经验、理论创新，不断成为统一战线时代演进的重要基础。中国特色政治语境中的统一战线，不是一个凝固化的理念表达，而是经由长期的历史进程、鲜活的政治实践演化而成。这种统一战线形态，不仅蕴含着马克思主义统一战线思想的一般原则和普遍要求，而且深刻揭示了中国统一战线发展的特殊规律。

（三）统一战线是政治优势

在百余年党史中，党的政治优势具有丰富多样的表达形态，展现了中国共产党作为领导党、革命党、执政党统一体的内在价值和独特优势。从文献学和语言学角度来讲，中国共产党分别提出群众路线、自我革命、思想政治工作等是党的最大优势，也强调统一战线是中国共产党凝聚人心、汇聚力量的政治优势。对此，习近平总书记指出："统一战线是党的总路线总政策的重要组成部分，在我国革命、建设、改革不同历史时期发挥了重要作用。"[2] 围绕着党的优势、党的政治优势、党的最大政治优势等，我们党形成了一系列论断，虽然论断在内涵上具有分殊性、侧重性，但在价值取向上体现了本质一致性，在作用机制上体现了互嵌协作性，在现实效用上体现了历史合力性。

统一战线不仅是中国共产党区别于其他政党的重要优势，而且是中国推动国际政治经济秩序朝更加公正合理方向发展的重要优势。为此，要立足于不同的主体审视统一战线的价值和效能。

（四）统一战线是战略方针

中国统一战线蕴含着深刻的历史必然性和鲜明的时代可能性。独特的历

---

[1] 《中共中央关于党的百年奋斗重大成就和历史经验的决议》，人民出版社，2021，第 70 页。

[2] 《促进海内外中华儿女团结奋斗　为中华民族伟大复兴汇聚伟力》，《人民日报》2022 年 7 月 31 日，第 1 版。

史经验塑造了独特的发展道路，"独特的文化传统，独特的历史命运，独特的基本国情，注定了我们必然要走适合自己特点的发展道路"①，统一战线在长期的历史演进中形成了独特的存在形态。但统一战线的根本指向始终未变，其不仅要解决革命力量、建设力量、改革力量等方面的问题，而且深刻反映了人心向背问题。诚如习近平总书记所说："统战工作的本质要求是大团结大联合，解决的就是人心和力量问题。这是我们党治国理政必须花大心思、下大气力解决好的重大战略问题。"② 习近平总书记指出："人心向背、力量对比是决定党和人民事业成败的关键，是最大的政治。"③ 人心向背关系党和国家事业的全局，关系党的事业的兴衰成败、国家的长治久安，始终保持战略定力、坚定政治自信、保持独立自主，就要坚持将统一战线作为党和国家的一项战略方针。

新时代的统一战线工作具有更加丰富的内涵、更加复杂的外部环境、更加繁重的现实任务。为适应新的战略机遇、新的战略任务、新的战略阶段、新的战略要求、新的战略环境，需要建构新时代的大统战格局。2015 年 5月召开中央统战工作会议，将之前的全国统战工作会议改名为中央统战工作会议，反映了党中央对统一战线工作的高度重视。同年 7 月 30 日，中共中央政治局召开会议，决定设立中央统一战线工作领导小组，对新时代统一战线工作进行顶层设计、统筹谋划、制度安排和战略部署。统一战线从其适用范围来看，不局限于国内层面，也可应用于国际层面。特别是当前世界格局深刻演变，中国在世界大发展大变革大调整中扮演着越来越重要的角色。建构统一战线话语权和在话语权建构方面坚持统一战线，实质上是有着鲜明区别的两种政治现象。前者强调的是牢牢掌握统一战线的阐释权，后者强调的是在增强中国话语权方面坚持统一战线的工作方法，本质上是统一战线在国际话语权建构领域的应用。

---

① 《习近平谈治国理政》（第 1 卷），外文出版社，2018，第 156 页。
② 《十八大以来重要文献选编》（中），中央文献出版社，2016，第 556 页。
③ 《十八大以来重要文献选编》（中），中央文献出版社，2016，第 556 页。

四 统一战线的存在样态

从整体层面来审视统一战线，可以发现这一独特的政治现象、文化现象具有不同的形态或层次。有学者从统一战线的表现形式角度，认为统一战线的形态包括三种，即作为政治斗争策略的统一战线、作为结构优化战略的统一战线、作为现代国家治理之道的统一战线①。也有学者认为统一战线存在四种形态：理论层面的统一战线，是马克思恩格斯创立的关于工人阶级及其政党自身团结统一和争取广大同盟军的方法和政策；战略层面的统一战线，是党和国家进行社会整合的总政策；组织层面的统一战线，是党和国家进行民主政治建设的重要载体；制度层面的统一战线，是党和国家推进人民民主的基本方式②。这些分类形式都具有一定合理性，但是无论研究何种政治现象，在进行历史研究的时候，总是基于沿袭下来的秩序和现存的话语来进行考察的，这里的话语不仅仅是指口头表达层面的话语，实际上是物质形态、精神形态话语的集合。从认识世界与改造世界辩证关系的角度、从统一战线理念转变为现实政治力量的角度，我们认为统一战线的存在样态可以分为四种，即理论样态、实践样态、制度样态、话语样态。四种样态之间存在相互转化和交织影响的关系，这也是中国特色的统一战线话语具有深刻的历史意蕴、丰富的话语表达的重要根源。

（一）理论样态：统一战线作为一种思想理念

统一战线的理论样态，具有先导作用。统一战线作为一种思想理念并不是凝固不变的，而总是随着实践的发展拥有新的内涵和理论内容。恩格斯在《唯理论和虔诚主义》一文中写道："在同宗教的黑暗势力进行斗争的任何

---

① 陈明明：《现代国家建设视域下统一战线的三重面相：策略、战略与治道》，《统一战线学研究》2019 年第 6 期。

② 李俊：《新形势下统一战线功能的多维思考》，《信阳师范学院学报》（哲学社会科学版）2012 年第 2 期。

情况下，我们都应该结成统一战线。"① 在这里恩格斯提出了"统一战线"概念，强调运用统一战线政治策略开展反对宗教封建势力的现实斗争。马克思恩格斯关于无产阶级统一战线的思想理念，是统一战线思想的经典形态，标志着统一战线思想的科学化，从而赋予无产阶级开展社会革命以强大的武器。在科学社会主义从理论到实践、从一国到多国、从蓬勃发展到遭遇曲折、从跌入低谷到走向复兴的过程中，统一战线的理论形态也发生了深刻的变化。

马克思主义理论不是教条而是行动指南，必须随着实践发展而发展，必须中国化才能落地生根，必须本土化才能深入人心。无产阶级统一战线思想作为一种一般性、普遍性的思想，只有实现本土化、时代化才能解决各个民族国家建立和发展无产阶级统一战线的现实问题，在这个过程中形成了俄国形态的统一战线思想、中国形态的统一战线思想等，但由于中国革命进程的推进与苏联和共产国际有着密切的关系，中国共产党人的统一战线思想带有深刻的苏联痕迹。随着中国共产党基于独立自主原则实现从"以俄为师"到"以苏为鉴"再到"中国特色"的转变，这种转变赋予这一思想内容鲜明的中国特色、中国风格、中国气派。中国共产党的统一战线在百余年的发展过程中，已经形成了不同历史形态的思想内容。中国共产党的统一战线理论及其话语表达，发端于党肩负民族独立和人民解放使命的阶级自觉与政党自觉，贯穿于中国共产党领导革命、建设、改革的全过程和各方面，在革命中起源和发展、在建设中调适而变迁、在改革中转型并创新，这一过程深刻展现了统一战线的鲜明特质、独特优势和时代价值。

（二）实践样态：统一战线作为一种政治实践

统一战线作为一种政治力量的重新整合方式和革命同盟的组织方式，只有从理念转化为实践才能发挥出强大的政治力量，也才能将精神理论转化为物质力量。统一战线作为一种政治实践，有着特定的应用场域和工作范围。

---

① 《马克思恩格斯全集》（第 41 卷），人民出版社，1982，第 133 页。

马克思指出，"思想、观念、意识的生产最初是直接与人们的物质活动，与人们的物质交往，与现实生活的语言交织在一起的"[①]。仅仅停留在思想理念层面，是不能真正展现统一战线现实价值的，马克思既强调"批判的武器当然不能代替武器的批判"[②]，肯定了革命实践的重要性，也强调"理论一经掌握群众，也会变成物质力量"[③]，突出了塑造群众革命意识的必要性。只有将统一战线融入革命建设改革进程、治国理政实践中才能充分彰显其独特价值和显著优势。

其中极为重要的两对关系，一是中国共产党与各民主党派、无党派人士等之间的关系，二是中国共产党的组织体系与人民政协之间的关系。党与政协的关系是指中国共产党与人民政协机关之间的政治关系，是党政关系中具有鲜明中国特色的重要组成部分，内在包含党际关系、党群关系等。重视统一战线工作是党的一贯传统。毛泽东同志将统一战线总结为中国共产党取得革命胜利的"三大法宝"之一。在新中国史中政协的历史价值不仅体现在统一战线方面，更体现在制度安排和国家治理方面。伴随着新型政党制度和协商民主制度的发展完善及其制度优势的凸显，人民政协制度在国家制度体系和治理体系中扮演着越来越重要的角色。新中国成立以后，政协从代行权力机关到统一战线组织再到政治制度重要组成部分的转变，体现了自身性质、机构、职能、地位的变化，体现了党的执政方式从传统到现代的转变，也体现了中国共产党在执政方式、政党政治体制、民主实现形式方面进行的深刻探索。

统一战线作为一种独特的治理模式，要根据本国实际探索建构、创新完善。一要坚定制度自信。当今世界政治实践充分证明，并不存在定于一尊和一劳永逸的制度模板。尤其是片面移植某种制度模式导致治理失败的一些案例，对独立自主开展制度探索提供了反面经验。二要坚持党的领导。政党政治演进历史和世界社会主义演进史以及中国共产党自身执政史证明，避免

---

① 《马克思恩格斯选集》（第 1 卷），人民出版社，2012，第 151 页。
② 《马克思恩格斯选集》（第 1 卷），人民出版社，2012，第 9 页。
③ 《马克思恩格斯选集》（第 1 卷），人民出版社，2012，第 9 页。

"失败国家"的命运，成为"成功国家"的典范，"关键在党"，坚持党的领导是根本要求。三要反思"西方中心主义"的现代化理论。美国的罗纳德·英格尔哈特对现代化理论进行了修正，认为现代化并非线性的；社会-文化变迁具有路径依赖；现代化不是西方化；现代化不自动带来民主，只是带来了使民主日益成为可能的社会和文化变迁①。国家治理现代化有不同维度的目标，首先是国家稳定、消除分歧，新型政党制度就是一种"共识政治"的体现，通过协商民主达成政治共识，形成广泛而坚实的政治认同、国家认同，达到政治整合的效果。其次是国家充满活力，要通过发挥协商民主的优势确保人民民主的有效性，真正调动各方面积极性。

（三）制度样态：统一战线作为一种制度体制

中国的统一战线实践已经在长期演化中形成一系列的规范化的运行机制，这就是统一战线的制度形态。统一战线的制度形态是统一战线理论固定化、规范化的结果，是对统一战线实践进行经验总结的结果。其中，制度话语的转换历程是制度本身历史演变的缩影。统一战线的制度形态与我国新型政党制度形态，从一定意义上来讲，并不是完全等同的。统一战线的有效运行与人民当家作主制度体系中各项制度有着密切的关系，根本政治制度和基本政治制度为统一战线实践提供了制度载体，而统一战线进一步增强了人民当家作主制度体系的治理价值。中国人民政治协商会议（简称人民政协）成立后，成为中国人民爱国统一战线的组织，是中国共产党领导的多党合作和政治协商的重要机构，是中国政治生活中发扬社会主义民主的一种重要形式，这一组织为发挥统一战线功能提供了关键平台。新中国成立 70 多年来，人民政协的历史价值不仅体现在统一战线方面，更体现在制度安排和国家治理方面。

统一战线的制度化是一个长期演化的过程，党的全国代表大会的报告、

---

① 〔俄〕弗拉季斯拉夫·伊诺泽姆采夫主编《民主与现代化：有关 21 世纪挑战的争论》，徐向梅等译，中央编译出版社，2011，第 133~134 页。

《中国共产党章程》和《中华人民共和国宪法》以及党内法规，对统一战线的地位和作用进行政治确认和法律确认，也见证了统一战线逐渐制度化、规范化、程序化的过程。2015 年中共中央印发了《中国共产党统一战线工作条例（试行）》，这是我国首次以党内法规的形式，对统战工作进行"党内立法"，规定了党外干部配备的"刚性"要求，为党外代表人士队伍建设的发展指明了方向。2018 年 12 月 25 日，中共中央印发《社会主义学院工作条例》，这是第一部由党中央制定的关于社会主义学院工作的党内法规，是巩固和发展新时代爱国统一战线，推进社会主义学院工作科学化、制度化、规范化的重要依据。2019 年 10 月 31 日，党的十九届四中全会通过的《中共中央关于坚持和完善中国特色社会主义制度 推进国家治理体系和治理能力现代化若干重大问题的决定》，对爱国统一战线制度形态进行了高度概括，并将爱国统一战线与作为根本政治制度的人民代表大会制度和作为基本政治制度的中国共产党领导的多党合作和政治协商制度、民族区域自治制度、基层群众自治制度，一起纳入人民当家作主制度体系之中，视为发展社会主义民主政治的重要制度载体，实质上对统一战线进行了政治确认。

统一战线制度化与人民政协制度的建构、改革与发展紧密衔接，人民政协制度的治理价值凸显中国特色。首先，民主本质上是人民当家作主，政协协商是协商民主的重要形式，其独特优势在于能够拓宽民意表达的渠道，发挥整合能力，其本质是对政治资源进行深度整合和配置，既避免了苏联"党政合一"模式中党对政治资源的垄断性控制，也避免了西方政党制度基础上政治资源的分化——前者容易削弱社会各界的积极性和主动性，不利于保障政治共识的广泛性，后者容易造成社会的割裂，不利于政治共识的达成。其次，民主不等于选举，选举也不完全代表民主。民主有不同的维度、不同的表现形式，不存在放之四海而皆准的民主模式，关键在于实现民主的价值。协商民主作为社会主义民主的实现形式，对实现实质民主发挥了特有价值。最后，政协扮演过代议机关的职能，在国家建构和制度设计中发挥了至关重要的作用，在改革开放和社会主义现代化建设新时期与中国特色社会主义新时代，也发挥了社会整合、共识建构和社会动员的重要作用。凝聚共识服务于中国特色社会主义建设，归根结底是要实现人的自由而全面的发展，通过协商民主的中国实践，人民当家作主以中国形式加以呈现。

（四）话语样态：统一战线作为一种话语表达

统一战线作为一种话语表达，具有极强的塑造、引导作用。话语不仅仅是思想理念表达的载体，也不仅仅是社会实践的阐述媒介和分析工具，更为重要的是，话语是人类社会发展秩序和进程的组成部分。之所以强调统一战线的话语样态的重要性，这是由意识与语言之间关系所决定的。正如马克思所说，"'精神'从一开始就很倒霉，受到物质的'纠缠'，物质在这里表现为振动着的空气层、声音，简言之，即语言"①，不存在"纯粹的"意识，也不存在"纯粹的"理论，其总是通过一定的话语进行表达。"话语天然地是政治的"②，而人是天生的政治动物。话语是人们进行沟通、交流、思考所不可或缺的工具，话语不可避免地进行着政治化，而政治生活也要通过话语进行表达、阐述、解释与规范，甚至有学者认为"政治理论史应当被写成政治话语史"③。制度作为政治社会运行的基本规范，是自然状态下的人转化为社会状态下的人必然要习得的内容。政治知识、价值、规则与规范的习得往往是通过话语形式实现的，前者是人类意识的重要成果，因此"语言和意识具有同样长久的历史；语言是一种实践的、既为别人存在因而也为我自身而存在的、现实的意识。语言也和意识一样，只是由于需要，由于和他人交往的迫切需要才产生的"④，无论是思想理论、风俗习惯，还是制度规章、道德准则，一般通过话语的形式进行传播或传递，以确保人类思维认识的接续性。虽然在人类历史发展进程中，话语并不是唯一的符号工具或传播媒介，但话语作为语言与思想的结合体扮演着关键性角色。质言之，政治

① 《马克思恩格斯选集》（第1卷），人民出版社，2012，第161页。
② 〔美〕查尔斯·J. 福克斯、休·T. 米勒：《后现代公共行政——话语指向》，楚艳红、曹沁颖、吴巧林译，中国人民大学出版社，2002，第10页。
③ 〔英〕尼古拉斯·菲利普森、昆廷·斯金纳主编《近代英国政治话语》，潘兴明、周保巍等译，华东师范大学出版社，2005，第3页。
④ 《马克思恩格斯选集》（第1卷），人民出版社，2012，第161页。

社会化是培养政治人的基本过程，政治话语则是实现政治社会化的必要工具，政治的话语化与话语的政治化在历史进程中是辩证统一的。统一战线作为一种独特的中国政治运行机制，充分展现了政治的话语化与话语的政治化的辩证逻辑。

　　长期以来，我们在建构统一战线的实践中形成了分殊化的话语表达。习近平总书记指出："只有以我国实际为研究起点，提出具有主体性、原创性的理论观点，构建具有自身特质的学科体系、学术体系、话语体系，我国哲学社会科学才能形成自己的特色和优势。"① 为此，我们要以统一战线的现实表达内容为考察对象，深入剖析统一战线的理论、实践、制度与话语之间的复杂交织关系，从而深刻解释统一战线话语生成的历史逻辑、理论逻辑和实践逻辑。从结构、要素和机制的角度来看，中国统一战线工作的重点是促进政党关系、民族关系、宗教关系、阶层关系、海内外同胞关系的和谐，关键就在于协调好不同群体之间的关系，最大限度凝聚起广泛持久的历史合力。这使得新时代统战工作话语体系分化出政党、民族、宗教、阶层、海内外同胞五大话语支系，并表现出"五线交织合成一体"的态势。

---

① 习近平：《在哲学社会科学工作座谈会上的讲话》，人民出版社，2016，第19页。

第二章
统一战线话语体系的内在结构形态

统一战线话语不是原子化语词的简单排列，而是一系列的具有丰富内涵的概念、命题、论断等的有机组合，这些不同层面的话语要素共同组成了统一战线话语体系。全面认识统一战线话语，不仅要从历时性视角揭示其理论渊源和实践基础，也要从共时性视角深入剖析这一话语体系的内在结构和存在形态。考察统一战线话语的主要来源形式，旨在从话语传播史的角度分析统一战线话语的主要类型；审视统一战线话语体系的内在结构，旨在揭示统一战线话语体系内部不同要素之间的逻辑关系；分析统一战线话语表达的基本形态，旨在从应然与实然之间的互动关系出发揭示统一战线话语的张力关系和现实作用。

一　统一战线话语的主要来源方式

统一战线话语是马克思主义统一战线思想与中国革命、建设、改革具体实际深度结合的产物，实现这个结合的过程生成了诸多不同类型的话语表达。尤其是从中国共产党史、中国近现代史和中华民族伟大复兴史的视角来看，统一战线话语不仅呈现阶段性特征，而且存在过程性话语与结果性话语的区别。将统一战线话语的主要来源划分为三种类型，不仅是要强调这种话语表达的词源和相关话语的时空渊源，而且是要强调统一战线话语演变的历史阶段性。随着我们对统一战线理论、实践、话语、制度的认识不断深入，输入性话语、转化性话语、原创性话语在统一战线话语体系中的比重也在发生变化，其中最为鲜明的就是原创性话语的丰富发展和输入性话语的消退弥散，同时值得注意的是，基于中华优秀传统文化创造性转化和创新性发展而形成的转化性话语日益增多。这充分说明，我们对统一战线的认识更加全面系统，并且基于统一战线的独特优势，我们进一步增强了道路自信、理论自信、制度自信和文化自信。

（一）输入性话语

统一战线输入性话语体现了借鉴吸纳的特点。马克思主义统一战线思想，不仅为中国的统一战线实践提供了科学指南，而且为中国共产党推进统一战线建设提供了丰富的话语资源。中国特色的统一战线话语，是马克思主义中国化的重要缩影，也是认识马克思主义在中国传播、植根、结合、创新的重要窗口。随着党领导革命、建设、改革进程的推进以及党的领导制度、执政体制的发展完善，中国共产党逐步结合中国实际对统一战线进行了内生性演化和本土性发展。从中国共产党人学习马克思主义和马克思主义传入中国的途径来看，统一战线话语的传播主要有三种路径，即苏联方向、英法方向、日本方向，这三种传播路径与早期的中国共产党人接触、认识和认同马克思主义的时空条件有着直接联系。随着马克思主义在中国的传播、植根和创新，统一战线话语在中外之间的流动趋向也在逐渐发生变化。特别是中国共产党灵活运用统一战线原则和方法，建构起符合中国革命需要的统一战线理论、机制之后，其他国家尤其是广大民族解放国家，对在中国革命进程中发挥了重要作用的统一战线产生了浓厚兴趣，客观上推动了中国话语的海外传播。

从这个意义上来讲，统一战线话语并不是单向流入中国的。随着中国社会革命进程的推进和统一战线理论的创新发展，中国的统一战线话语愈发展现出"溢出效应"。尤其是中国在创造了经济快速发展和社会长期稳定的中国奇迹之后，海外对中国的统一战线给予了越来越广泛的关注和研究。伴随着中国共产党指导思想等在内的中国理念的海外传播，统一战线话语也成为我们提出中国方案、贡献中国智慧的重要内容。因此，我们在研究统一战线输入性话语的同时，也要关注和认识中国统一战线话语的海外传播，这也是我国文化软实力、国际影响力的重要组成部分。

　　以"统一战线"这一统一战线话语体系的"元概念"为例。统一战线概念最早是由恩格斯明确提出的，列宁发展了统一战线的概念内涵。英文"United Front"，最通常的意思是"联合战线""联合阵线""统一战线"等。中国共产党内最早使用"联合战线"概念的是陈独秀，而以党和国家的重要文献以及文件资料为考察对象，通过文献检索和内容考察，可以发现较早在重要文献中使用"统一战线"概念的是瞿秋白。陈独秀在广州参加第一次全国劳动大会后，1922年5月23日在《广东群报》上发表《共产党在目前劳动运动中应取的态度》一文，第一次使用"联合战线"概念，指出中国共产党"在劳动运动的工作上，应该互相提携，结成一个联合战线（United Front），才免的互相冲突，才能够指导劳动界作有力的战斗"①。同一时期，中国共产党其他领导人瞿秋白、毛泽东、蔡和森、恽代英等同志也都相继在不同场合使用过联合战线或民主联合阵线这类表述。党的二大正式将建立"民主的联合战线"写进党的文件之中，实现了对"联合战线"战略策略的政治确认。从转译过程来看，"统一战线"概念并不是本初的表达形态，是马克思主义统一战线思想与中国革命实践、话语特点融合之后形成的表达形式，域外输入性色彩十分鲜明。类似的概念、命题等也存在此种情况。

（二）转化性话语

　　统一战线转化性话语体现了本土转化和价值统合的特点。统一战线话语的转化主要有两种形式，即古语新解、外词中用。前者体现了马克思主义统一战线思想与中国具体实际和中华优秀传统文化深度结合的辩证逻辑，后者体现了中国共产党和中国人民的文明观，充分表明多样性是世界的基本特征，多样带来交流、交流孕育融合、融合产生进步，也表明中国共产党坚持尊重世界文明多样性，以文明交流超越文明隔阂、文明互鉴超越文明冲突、

---

　　① 《陈独秀文章选编》（中），生活·读书·新知三联书店，1984，第182页。

文明共存超越文明优越。

就古语新解而言，统一战线话语充分挖掘中华文明所蕴含的哲学思想、人文精神、道德价值，充分吸纳传统文化的历史智慧和言辞之美，推动了马克思主义科学理念与中华文明独特智慧的巧妙融合。比如，在阐述统一战线工作的重要性时，2014年1月22日，习近平总书记在同党外人士共迎新春时的讲话中指出，"一个篱笆三个桩，一个好汉三个帮。实践证明，建立新中国，建设新中国，开拓改革路，实现中国梦，都需要各党派团体和各界人士齐心努力。越是处于改革攻坚期，越需要汇集众智、增强合力；越是处于发展关键期，越需要凝聚人心、众志成城"①；在阐述党在统一战线工作中的领导地位时，强调"横空大气排山去，砥柱人间是此峰"，彰显中国共产党在国家治理中的核心、支柱地位；在两岸工作方面，采用"兄弟同心，其利断金"的传统话语，揭示出两岸袍泽同心同德则中国无往不胜的道理；在民族事务方面，借用"四人一条心，石上花扎根"等话语，揭示民族团结则金石为开的真理。

以"党组"概念为例。从维护党中央权威和集中统一领导的角度来讲，党组制度与党委制度、党管干部制度、归口领导制度等一起构成了维护党的领导的制度机制，党组制度也为统一战线发挥自身作用提供了重要制度基础。当下，党组有着较为明确的界定，即党组是中国共产党在中央和地方国家机关、人民团体、经济组织、文化组织和其他非党组织的领导机关中设立的领导机构，在本单位发挥领导作用，是党对非党组织实施领导的重要组织形式。但这一概念在中国共产党话语表达体系中也经历了一个演化过程。就形成动因而言，党组制度的形成不仅受到苏联党团制度的影响，更为直接的是与国共合作的历史背景相关。中国共产党的党团制度可以追溯到更早的历史，党的三大决定了"党内合作"方式后，如何实现对跨党党员的领导成为一个现实议题，从1924年国民党改组之日起，中国共产党即在国民党内开展秘密党团活动，以保持中国共产党党员在国民

---

① 《习近平关于社会主义政治建设论述摘编》，中央文献出版社，2017，第124页。

党中思想上和行动上的一致①。党组制度的建立与无产阶级领导权有着密切关系，党的四大正式提出了无产阶级领导权问题，也明确作出了成立"党团"的决定。党的四大通过的《对于组织问题之议决案》中明确规定，"吾党在国民党及其他有政治性质的重要团体中，应组织党团，从中支配该党和该团体的活动"②，这是实现党的领导和保持自身独立性的重要制度保障。党的五大通过的党章修正案中首次增设了"党团"章节，明确了设置党团的主体是"所有一切非党群众会议及执行的机关"③。国共合作破裂后，党的六大将党团设置主体限定为"非党组织（如职工会、农会、社会团体及文化组织等）"④。经过局部执政实践后，党的七大通过的新党章将"党团"改称为"党组"，并规定将党组设置在"政府、工会、农会、合作社及其他群众组织的领导机关"⑤ 中。由此可以发现，中国共产党"党组"这一概念并不是完全照搬苏联相关提法，而是基于中国革命需要进行了重塑性改造和转化。

（三）原创性话语

统一战线原创性话语体现了话语创新的特点。统一战线话语是中国特色社会主义话语体系的重要组成部分，是中国特色哲学社会科学的重要研究对象，其中的原创性话语表达如新型政党制度话语、新型国家制度话语、新型法律制度话语、新型民主话语（协商民主话语、全过程人民民主话语等）、新型民族宗教话语等，是展现中国道路演进逻辑的重要线索。这些话语不仅具有亲和力，而且展现了中国传统文化的魅力，体现了创造性转化和创新性发展的特点。百余年来，特别是进入新时代以来，中国共产党人立足建构中国自主的知识体系，增强和捍卫文化主体性，增强思想和文化主动，牢牢掌

---

① 《联共（布）、共产国际与中国国民革命运动（1920~1925）》，北京图书馆出版社，1997，第453页。
② 《建党以来重要文献选编（1921~1949）》（第2册），中央文献出版社，2011，第260页。
③ 《建党以来重要文献选编（1921~1949）》（第4册），中央文献出版社，2011，第276页。
④ 《建党以来重要文献选编（1921~1949）》（第5册），中央文献出版社，2011，第481页。
⑤ 《建党以来重要文献选编（1921~1949）》（第22册），中央文献出版社，2011，第547页。

握意识形态领导权，不断增强国家文化软实力和中华文化国际影响力，对统一战线话语内容及其表达机制进行创新性发展，形成了富有时代特质的话语表达形态。

从本质上来讲，统一战线的政治话语、学术话语、理论话语、大众话语等具有一致性，要注重从概念的生成形式的角度分析其现实功用，并在此基础上对相关制度话语、论断、命题加以分析，以理解概念体系、话语体系、理论体系之间的关系。原创性话语又有着不同的来源，主要包括以下四种类型。其一，统一战线工作主体创新的话语表达。中国共产党尤其是党和国家的主要领导人是统一战线话语创新的重要主体，在统一战线话语创新进程中发挥了主导性作用。其二，统一战线理论话语和学术话语转化。统一战线话语不仅仅存在于政治性文本和表达之中，也是学术研究的重要领域和内容。在统一战线话语转换的过程中，政治话语与学术话语具有融通性，政治话语是学术研究的主题和重要线索，学术话语的创新发展和学界的最新研究成果也在逐渐转换为政治表达。其三，统一战线工作对象提供话语表达。统一战线工作所涉及的对象具有广泛性，在具体的统一战线工作实践中不同领域的群体创造了富有自身特色的话语表达，党的统一战线思想和话语也对此进行了吸纳，并经过党的全国代表大会的报告和《中国共产党章程》以及其他党内法规、党内规范性文件等进行确认，这也是统一战线话语创新的一个极为重要的机制。其四，也即最后一个重要的来源就是大众话语。广大人民群众特别是统一战线中的各个主体提供了多样化的表达，为统一战线话语体系的创新和政治确认提供了宝贵资源。

统一战线话语体系是一个具有严密内在逻辑的完整体系，输入性、转化性、原创性话语之间并不是完全割裂的，而主要是从相对意义上而言的。之所以区分不同类型和进行话语源流考证，是为了对统一战线思想转译的进程和逻辑进行剖析，以揭示马克思主义基本原理同中国具体实际相结合、同中华优秀传统文化相结合的深层逻辑，从这个角度来讲，统一战线话语也是中国共产党人坚持"两个结合"的生动缩影。一些输入性话语在中国传播的过程中基于新的要求具有新的内涵，一些古语被赋予新的时代化的内涵，这些概念和话语逐渐成为民族化、本土化、时代化的统一战线话语表达，与原创性的话语深度融合在一起，共同构成了统一战线的多样表达形态。

二 统一战线话语体系的内在结构

统一战线话语体系的内部基于不同的指向和功能呈现出不同类型的话语，通过对统一战线话语的历史分析和逻辑分析，本书将统一战线话语体系的内部结构分为四个层次，分别是：方向目标话语，用以指明统一战线的发展方向和工作目标；现实状况话语，用以分析统一战线工作的现实状况、主要问题等；原则路径话语，用以阐明统一战线工作的基本原则、主要路径等；方法策略话语，用以诠释统一战线工作的科学方法、思维方式、现实策略等。但这四个层次并不是等级性、梯次性的，而是平行的，随着统一战线实践的发展而相互转化，尤其是对方向目标话语而言，随着党和国家中心任务的转变，统一战线工作的方向目标话语也会发生相应的变化。

（一）方向目标话语

统一战线的方向目标话语具有引导性作用。方向目标话语旨在描述统一战线工作的理想状态和应然结果，但这种描述是基于统一战线工作的科学性、优越性而进行的。马克思指出，理论只要说服人，就能掌握群众；而理论只要彻底，就能说服人。所谓彻底，就是抓住事物的根本。而人的根本就是人本身[1]。这类话语是否具有有效性和感染力，关键就在于能否从价值基础、表达形式上对统一战线对象进行说服。

1.统一战线方向话语

统一战线的方向话语和任务话语具有高度统一性。新时代统一战线的方向集中表述为，"围绕统筹推进'五位一体'总体布局、协调推进'四个全

---

[1] 《马克思恩格斯选集》（第1卷），人民出版社，2012，第9~10页。

面'战略布局，积极促进政党关系、民族关系、宗教关系、阶层关系、海内外同胞关系和谐，巩固和发展最广泛的爱国统一战线，为全面建设社会主义现代化国家、实现中华民族伟大复兴服务，为坚持和完善中国特色社会主义制度、推进国家治理体系和治理能力现代化服务，为维护社会和谐稳定、维护国家主权安全发展利益服务，为保持香港澳门长期繁荣稳定、实现祖国完全统一服务"①。旗帜决定方向，方向决定道路。统一战线方向话语，不仅为统一战线工作明确了前进道路，而且为统一战线工作描绘了蓝图，具有重大理论意义和实践意义。

2. 统一战线目标话语

统一战线目标话语具有鲜明的层次性特征。在方向话语指引下，统一战线目标话语为统一战线工作提供了"时间表"和"路线图"，从时间范围来看，包括长期性目标和阶段性目标，比如，新民主主义革命时期统一战线工作的总目标是推翻"三座大山"，建立新中国。具体历史阶段的目标则呈现出一定的差异性，究其根本是由社会主要矛盾所决定的。在普遍性要求上，新时代强调真正把不同党派、不同民族、不同阶层、不同群体、不同信仰以及生活在不同社会制度下的全体中华儿女都团结起来；从工作领域来看，在民族工作方面，强调铸牢中华民族共同体意识、促进各民族交往交流交融，实现各民族共同团结奋斗、共同繁荣发展；在宗教工作方面，强调构建积极健康的宗教关系；在非公有制经济领域，强调引导非公有制经济人士爱国、敬业、创新、守法、诚信、奉献，成为合格的中国特色社会主义事业建设者；等等。

（二）现实状况话语

统一战线现实状况话语是反映主要问题、突出矛盾、关键症结等的话语，是改革、发展、完善统一战线工作的重要基础。统一战线工作是在特定环境下开展的，必然要求对统一战线的既有成就、现实困境、问题原因等进

---

① 《中国共产党统一战线工作条例》，人民出版社，2021，第4~5页。

行分析，从而在问题导向和系统观念中全面把握统一战线的现实要求和发展趋向。马克思曾深刻指出："人们自己创造自己的历史，但是他们并不是随心所欲地创造，并不是在他们自己选定的条件下创造，而是在直接碰到的、既定的、从过去承继下来的条件下创造。"[①] 特别是当前世界正经历百年未有之大变局，"当今世界充满不确定性，人们对未来既寄予期待又感到困惑"[②]，开展统一战线工作同样存在诸多不确定和不稳定因素，有效应对各种"黑天鹅"事件、"灰犀牛"事件、"大白鲸"事件，需要形成科学有效的话语表达机制。统一战线现实状况话语，从具体内容来讲，主要包括统一战线的发展阶段话语、历史成就话语、主要问题话语、现实困境话语等。

（三）原则路径话语

统一战线话语体系，不仅是一种实然性的经验反映和规律揭示，而且是一种应然性的价值要求和期待，这也是统一战线具有历史性和发展性的基础。

1.统一战线原则话语

《中国共产党统一战线工作条例》对统一战线工作的基本原则作了系统概括，即"坚持中国共产党的领导；坚持高举爱国主义、社会主义旗帜；坚持围绕中心、服务大局；坚持大团结大联合；坚持正确处理一致性和多样性关系；坚持尊重、维护和照顾同盟者利益；坚持广交、深交党外朋友；坚持大统战工作格局"[③]。其中首要且关键的一条就是坚持党对统一战线工作的领导。当然，我们也应当认识到这种原则话语具有时代标识性，是新时代统一战线原则的集成表达。"语言是一种实践的、既为别人存在因而也为我自身而存在的、现实的意识。"[④] 党基于统一战线不同的工作领域和侧重形

---

① 《马克思恩格斯选集》（第1卷），人民出版社，2012，第669页。
② 《习近平主席在出席世界经济论坛2017年年会和访问联合国日内瓦总部时的演讲》，人民出版社，2017，第20页。
③ 《中国共产党统一战线工作条例》，人民出版社，2021，第5页。
④ 《马克思恩格斯选集》（第1卷），人民出版社，2012，第161页。

成了不同的话语表达，比如，党的宗教工作基本方针表述为"全面贯彻党的宗教信仰自由政策，依法管理宗教事务，坚持独立自主自办原则，积极引导宗教与社会主义社会相适应"①；针对党外知识分子，坚持"广泛团结、热情服务、积极引导、发挥作用"② 的方针。这些原则是统一战线工作一般原则在具体领域的体现。

2. 统一战线路径话语

党在不同历史时期基于不同的中心任务，开展统一战线工作需要采取不同的现实路径。进入新时代，党坚持和完善民族区域自治制度，坚定不移走中国特色解决民族问题的正确道路，坚持把铸牢中华民族共同体意识作为党的民族工作主线，确立新时代党的治藏方略、治疆方略，巩固和发展平等团结互助和谐的社会主义民族关系，促进各民族共同团结奋斗、共同繁荣发展。坚持党的领导、统一战线、协商民主有机结合，坚持发扬民主和增进团结相互贯通、建言资政和凝聚共识双向发力。坚持党的宗教工作基本方针，坚持我国宗教的中国化方向，积极引导宗教与社会主义社会相适应。加强党外知识分子思想政治工作，做好新的社会阶层人士工作，强化共同奋斗的政治引领。全面构建"亲""清"政商关系，促进非公有制经济健康发展和非公有制经济人士健康成长。加强和改进侨务工作，形成共同致力于民族复兴的强大力量。完善大统战工作格局，完善照顾同盟者利益政策，健全党外代表人士队伍建设制度。凝聚港澳同胞、台湾同胞、海外侨胞力量，努力寻求最大公约数、画出最大同心圆，汇聚实现中华民族伟大复兴的磅礴力量。

（四）方法策略话语

统一战线话语在长期演化过程中，形成了基于统一战线工作实践经验、内在规律、发展特点的方法话语和策略话语。这些话语不仅有助于指引统一战线工作取得更大成就，而且为推动统一战线理念创新和话语创新拓展了广

① 《十八大以来重要文献选编》（中），中央文献出版社，2016，第548页。
② 《中国共产党统一战线工作条例》，人民出版社，2021，第15页。

阔空间、提供了丰富素材。

1. 统一战线方法话语

坚持统一性与多样性辩证统一。"统一战线的一致性是指各种社会力量之间存在着共同的经济利益、共同的思想政治基础和共同的奋斗目标。当前统一战线的'一致性'归根到底，就是对于中国特色社会主义理论、道路和制度的认同。统一战线的一致性正是其产生发展的客观基础。统一战线的多样性是指各种社会力量所处的经济社会地位和经济利益存在差异，呈现出不同的思想观念、价值取向、行为方式和利益要求，选择性、自主性、差异性日益增强。多样性的存在是统一战线的必要性所在。"[①] 坚持辩证思维，体现较为鲜明的是习近平总书记提出的把握好"四对关系"，即把握好固守圆心和扩大共识的关系，把握好潜绩和显绩的关系，把握好原则性和灵活性的关系，把握好团结和斗争的关系。

2. 统一战线策略话语

坚持求同存异的策略。做好统一战线工作，"关键是要坚持求同存异，发扬'团结—批评—团结'的优良传统，在尊重多样性中寻求一致性，找到最大公约数、画出最大同心圆"[②]。要坚持"两点论"和"重点论"相结合，强调"既站稳政治立场、坚守政治底线，又具体问题具体分析，注重工作方式方法"[③]。比如，在宗教工作方面，强调要"坚持和发展中国特色社会主义宗教理论，坚持我国宗教中国化方向，坚持以'导'的态度对待宗教，保护合法、制止非法、遏制极端、抵御渗透、打击犯罪，构建积极健康的宗教关系"[④]。此外，还有一些专属性的话语表达，比如面向香港和澳门的"一国两制"、"爱国者治港"、"爱国者治澳"、高度自治等表达。

[①] 中央社会主义学院理论学习中心组编著《画出最大的同心圆》，中共中央党校出版社，2005，第41页。

[②] 《中央统战工作会议精神学习问答》，人民出版社，2022，第5页。

[③] 《中央统战工作会议精神学习问答》，人民出版社，2022，第5~6页。

[④] 《中国共产党统一战线工作条例》，人民出版社，2021，第17~18页。

三　统一战线话语表达的基本形态

统一战线话语基于不同的功能、指向而呈现出不同的形态。当前学界关于统一战线话语形态的研究主要集中在三个维度：一是从使用主体来进行分类，划分出政治话语、学术话语、大众话语等；二是从适应范围来进行分类，划分出学科话语、学术话语、政策话语、工作话语；三是从存在形式来进行分类，划分出理论话语和实践话语。这些分类方式都具有一定的内在合理性和研究指向性。但为了全面深刻揭示统一战线话语的内在机理和统一战线的功能机制，我们建议从应然与实然、理论与实践、历史与现实的辩证统一中把握统一战线话语的内在逻辑。基于此，可以划分出三种类型的话语，即作为原则要求的应然性统一战线话语、用于呈现事实的实然性统一战线话语、指向路径阐述的可然性统一战线话语。

当然，学界使用和研究更为广泛的是统一战线话语的历史形态或时空形态，统一战线话语的历史形态主要指向其演进逻辑、阶段变化等，历史形态也不完全等同于时空形态，从严格意义上来讲，话语的历史形态是话语时间形态和空间形态的结合体，这是因为统一战线话语的历史演变，不仅存在时间延长线上的阶段变化，而且存在地域之间、群体之间的区别，表现为统一战线的主体间性。而这里所聚焦的是统一战线话语的逻辑形态，从话语直观审视的角度来讲，话语的逻辑形态揭示了话语的历史形态的内在关系，对我们理解统一战线话语的历史演进、发展规律、现实效用具有特殊意义。历史形态的话语呈现的是话语的历史图景，主要发挥叙事功能；而逻辑形态的话语呈现的是话语的结构关系，主要发挥阐释功能。

（一）原则要求：应然性统一战线话语

统一战线话语是一种秩序的表达形态，无论是革命背景下、建设背景下还是改革背景下，统一战线的目标都是通过结成一种政治联盟，塑造出服务于党的主张、人民意志以及国家意志的政治秩序，从这个角度来讲，统一战线就是一种规范形式，这种规范的结果是达成一种大团结大联合的理想状态。如此，从特定时空条件下审视这种政治秩序，就会出现三种形态，即过往形态、当前形态和未来形态，质言之，也就是会出现政治秩序的历史、现实与未来三种时态的辩证关系。处于现实环境中的统一战线主客体，为了充分发挥统一战线的政治优势、完成当前的中心任务、达成设定的发展目标，就要对当前的统一战线工作进行调整、变革和创新，这是应然性统一战线话语生成的现实动因。更为深层次的则是，统一战线作为无产阶级政党实现自身历史使命的重要法宝，必然要求这一工作机制符合共产党执政规律、社会主义建设规律和人类社会发展规律，而随着我们对"三大规律"认识的深化，我们对统一战线理念的阐述也更加丰富科学。

统一战线话语是秩序表达驱动的结果，也是实现制度现实效能的载体。马克思恩格斯指出，"思维本身的要素，思想的生命表现的要素，即语言"①。制度不仅是思维的结果，而且是人类思维长期积淀的成果。"语言也和意识一样，只是由于需要，由于和他人交往的迫切需要才产生的。"② 正是基于这种逻辑，我们需要围绕统一战线的历史经验、现实问题、未来趋向、基本规律等，阐述一系列的原则、要求等，这些就构成了统一战线的应然性话语表达。这一部分话语主要包含两类内容：一是统一战线工作的战略目标和理想状态，二是统一战线工作发展的原则要求和基本方针。应然性话语与实然性话语都是历史性的话语表达，前者强调统一战线的未然状态和期许状态，后者强调特定历史阶段中统一战线的已然状态和既定状态，正是二者之间的矛盾关系推动统一战线不断向着成熟定型发展。

（二）呈现事实：实然性统一战线话语

统一战线的现实形态，也就是实然状态的统一战线的建设情况，对于我们认识统一战线工作的历史成就、主要经验、基本特征、现实问题、中心任

---

① 《马克思恩格斯文集》（第 1 卷），人民出版社，2009，第 194 页。
② 《马克思恩格斯选集》（第 1 卷），人民出版社，2012，第 161 页。

务、优化路径等具有前提意义。统一战线作为一种规范形式，必然通过人与人之间的交往得以建构，交往必然要诉诸一定的话语。作为规范形式的统一战线是一种理性共识，表现为特定时空条件下的政治准则，但是社会总是在动态之中存续发展，因此社会的共识并不是一成不变的；不断变化的社会条件、社会需要持续提供现实性的政治规范，必然要求凝聚时代化的社会共识。统一战线现实化总是基于历史文化传统随着社会经济条件的变化而变化，话语会在时间维度呈现出历史性和阶段性的特征，在空间维度呈现出民族性和地域性特征。这也是中国统一战线生成的历史逻辑和国家治理展现中国特色的深层原因，正如习近平总书记指出的，当代中国国家治理体系是"在我国历史传承、文化传统、经济社会发展的基础上长期发展、渐进改进、内生性演化的结果"①。

实然性统一战线话语用以描述统一战线的现实状况、历史成就、基本经验和主要困境、制约因素等。实然性统一战线话语主要包括以下几种类型：一是统一战线相关概念，用以总结概括统一战线的标识性成果；二是统一战线相关命题，用以阐述统一战线的内在逻辑、基本规律等；三是统一战线相关论断，用以提炼统一战线工作的历史经验、鲜明特点等。基于实然性统一战线话语的表现形式和基本特点建构统一战线话语体系，首要的就是形成反映真实情况、富有感染力、极具传播力的话语表达，对统一战线的现实优势进行系统、全面、客观陈述，从而基于事实讲好"统一战线故事"，形成有效的统一战线叙事机制。

（三）路径阐述：可然性统一战线话语

可然性话语是衔接实然性话语与应然性话语的重要形式。可然性统一战线话语是将应然性统一战线原则要求与我国统一战线建设具体实际深度结合而形成的话语形态，对于推进统一战线工作具有直接指导作用。从这个层面来讲，统一战线的方法话语、路径话语、策略话语等，都属于可然性话语范

---

① 《习近平谈治国理政》（第 1 卷），外文出版社，2018，第 105 页。

畴，这是将统一战线的目标、蓝图转化为现实的必要环节。马克思指出，语言是一种实践的、现实的意识①。福柯也强调，话语是人类的一种重要活动，"在任何社会中，'话语'的生产既是被控制的、受选择的、受组织的，又是根据一些秩序而被再分配的"②。将统一战线的具体理念转化为人民群众尤其是广大统一战线对象的内在认知，需要以话语为载体，更需要推动话语的创新从而不断增进人们的政治认同、思想认同、理论认同和情感认同。在这一过程中，可然性统一战线话语，就是要阐述现实中的统一战线主体和客体如何建构出理想状态的秩序。

概言之，基于统一战线话语的不同功能、作用和阶段性特征，可以将其分为三种类型，即应然性统一战线话语、实然性统一战线话语、可然性统一战线话语。应然性统一战线话语用以设定统一战线发展的目标价值，也就是回答未来统一战线"什么样"的问题；实然性统一战线话语用以呈现现实统一战线的具体样态，也就是回答现实统一战线"是什么"的问题；可然性统一战线话语用以分析统一战线作用得以展现和统一战线持续发挥作用的路径，也就是回答"为什么""怎么做"的问题。从这个角度看，统一战线话语既有作为原则要求的刚性规范作用，也有作为逻辑解读的柔性引导作用，是将统一战线的治理价值转化为治理效能不可或缺的要素。

---

① 《马克思恩格斯选集》（第1卷），人民出版社，2012，第161页。
② 王治河：《福柯》，湖南教育出版社，1999，第162~163页。

第三章
统一战线话语体系的历史演进逻辑

统一战线话语的生成具有深刻的历史动因，其演进逻辑是综合因素相互作用乃至形成合力的产物。换言之，统一战线话语植根于中华优秀传统文化之中，形成于国际共产主义运动在世界流行之际，发展于中华民族谋求民族解放和独立自主的革命、建设和改革的历史实践之中，是中国共产党的伟大政治话语创造。统一战线在实践过程中不断推陈出新，逐步形成新的具有时代性、本土性和原创性的话语，统一战线话语的理论、内涵、概念和范畴则内蕴于马克思主义的立场观点方法之中。因此，全面认识和把握统一战线话语，不仅要善于从共时性的角度对其形态结构进行整体把握，还要善于从历时性的角度进行切入，在明晰历史动因的基础和前提之下，更好地把握统一战线话语演变的来龙去脉，于话语的变迁中揭示出其演进的规律和逻辑。质言之，考察统一战线话语的历史演进逻辑，就要认识和把握其在不同历史时期创立、建构、发展乃至创新的主题主线、主流本质，并据此观照现实、指导未来。

一 转译与初创：新民主主义革命时期统一战线话语的初步生成

统一战线话语是伴随马克思主义在中国的传播、同中华优秀传统文化相结合以及中国共产党的革命实践逐渐发展而来的。历史地看，统一战线的实践要早于其概念的提出和话语的使用，伴随概念的发展，统一战线理念逐步作为一种话语现象显现。故而，马克思主义统一战线思想深刻影响话语表达，马克思主义统一战线的话语服从相关实践。因此，认知统一战线话语，需要以历时性的自觉，厘清理念传播的脉络、辨析文化融合的机理、呈现实践发展的需要。

（一）马克思主义统一战线思想在中国的传播

新民主主义革命时期，马克思主义统一战线思想的传播经历了若干阶段，且不同阶段的历史作用各不相同。作为一种理念或者思潮的统一战线，其在中国的早期传播，大致可以总结为以下三种状态和形式：在传播早期的准备中从社会思潮转向政治革命，在传播载体的丰富中逐渐从西方文化转译为东方文化，在传播内容的演进中实现其从自发生成到自觉建构的转换。因此，统一战线从理念发展的原初状态到实践形式革新存在一个递进与升维的过程。

1. 在传播早期的准备中从社会思潮转向政治革命

1840 年鸦片战争以后，中国逐步沦为半殖民地半封建社会，国家蒙辱、人民蒙难、文明蒙尘，中华民族遭受了前所未有的劫难[①]。由此至五四运动前夕的近八十年，中国社会各阶级被迫探索反对帝国主义侵略和封建压迫之路，以谋求民族解放和独立自主。然而，碍于中国旧民主主义革命的阶级局限性，农民阶级、地主阶级、资产阶级改良派、资产阶级革命派的救国举措均以失败告终。原因在于，旧民主主义革命时期的各阶级缺乏科学完整的革命纲领，特别是资产阶级的两面性使其同帝国主义和封建势力有着难以完全割舍的内外联系，严重脱离且无力组织动员最广大的劳动群众，进而无法凝聚力量，形成能够肩负起反帝反封建历史使命的强有力的革命政党，彼时"中国仍旧在帝国主义和封建主义的压迫之下，反帝反封建的革命任务并没有完成"[②]。五四运动之前，以救亡图存为目的和主题，中国成为宣传译介各种社会思潮的试验场。伴随新文化运动的兴起，社会主义从日本、法国和

---

① 习近平：《在庆祝中国共产党成立 100 周年大会上的讲话》，人民出版社，2021，第 2 页。
② 《建党以来重要文献选编（1921~1949）》（第 16 册），中央文献出版社，2011，第 283 页。

俄国与其他各种思潮竞相涌入中国，在同无政府主义、基尔特社会主义等资产阶级思想进行交锋的过程中，马克思主义逐渐成为五四运动时期社会进步思潮的主流，马克思主义统一战线思想也为早期共产主义分子所接受、拥护和宣传，先进知识分子积极尝试将其与早期的革命实践相结合，广泛开设平民演讲团，以号召和动员广大工人群众团结联合，不断扩大影响力以凝聚社会力量。

俄国十月革命后，列宁揭露了帝国主义时代资产阶级日益尖锐且多元的矛盾，进一步发展了马克思主义统一战线思想并促进其在世界范围的传播，他指出："先进的工人意识到自己的任务具有世界性，因而从有组织的社会主义运动的初期起，就力图使这种运动在国际范围内联合起来。"[①] 民族解放运动的高涨、列宁有关民族和殖民地问题理论的诞生，表明在帝国主义时代，世界上被压迫民族的解放运动是推翻帝国主义的重要因素，是无产阶级革命总进程的一部分。对于中国而言，彼时"中国革命的敌人是异常强大的。中国革命的敌人不但有强大的帝国主义，而且有强大的封建势力，而且在一定时期内还有勾结帝国主义和封建势力以与人民为敌的资产阶级的反动派"[②]。因此，五四运动的爆发，实际上突破了知识分子的狭小范围，使工人阶级以独立姿态登上历史舞台。同时，各族各界群众积极参与并响应，进一步促进和推动了马克思主义统一战线思想在中国的传播，并迅速实现同中国工人运动的结合。五四运动以后，宣传和介绍马克思主义的团体和刊物大量出现，马克思主义统一战线思想迫切寻求工人阶级的物质力量，而中国工人运动的发展也亟须理论指导的精神武器，由此，二者相结合的时机便成熟了。概言之，马克思主义统一战线思想从一种学术性质的社会思潮转变为指导革命工人进行政治革命的科学思想武器。

2. 在传播载体的丰富中逐渐从西方文化转译为东方文化

西方文化在中国传播必然引发本土文化与外来文化的冲撞、融合与嬗

---

① 孙武霞、许俊基编《共产国际与中国革命资料选辑（1919-1924）》，人民出版社，1985，第21页。

② 《建党以来重要文献选编（1921~1949）》（第16册），中央文献出版社，2011，第823页。

变。马克思主义统一战线思想的转译，得益于中国传统文化和世界观对马克思主义意识形态的重构与发展。理念或者话语的转译，不是拘泥于言语形式的相互转换或者符号变更，而是基于对本国历史、国情的深刻理解和阐释，是立足本国思想、符合时代潮流和推动文化创新的产物。尤其对于文化、社会、政治概念的转译，在很大程度上意味着思想的传导，只有将马克思主义统一战线思想的相关概念中国化、本土化和民族化，中国的共产主义者方能真正完整、准确地领会马克思主义统一战线思想。尤其是立足中国从"欧风美雨""西学东渐"到"以俄为师""以苏为鉴"再到"中国特色""制度自信"深刻转变的国情，统一战线话语的多样化来源、多形式转化要求我们注重话语概念的"原生语境、传播渠道、语义变迁与特定语境条件变化"①。马克思主义统一战线思想发端于马克思恩格斯所创立与阐发的无产阶级"同盟"和"联盟"思想。中国共产党从苏俄和共产国际引入这一概念，起初称之为"联合战线"，后改称"统一战线"。

马克思主义统一战线思想要想迅速在中国传统文化中找到相应的语言表达形式，就必须借助一定的载体。换言之，承载概念、理念和话语的传播工具愈加丰富，理念和话语的转译就会愈加高效。因此，转译既需要剖析话语的理解力，也需要丰富话语的创造力，更需要承载话语的物质力。新民主主义革命时期的报刊作为便捷的传播载体，能够有效地宣传马克思主义统一战线思想，并迅速实现适宜东方文化层面的转译。党刊作为统一战线理念的传播载体，既发挥传达党的意志和声音的"喉舌"功能，又具备增进人民认同以动员广大群众的"号角"作用，是马克思主义统一战线思想同工人运动有效结合的生动例证和有力武器。列宁曾指出，"报纸不仅是集体的宣传员和集体的鼓动员，而且是集体的组织者"②。从中国共产党成立早期的《新青年》和《共产党》，到第一次国内革命战争时期创办的《向导》《前锋》《中国共产党党报》《中央政治通讯》，到土地革命战争时期创办的

---

① 郭台辉：《作为方法的概念史及其"鞍型期"假设》，《中国社会科学评价》2020年第1期。
② 《列宁全集》（第5卷），人民出版社，1986，第8页。

《布尔塞维克》《红旗》《党的生活》《实话》《党的建设》《斗争》《党的工作》，以及抗日战争时期创办并延续至解放战争时期的《解放》《群众》《共产党人》，其将理论与政治相融合，结合革命实践对马克思主义统一战线思想进行阐释，在总结经验、避免错误、破除教条、指导实践中推动马克思主义统一战线话语扎根中国本土，加快其从西方文化转译为东方文化。大革命时期的《新青年》季刊，既肩负宣传马克思列宁主义、介绍国际共产主义运动情况和经验的任务，又注重运用马克思列宁主义基本原理分析中国革命实际，介绍与孙中山领导的国民党合作情况，并阐述国共合作、建立统一战线的必要性和可能性。换言之，这些传播载体有效丰富和推动了统一战线思想和实践运行，其将统一战线话语大众化、普及化、通俗化，成为新民主主义革命时期向人民群众传播马克思主义统一战线思想的典范。

3. 在传播内容的演进中实现其从自发生成到自觉建构的转换

建党早期具有先进共产主义思想的知识分子群体是传播马克思主义统一战线思想的主体。正如毛泽东同志所指出的，"没有知识分子的参加，革命的胜利是不可能的"[1]。新民主主义革命时期，作为马克思主义统一战线思想传播主体的知识分子已经敏锐地认识到，伴随着国际和国内工人运动的高涨，必须增强无产阶级政党的自觉性，进而引领运动的前进方向，而不是崇拜工人运动的自发性，只做群众运动的尾巴。由此，以李大钊、陈独秀、毛泽东等为代表的中国共产党人，在传播马克思主义的过程中，结合中国国情，从不同角度阐述和宣传全世界无产者联合起来、劳工阶级联合、民众大联合等统一战线思想。1919 年 4 月，《每周评论》第 16 号上刊载《共产党宣言》第二章，并加编者按强调这个宣言"旨在主张阶级战争，要求各劳工的联合"[2]，热情地鼓励青年知识分子与农民联合，来完成中国的变革。1920 年 6 月，陈独秀、李汉俊等在上海筹备成立中国共产党早期组织，并于11 月起草了《中国共产党宣言》。换言之，从"知识分子群体"到"无产阶

---

① 《毛泽东选集》（第 2 卷），人民出版社，1991，第 618 页。
② 李新、陈铁健主编《伟大的开端》，上海人民出版社，1991，第 206 页。

级政党"主体转换，表明马克思主义统一战线思想的传播主体发生了嬗变。

以中国共产党的诞生为标志，马克思主义统一战线思想正式同中国的革命斗争实践相结合。"中国有五四运动的基础，在共产国际的帮助和推动下，很快成立了中国共产党。"① 1921 年 7 月，中国共产党第一次全国代表大会制定《中国共产党第一个纲领》并通过《中国共产党第一个决议》，确定党的名称为"中国共产党"，强调要推翻资本家阶级的政权、承认无产阶级专政，直到阶级斗争结束、消灭资本家私有制，以及联合第三国际；明确"本党的基本任务是成立产业工会"，集中精力领导工人运动。列宁的民族和殖民地问题理论，在阐明全世界无产者和被压迫民族联合起来的国际主义原则、点明各殖民地半殖民地人民谋求解放的革命斗争的前途、指明中国革命道路的前途命运的同时，深化了马克思主义统一战线思想，指出马克思主义者在区分压迫和被压迫民族中的资产阶级以采取不同的政策，进而结成联盟时，"不要同他们融合，甚至当无产阶级运动还处在萌芽状态时，也绝对要保持这一运动的独立性"②。对中国共产党而言，虽然一经成立就组织领导工人运动，但初生的中国共产党由于缺乏对统一战线思想和话语的深刻理解，因而忽视了其重要性，在北洋军阀的镇压之下陷入孤立无援的境地。无产阶级虽然是最富革命性和先进性的阶级，如果缺乏同盟军的支持和帮助，仍不可能战胜强大的敌人。换言之，"中国新民主主义的革命要胜利，没有一个包括全民族绝大多数人口的最广泛的统一战线，是不可能的"③，并且"这个统一战线还必须是在中国共产党的坚强的领导之下"④，因为"没有中国共产党的坚强的领导，任何革命统一战线也是不能胜利的"⑤。

（二）马克思主义统一战线话语融合中国文化

马克思主义统一战线思想植根于中华优秀传统文化，与中华民族传统的

---

① 《周恩来选集》（下），人民出版社，1984，第 303 页。
② 《列宁选集》（第 4 卷），人民出版社，1972，第 275 页。
③ 《建党以来重要文献选编（1921~1949）》（第 25 册），中央文献出版社，2011，第 197 页。
④ 《建党以来重要文献选编（1921~1949）》（第 25 册），中央文献出版社，2011，第 197 页。
⑤ 《毛泽东选集》（第 4 卷），人民出版社，1991，第 1257 页。

人文精神相契合。中华优秀传统文化为马克思主义统一战线话语的生成及演进提供了精神动力和思想资源，进而促使马克思主义统一战线话语衍生为一种具有深厚民族性、时代性、原创性底蕴的文化现象。伴随着马克思主义中国化，统一战线话语对中华优秀传统文化的吸收借鉴愈发深入，在全新语境下，中华优秀传统文化的宝贵价值也日益凸显。换言之，将统战话语同中华优秀传统文化相融合，既是在世界观层面尊重历史并给历史以一定的科学的地位，也是在价值观层面引导广大人民群众和各阶级凝聚共识来更好地面向未来。

1. 马克思主义战略策略思想同中华优秀传统文化相耦合

新民主主义革命时期，马克思主义统一战线思想便同中华优秀传统文化相融合，原因在于马克思主义同中国传统文化在文化原型上具有同构性，两者呈现出对立统一的辩证关系。一方面，战略策略思想是马克思主义的重要组成部分，是关于无产阶级革命斗争的行动规律的科学。马克思恩格斯在《共产党宣言》中提出，"共产党人为工人阶级的最近的目的和利益而斗争，但是他们在当前的运动中同时代表运动的未来"①。可见，理论和策略在马克思主义那里属于不同层次。列宁立足俄国实践不断对其丰富发展并灵活运用，他认为，马克思重视阶级斗争策略，但没有加以研究和整理。斯大林指出，战略和策略是指导无产阶级革命的科学。但战略和策略的运用要立足于具体的历史环境。正如恩格斯所强调的，"为了找到这种策略，需要的只是把这一理论应用于本国的经济条件和政治条件"②。而要想更加深入地把握具体国情，除了要对具体的经济条件和政治条件进行剖析外，还必须着重熟悉文化条件，只有深入文化层面才能真正实现对具体国情的有效把握。换言之，马克思主义实事求是的立场观点方法贯穿其战略策略思想之中。

另一方面，中华优秀传统文化重视实践、强调历史、尊崇规律的特质同马克思主义战略策略思想的发展逻辑相契合。尤其是以毛泽东同志为主要代表的中国共产党人，立足近代中国半殖民地半封建社会的基本国情，以中华

---

① 《马克思恩格斯选集》（第1卷），人民出版社，2012，第434页。
② 《马克思恩格斯选集》（第4卷），人民出版社，2012，第574页。

优秀传统文化中的政治经验和智慧为滋养，推动马克思主义的战略策略思想中国化，并使其成为指导中国革命取得胜利的重要法宝。中国共产党的统一战线思想和话语吸收和发展了中华优秀传统文化中"和而不同""求同存异""天下为公""兼容并蓄"等和合思想的精髓。在《关于费尔巴哈的提纲》中，马克思将自己的哲学称为"把感性理解为实践活动的唯物主义"，也即"实践的唯物主义"。而中华优秀传统文化历来重视实践，以儒家为代表，其格外强调"践履"，这种品格集中体现在儒家"知行合一"的价值目标中，逐步发展为儒家的经世致用取向，并成为马克思主义战略策略思想同中华优秀传统文化融通契合的条件。换言之，正是唯物史观所强调的实事求是的立场观点方法，促进马克思主义战略策略思想在中国实现"本土化"，马克思主义统一战线思想也使中华优秀传统文化中的战略策略思想"现代化"，从而使党的统一战线话语独具"中国风格"和"中国气派"，并成为广大人民群众所认同的文化成果、所享有的精神资源和所掌握的精神力量。

2. 马克思主义统一战线话语同中国传统文化结合的辩证扬弃

中国传统文化的多样性是马克思主义统一战线思想和话语生长的文化土壤。马克思主义统一战线思想在同中国具体实际的结合中，必然要实现从器物、制度到精神层面的跨越与深入。因而，马克思主义统一战线话语也必然要触及乃至贯通中华优秀传统文化这个核心，而要想实现这一目的，就必须要在认识维度和实践维度的统一中实现跨越。一方面，所谓"弃"，就是对中国传统文化糟粕部分进行批判。批判是为了扫清影响马克思主义统一战线话语本土化、民族化、时代化的阻碍因素。正如瞿秋白所强调的，封建宗法文化已是"魂游墟墓"[1]，充斥其中的礼教纲常实质上是束缚人性的利器。李大钊也指出，封建伦理对社会进步的阻碍，往往造成"国民思想力之活泼日益减少"[2]且塑造"专制政治之灵魂"[3]。陈独秀则指出，"儒术孔道，非无优点，而缺点则正多"，必须破除与近世社会不相容的"伦理政治之纲

---

① 《瞿秋白文集》（第2卷），人民出版社，2013，第23页。
② 《李大钊全集》（第1卷），人民出版社，2013，第403页。
③ 《李大钊全集》（第1卷），人民出版社，2013，第429页。

常阶级说"[1]。早期中国共产党人经历新文化运动和五四运动的洗礼，在受多元思潮影响的时代背景下，能够以多维的视角认识和对待传统文化，尽管在这个过程中依然存在诸如观念不成熟、批判过于激进等问题，但其中诸多思想论断无疑为马克思主义统一战线话语的出场奠定了基调。换言之，中国共产党人已经认识到必须对中国传统文化进行分析，以消除其内在的消极性，从而为马克思主义统战话语的传播、融通创造条件。

另一方面，所谓"扬"，就是对中国传统文化的精华进行继承。中华优秀传统文化是人类文明的优秀成果，是滋养马克思主义统一战线话语的思想基础和文化土壤。中国共产党人对封建思想的批判恰是其思想转变的起点，党在联合民众、凝聚共识、团结力量的过程中，又自觉传承了传统文化的精髓。正如毛泽东同志所指出的，"学习我们的历史遗产，用马克思主义的方法给以批判的总结，是我们学习的另一任务"[2]，且"这对于指导当前的伟大的运动，是有重要的帮助的"[3]。新民主主义革命早期，毛泽东同志立足中国的经济、政治、文化和社会的基本情况，指出"中国社会是一个两头小中间大的社会，无产阶级和地主大资产阶级都只占少数，最广大的人民是农民、城市小资产阶级以及其他的中间阶级"[4]，这为统战话语的发展提供了学理性支撑。抗日战争时期，毛泽东同志基于国际国内、党外党内的矛盾变化，提出建立抗日民族统一战线，并善用中华优秀传统文化，推动统一战线话语大众化。1939 年，在总结十八年革命斗争经验时，毛泽东同志提出了"三大法宝"这一重大概念。"法宝"一词具有深厚的传统文化底蕴，原属于佛教和道教用语，引申意思为有效的工具、方法和经验。此外，为呼吁国内力量结成统一战线、共同抗日，朱德同志在《论抗日游击战争》的文章中引用了"兄弟阋于墙，外御其侮"的古训，提出不要互相制造恐怖、猜疑，互相争雄、并吞，以免中敌人的离间之计。换言之，只有对中国传统

---

① 《陈独秀文集》（第 1 卷），人民出版社，2013，第 201 页。
② 《建党以来重要文献选编（1921~1949）》（第 15 册），中央文献出版社，2011，第 651 页。
③ 《建国以来重要文献选编》（第 17 册），中央文献出版社，1997，第 359 页。
④ 《建党以来重要文献选编（1921~1949）》（第 18 册），中央文献出版社，2011，第 678 页。

文化进行批判性改造，摒弃历史的痼疾、赋予其时代性精神，统一战线话语方能实现创造性发展。

3. 中国传统文化内蕴于马克思主义统一战线话语的多维导向

马克思主义统一战线话语作为政治上层建筑的重要构成，具有深厚的中国传统文化底色。中国传统文化作为中华民族精神的道德基础和信条准则，能够有效地增强人民的民族认同感、归属感和凝聚力。新民主主义革命时期的马克思主义统一战线话语，作为一种革命性和斗争性的话语，必然要继承民族精神中最精华的遗产。唯有如此，内蕴于中国传统文化的马克思主义统一战线话语在服务于各个历史时期党的中心任务时，才能够有效发挥其政策导向功能。

其一，以理论支撑为导向，形成统一战线理论性话语。历史和实践证明，马克思主义统一战线理论性话语始终坚持问题导向并且立足实际。正如马克思所指出的，"理论在一个国家实现的程度，总是取决于理论满足这个国家的需要的程度"①。因而，面对中国革命问题，统一战线话语实现理论化既可以直接提炼、总结、升华民众的直接"表达"，也可以透视、凝练、分析民众潜在的"观念"，进而能够从既有的经验中总结规律，并用以指导实践，为党领导统一战线工作提供科学的遵循。同时，中国传统文化会在不同的党派、不同的阶级、不同的民族、不同的群体和拥有不同的信仰的民众的表达中显现，要想更好地掌握民众的潜在观念，就必须善于以传统文化和历史经验作为基础，如此统一战线话语的学理性支撑才能更加坚固有力，统一战线话语的影响才能更加深远持久。

其二，以政策引领为导向，形成统一战线政治性话语。马克思主义统一战线政治性话语是一种规范要求和话语权力的体现。政治性话语的生成往往借助政治确认和法律确认得以实现，就是以党的全国代表大会、党的中央全会、党内决议、法规等形式对一些话语进行政治性确认，以宪法法律等形式对一些话语进行法律化确认，从而将人民群众的意志和观念，上升为党乃至

---

① 《马克思恩格斯选集》（第 1 卷），人民出版社，2012，第 11 页。

国家的意志和观念。换言之，马克思主义统一战线话语政治化，既是对政治现象的客观反映，也是话语发展建构的主观诉求，而中国的历史和政治环境共同明确了统一战线话语的发展趋向，那就是要在革命、建设和改革的历史进程中，凝聚力量以协同执行，从而更好地服务并完成中心任务。

其三，以社会诉求为导向，形成统一战线大众性话语。延安整风时期，毛泽东同志就在《反对党八股》中引用共产国际领导人季米特洛夫的报告内容指出，"如果我们没有学会说群众懂得的话，那末广大群众是不能领会我们的决议的"①。因此，真正使广大人民群众听懂领会马克思主义统一战线话语，便成为统一战线话语大众化的目标所在。学术性和政治性话语要求统一战线大众性话语发挥其启发、动员、宣传与组织的功能。同时，推动统一战线话语大众化的过程中，党通过贴近实际、贴近生活、贴近群众的话语表达，更好地将群众的利益诉求和其对传统文化的认同相结合，突破制度、立场和意识形态的局限，以推进统一战线话语的时代性发展，从而不断赋予其新的含义。

（三）统一战线话语与中国革命实践融合发展

新民主主义革命时期，统一战线话语同中国革命实践相融合，虽然经历了挫折，但也积累了大量成功经验，并得到进一步的发展完善。由于新民主主义革命时期各阶段的革命任务存在差异，统一战线话语的政治基础、具体目标与阶级构成也有所区别，呈现出从强调促成国民革命联合战线，到形成工农民主统一战线，到建立抗日民族统一战线，再到正式建立人民民主统一战线的话语嬗变轨迹，表明统一战线话语始终立足中国革命实际和前进方向，广泛凝聚共识和智慧，进而提供不竭力量，成为党夺取新民主主义革命事业伟大胜利的重要法宝。

1. 建党初期和大革命时期国民革命联合战线话语的酝酿

建党初期和大革命时期的国民革命联合战线，是伴随第一次国共合作而

---

① 《毛泽东选集》（第 3 卷），人民出版社，1991，第 843 页。

建立起来的。1921 年 7 月，中国共产党第一次全国代表大会制定通过的《中国共产党第一个纲领》和《中国共产党第一个决议》，提出了工人阶级自身团结统一的问题。党一经成立就投入工人运动之中，开展对资本家的斗争。随着运动的深入，革命的统一战线逐渐从工人拓展到学生、农民、青年、妇女以及知识界等，民族联合的趋势已然显现。这一时期，党在各地发起建立民权运动大同盟，广泛宣传反帝反封建的政治主张，其目的就是要促成国民革命联合战线。

一方面，多种力量共同作用促进国民革命联合战线的建立。共产国际、中国共产党以及国民党立足于自身的迫切需要，纷纷谋求建立联合战线。早在 1922 年，列宁就已经表示希望国共合作，以推动中国革命发展。1922 年 6 月 15 日，中国共产党中央执行委员会发表了《中国共产党对于时局的主张》，第一次明确提出了"联合战线"的概念，为党的二大制定民主革命纲领，进一步提出"民主的联合战线"概念奠定了基础。1922 年 7 月，党的二大制定《中国共产党章程》，形成《关于"民主的联合战线"的议决案》，对建立民主的联合战线的目标、方式、任务、计划等内容进行了论述，在建立联合战线的过程中，特别强调保持无产阶级独立性。换言之，党的二大消除了全党在统一战线问题上的分歧和困惑，从战略和策略高度出发，更好地统一全党思想和凝聚共识，将党的一大以来关于不同其他党派建立任何联系的规定进行了修改，从而为下一步建立民主联合战线、推动国共合作奠定了思想基础、做好了理论准备，因而在党的统一战线发展史上具有开创性的地位和意义。1922 年 8 月底，中共中央执行委员会在杭州西湖召开特别会议，围绕共产党员是否能以个人名义加入国民党的问题展开激烈讨论。经过讨论，会议最终决定只有改组国民党，方能开展国共合作。9 月，孙中山主持召开国民党首次改组会议，对国民党党纲和总章进行修改。随后，孙中山发表演说指出："吾党此次改组，乃以苏俄为模范，企图根本的革命成功，改用党员协同军队来奋斗。"[1] 由此，"民族革命中的联合战线形

---

[1] 《孙中山选集》（下），人民出版社，2011，第 571 页。

成，革命的高潮重新兴起，民族革命的政党——国民党，在孙中山指导之下，决然改组，容纳中国工人的政党——共产党加入"①。

另一方面，国共合作正式达成，使国民革命联合战线的力量得以壮大，其革命目标直指北洋军阀，大革命的高潮由此到来。1923 年 5 月，蔡和森在《中国革命运动与国际之关系》一文中指出："殖民地国民革命运动的特性就是：一面打倒国内的封建势力，一面反抗外国帝国主义；在这种立场上，殖民地的无产阶级所以可与革命的资产阶级结成联合战线。"② 这表明在思想层面，国民革命联合战线能够发挥团结民众的重要作用。1924 年 1月，国民党一大对孙中山的三民主义进行了重新阐释，在国共两党达成合作的过程中，共产党始终保持自身在政治、思想和组织上的独立性。1925 年 1月，党的四大第一次明确提出无产阶级在民主革命运动中的领导权和工农联盟问题，并对民主革命的一些基本问题作出了比较完整的规定。同年，五卅运动不仅沉重地打击了外国列强在中国的统治，而且把国民革命运动推向了高潮，直接促成了次年国共两党联合北伐，沉重打击了北洋军阀的反动统治，最终北伐取得胜利，工农运动也得到迅速发展。然而，伴随革命运动的演进，尤其是 1926 年中山舰事件发生后，影响甚至阻碍国民革命联合战线发挥作用的内部消极因素也在滋长，在反共逆流的破坏下，国民革命联合战线的裂隙逐渐增大，此时以陈独秀为代表的中国共产党人认识到"我们的政策是统一，右派的政策是分裂"③ 的现实，但继续强调中国共产党现时的工作原则是"统一革命的势力，扩大及巩固各阶级群众的联合战线"④，试图挽救这来之不易的国民革命联合战线。直到 1927 年，国民党分别发动"四一二"和"七一五"反革命政变，标志着"国民党从反帝国主义的政治联盟，变成了豪绅买办资产阶级的反动联盟"⑤。4 月 20 日，中共中央发表

① 《瞿秋白文集》（第 3 卷），人民出版社，2013，第 89 页。
② 《蔡和森文集》（上），人民出版社，2013，第 284 页。
③ 《陈独秀文集》（第 3 卷），人民出版社，2013，第 363 页。
④ 《建党以来重要文献选编（1921~1949）》（第 3 册），中央文献出版社，2011，第 181 页。
⑤ 《瞿秋白文集》（第 6 卷），人民出版社，2013，第 139 页。

宣言指出："蒋介石业已变为国民革命公开的敌人"①，号召人民群众为"推翻新军阀"而奋斗。第一次国共合作破裂，证明大革命已彻底失败。

2.土地革命战争时期工农民主统一战线话语的生成

大革命失败后，国内政治局势急速逆转，国内阶级关系随之恶化。此时以蒋介石为首的国民党新军阀已然蜕化为"对外投降帝国主义，对内以新军阀代替旧军阀，对工农阶级的经济的剥削和政治的压迫比从前更加厉害"②的代表地主阶级和买办资产阶级利益的独裁专制政权。因此，中国仍然"迫切需要一个资产阶级的民主革命，这个革命必须由无产阶级领导才能完成"③。"在紧张的革命形势下，必须尽快抓住形势的特点，必须巧妙而及时地随机应变，必须迅速而及时地改变口号，必须及时调整无产阶级先锋队的队伍，对改变了的形势积极作出反应，并果断地取消合作，因为这种合作已经由革命斗争的因素变成革命斗争的桎梏了。"④ 1927 年 8 月召开的中共中央紧急会议上，党对大革命时期党的统一战线工作的经验和教训进行总结，确定了土地革命和武装起义的方针。由此，党的统一战线的工作重心由谋求与国民党合作转向广泛发动工农群众。随后，在国民党反动派的屠杀、"围剿"下，党的领导层犯了"左"倾教条主义错误，提出了"毕其功于一役"的错误主张，使党的发展遭受挫折。1928 年 6 月到 7 月，中国共产党在莫斯科召开第六次全国代表大会，随后中国共产党人在扩大的六届三中全会上，集中纠正了这些错误，并结合党的具体情况制定出建立下层统一战线的方针政策，也即将工人、农民、士兵等作为统战工作的主体对象，作为革命的基本力量，从而为中国共产党深入开展土地革命，巩固工农联盟，发展壮大工农红军，不断扩大根据地奠定基础。概言之，这个时期的统一战线"是反封建压迫、反国民党统治的工农民主的民族统一战线"⑤。

---

① 《建党以来重要文献选编（1921~1949）》（第 4 册），中央文献出版社，2011，第 170 页。
② 《建党以来重要文献选编（1921~1949）》（第 5 册），中央文献出版社，2011，第 624 页。
③ 《建党以来重要文献选编（1921~1949）》（第 5 册），中央文献出版社，2011，第 625 页。
④ 《共产国际、联共（布）与中国革命文献资料选辑》，北京图书馆出版社，1998，第 492 页。
⑤ 《周恩来统一战线文选》，人民出版社，1984，第 95~96 页。

　　中国革命实质上是农民革命，农民问题是中国革命的基本问题。八七会议后，毛泽东同志立足中国实际，创造性地发展了马克思主义经典作家的工农联盟思想；1927 年 9 月领导湘赣边界的秋收起义，10 月到达井冈山，建立第一个农村革命根据地。1928 年 10 月，毛泽东同志提出了"工农武装割据理论"，经过实践检验和经验总结，又于 1930 年上半年创立"农村包围城市，武装夺取政权"理论，指明了中国革命的道路和方向，揭示了符合中国实际的工农联盟的本质特征。从 1930 年 10 月到 1931 年 9 月，中央根据地军民取得三次反"围剿"的胜利，中共中央决定以赣南闽西根据地为依托，建立苏维埃中央政府。宪法大纲以法律的形式对苏维埃政权体现工农民主统一战线性质作出了保证，体现了工农群众的利益要求。由此，苏区积极贯彻落实土地革命路线，建立工农民主统一战线，团结争取了大批商人、知识分子、医生等中间阶层，第一次以国家宪法的名义颁布了党的民族宗教政策，并积极开展策反兵运、扩红运动等统一战线工作。此外，在长征期间，尤其是遵义会议后，党内结束了"左"倾教条主义错误在中央的统治地位，开始确立以毛泽东同志为主要代表的中国共产党人所坚持的马克思主义正确路线在中共中央的领导地位，标志着中国共产党在政治上走向成熟，党的工农民主统一战线继续在争取地方实力派、宣传党的民族政策等领域发挥作用，为顺利北上实现战略转移创造了条件，同时也扩大了共产党和红军的影响，推动了民族地区的革命斗争。

　　"九一八"事变后，由于日本帝国主义的侵略，民族矛盾上升为主要矛盾。国内阶级关系随之改变，抗日救亡运动在全国范围兴起，为建立和扩大抗日民族统一战线创造了条件。然而，面对"九一八"事变后革命斗争的大好形势，国民党统治者不愿意也不能够领导人民抗日力量，反而站在其对立面。1935 年 7 月，季米特洛夫在共产国际第七次代表大会上作报告，指出在中国应适时建立广泛的统一战线，同时对关门主义作了分析、批评。中国共产党根据共产国际"七大"精神起草了《八一宣言》，正式提出中国共产党建立抗日民族统一战线的策略方针，相较于 1933 年 1 月中华苏维埃临时中央政府和中国工农红军革命军事委员会发表的《为反对日本帝国主义侵入华北愿在三条件下与全国各军队共同抗日宣言》以及 1934 年 4 月中共中央制定的《中国人民对日作战的基本纲领》所表述的思想更为进步，表现在其涵盖的范围更广，土地革命战争时期仅限于建立下层统一战线或是实现工农兵学商联合，此时扩大为各党各派各界各民族的联合，包括地主、资产阶级和一切军队，统战格局更为宏大，统战成员更为多元，统战目标更为坚定，统战话语更为丰富。1935 年 10 月，中国共产党发出《中央为目前反日讨蒋的秘密指示信》，这封信指出："在这新的社会基础上，党决定实现抗日讨蒋的任务，总的策略方针是进行广泛的统一战线，这就是说党要联合一切抗日讨蒋的力量来打倒日本帝国主义消灭蒋介石。"[1] 可见此时推进的统一战线依然是有条件的，仍然要把国内革命战争和民族革命战争相结合。1935 年，"一二·九"运动爆发，全国爱国人士和爱国团体成立各界救国会，抗日救亡斗争已然发展成为全国规模的群众运动。据此，迅速壮大抗日民族统一战线，便成为中国共产党所肩负的历史任务，也是党开拓中国革命新局面的关键所在。同时，红军结束长征到达陕北，毛泽东同志出席在瓦窑堡召开的中共中央政治局扩大会议，指出："要以坚决的民族革命战争，反抗日本帝国主义侵略，把国内战争与民族战争结合起来。"[2] 会议通过张闻天起草的《中共中央关于目前政治形势与党的任务的决议》，认为当前"民族革命战线是扩大了"[3]，"党应该采取各种适当的方法与方式，争取这些力量到反日战线中来"[4]。由此，为了适应建立抗日民族统一战线的要求，该决议将"工农共和国"改为"人民共和国"，指出："苏维埃自己不但是代表工人农民的，而且是代表中华民族的"[5]；同时改变不适应抗日要求的部分政策，例如不没收富农的财产，并对其不属于封建剥削部分的土地采取保护政策等；对工商业实行比过去宽大的政策等。该决议重申，统一战线的最

---

① 《建党以来重要文献选编（1921~1949）》（第 12 册），中央文献出版社，2011，第 432 页。

② 《毛泽东年谱（1893~1949）（修订本）》（上卷），中央文献出版社，2013，第 496 页。

③ 《建党以来重要文献选编（1921~1949）》（第 12 册），中央文献出版社，2011，第 534 页。

④ 《建党以来重要文献选编（1921~1949）》（第 12 册），中央文献出版社，2011，第 537 页。

⑤ 《建党以来重要文献选编（1921~1949）》（第 12 册），中央文献出版社，2011，第 540 页。

高组织形式是国防政府和抗日联军的组织。换言之，这一时期民族矛盾超过阶级矛盾，第二次国共合作已经呼之欲出，国共双方通过多种渠道，进行秘密接触，1936年5月初，中国共产党发出《停战议和一致抗日通电》，公开放弃反蒋口号，呼吁停战议和，一致对外，共同抗日。同年8月，中共中央发表《中国共产党致中国国民党书》表明国共合作结成统一战线，才是救亡图存的唯一正确道路。同年9月，中共中央内部发出《关于逼蒋抗日问题的指示》，反映出中国共产党统一战线政策的重大变动。1936年12月12日，西安事变发生，中共中央闻讯后，旋即派出周恩来同志积极参与调停、斡旋和谈判，并坚决主张用和平方式解决西安事变。12月19日中共中央政治局召开会议，会议通过了毛泽东和张闻天起草的两个重要文件，分别是对外公开发表的《中华苏维埃中央政府及中共中央对西安事变通电》和对党内发出的《中共中央关于西安事变及我们的任务的指示》，明确提出了中共中央争取停止内战一致抗日的四项基本方针，放弃了"审蒋""除蒋"主张，有力地促进了西安事变的和平解决。

3. 抗日战争时期抗日民族统一战线话语的确立

首先，抗日民族统一战线话语的基础是实现团结抗战。实践是理论之源，亦是话语之源。1935年12月，毛泽东同志在瓦窑堡会议上作报告，强调"党的基本策略任务，就是反对狭隘的关门主义，建立广泛的民族革命统一战线"[1]。随即中国共产党提出全面抗战路线，强调唯有动员、组织和武装广大人民群众，才能抵御强敌。1937年8月，毛泽东同志在洛川会议上作了关于军事问题和国共两党关系问题的报告，阐明了共产党的全面抗战路线和国民党的片面抗战路线必然会导向截然不同的两个前途。中国共产党有关全面抗战路线的话语，实际上把实行全民族抗战与改善人民生活和争取人民民主相结合，把反抗外敌入侵与推进社会进步相统一，对民族矛盾与阶级矛盾间的关系进行了正确阐释。同时，学生界、教育界、宗教界、妇女界各种形式的抗日救亡组织纷纷建立起来，各党派团体也纷纷响应。全国人民

---

[1] 《毛泽东年谱（1893~1949）（修订本）》（上卷），中央文献出版社，2013，第499页。

团结在抗日民族统一战线这个旗帜下，拉开了中国近代以来规模空前的民族革命战争的序幕。

其次，抗日民族统一战线话语的诉求是巩固和平。抗日战争进入相持阶段后，敌后抗日根据地的政权建设问题，成为持续推动统一战线工作的重要内容，统一战线的领导权问题也成为政权是否稳定的关键所在。无产阶级及其政党在抗日民族统一战线中，"必须有相对的独立性"①。针对王明的右倾错误，毛泽东同志在党的六届六中全会上特别强调了"统一战线中的独立自主问题"②。党针对各抗日阶级和阶层的关系进行积极的政策调整。1935年12月，中共中央发出《关于改变对富农策略的决定》，对原来在苏区实行的反对富农的政策进行了调整。1937年2月，《中共中央给国民党三中全会电》中公开提出停止没收地主土地。1942年中共中央作出《关于抗日根据地土地政策的决定》和《关于如何执行土地政策决定的指示》，以文件形式对减租减息政策及执行办法作了明确规定，并在各抗日根据地推行，换言之，通过减租减息，适当调节根据地内各阶级的土地占有关系和经济地位。对根据地生产关系和阶级关系的适当调节，团结了各个阶级、阶层，改善了农民的政治和生活状况，促使抗日民族统一战线继续巩固，并推动了抗日民主根据地的建设。

最后，抗日民族统一战线话语的目标是争取民主。抗日战争时期，是否要实行民主政治，始终是国共两党政策的主要区别之一。同时，中国共产党积极支持并开展国统区、沦陷区和解放区的民主运动，成立南方局与国民党内各派人士团结合作，大量吸收和培养知识分子，推行党的民族宗教政策，以巩固抗日民族统一战线。1939年10月，毛泽东同志在《〈共产党人〉发刊词》中明确指出："统一战线问题，武装斗争问题，党的建设问题，是我们党在中国革命中的三个基本问题。"③"三大法宝"的重大论断由此诞生。中国共产党在抗日民族统一战线中尤其强调坚持独立自主的原则，从而击退

---

① 《毛泽东选集》（第2卷），人民出版社，1991，第524~525页。
② 《毛泽东选集》（第2卷），人民出版社，1991，第537页。
③ 《建党以来重要文献选编（1921~1949）》（第16册），中央文献出版社，2011，第677页。

国民党的反共高潮，冷静应对皖南事变后所出现的各种危机挑战。同年 9 月，民盟发表对时局的主张，呼吁"立即结束国民党一党专政，建立各党各派联合政权，实行民主政治"①，结果遭到蒋介石拒绝。此举引起国民党统治区内社会各界人士的强烈不满，促进了国民党统治区内民主运动的高涨。1945 年 4 月至 6 月，中国共产党在延安召开第七次全国代表大会，再次强调"废止国民党的一党专政，建立民主的联合政府"②，提出了建立联合政府的具体步骤，以迎接新民主主义的中国的诞生。

4. 解放战争时期人民民主统一战线话语的确立

抗日战争胜利后，中国国内的主要矛盾由民族矛盾转化为阶级矛盾。从国际国内形势来看，中国抗日战争暨世界反法西斯战争胜利后，谋求和平安定成为全国各族人民的迫切需要。此时的中国共产党人，延续党的七大的政治路线，表达出反对内战、争取和平的强烈意愿。1945 年 8 月 25 日，中共中央发表《对目前时局宣言》，明确提出和平、民主、团结的方针，表示愿与"中国国民党及其他民主党派，努力求得协议，以期各项紧急问题得到迅速的解决，并长期团结一致，彻底实现孙中山先生的三民主义"③。在同国民党谈判的过程中，中国共产党始终坚持"又团结，又斗争，以斗争之手段，达团结之目的；有理有利有节；利用矛盾，争取多数，反对少数，各个击破等项原则"④。从中国共产党的统一战线工作来看，党继续深入争取群众，壮大人民力量。重庆谈判期间，中国共产党代表团对中间势力做了大量统一战线工作并与国民党民主派加强接触，争取国民党上层人士对中国共产党谈判立场的理解，减少谈判阻力，促使协议达成。同时，毛泽东、周恩来、王若飞等同志广泛地会见青年、妇女、知识及工商界人士，表现出中国共产党和平谈判的诚意，围绕和平、民主问题与他们交换意见。

---

① 《周恩来年谱（1898~1949）（修订本）》，中央文献出版社，1998，第 596 页。
② 《建党以来重要文献选编（1921~1949）》（第 22 册），中央文献出版社，2011，第 164 页。
③ 《建党以来重要文献选编（1921~1949）》（第 22 册），中央文献出版社，2011，第 656 页。
④ 《建党以来重要文献选编（1921~1949）》（第 22 册），中央文献出版社，2011，第 659 页。

1946 年 6 月，蒋介石撕毁停战协定和政治协商会议的协议，向解放区发动进攻，全面内战由此爆发。此时国内的阶级矛盾已经上升为主要矛盾，在共产党的领导下人民民主统一战线把各阶级、阶层团结起来。1946 年 12 月，国民党统治区以学生运动为先导的人民民主运动，逐步形成配合人民解放军作战的第二条战线，使国民党统治集团深深地陷于革命力量两面夹击的境地。尤其是各民主党派成员和民主人士遭到国民党的残酷镇压后，在中国共产党团结、批评和教育帮助下，彻底清除中间路线思想，放弃第三条道路。1948 年 1 月，民盟一届三中全会在香港召开，宣布不承认蒋介石政府称民盟为"非法团体"的做法，不接受解散民盟的任何决定，并决定恢复民盟总部。会议宣言主张：粉碎南京国民党独裁、反动、贪污、腐化的政权；彻底实行土地改革；坚决反对美国对中国的侵略；支持武装斗争，与中共携手合作，与民主党派合作，为实现真正的民主和平而共同奋斗。人民民主统一战线话语得到进一步的丰富。随着具有临时宪法性质的《中国人民政治协商会议共同纲领》，以及《中国人民政治协商会议组织法》《中华人民共和国中央人民政府组织法》等重要文件通过，人民民主统一战线的组织形式正式确定下来，统一战线话语发展成熟。同时，这也标志着中国共产党领导全国各族人民、各民主党派及爱国民主人士争取民族独立和人民解放的历史任务的胜利完成，标志着人民民主统一战线的巨大成功。

二　探索与建构：社会主义革命和建设时期统一战线话语的整体建构

新中国成立后，党在对新民主主义革命时期统一战线话语进行经验总结的同时，逐步将其理论化、经验化、规范化，并将其提升到维系和巩固人民民主专政的高度，用以指导社会主义建设工作的开展。社会主要矛盾的转变、党和国家历史任务的转换以及对统一战线的重新定位，这些因素共同推动统一战线话语的整体性建构和完善。社会主义革命和建设时期统一战线话语的探索与建构形成了独具中国特色的社会主义理论和实践。

（一）社会主要矛盾转变推动统一战线形态调整

剖析话语形态是把握统一战线话语生成、演进、建构和创新逻辑的前提基础。"新中国的成立，标志着中华民族实现了空前的大团结。各民族之间建立了平等、团结、互助的新型关系。"① 伴随社会主要矛盾的转变，党的统一战线任务变为团结全国各族人民和一切爱国力量，为巩固人民民主专政、迅速恢复国民经济、进行社会主义改造和社会主义建设服务。在这一过程中，统一战线理论和话语得到进一步丰富和发展。因而，基于统一战线形态的调整，可以将其分为三种类型，即实然描述性话语、应然规范性话语、现实可然性话语。实然描述性话语呈现社会主要矛盾转变下党的统一战线的革命形态；应然规范性话语设定社会矛盾转变下党的统一战线的建设形态；现实可然性话语分析社会主要矛盾转变下党的统一战线的过渡形态。换言之，社会主义革命和建设时期社会主要矛盾的转变，推动了统一战线话语形态的调整，直接催生了统一战线话语的三种表述类型。

1. 革命形态：实然描述性话语的形势指向

新民主主义革命的胜利，标志着中国反帝反封建任务的完成。"广大劳动群众满怀翻身的喜悦。青年学生和知识分子欢欣鼓舞，大批参加革命工作。华侨青年和留学生纷纷回国。许多中间力量，包括从反动营垒中分化出来的力量，主动向人民靠拢。许多人要求重新学习，改变旧思想，以适应变化了的情况。解放区和原国民党统治区的党的力量、革命力量汇合起来，更有力地发挥核心作用。"② 随着实践的发展变化，统一战线的理论和话语也必然要与之相适应，统一战线的新特点、新面貌、新形势也相应显现。一是人民民主统一战线的范围更为广泛。在新中国成立前夕，党中央已经对统一战线中的一些基本问题进行了讨论，1949 年 1 月，毛泽东同志同苏共中央政治局委员米高扬多次会谈，内容涉及新政权的性质，西藏的民族宗教问

---

① 《改革开放三十年重要文献选编》（下），中央文献出版社，2008，第 922 页。
② 胡绳主编《中国共产党的七十年》，中共党史出版社，1991，第 234~235 页。

题，香港、澳门和台湾等祖国统一问题。同年 3 月，党的七届二中全会在西柏坡召开，会议对革命胜利后的形势进行了探讨展望，指明中国今后的发展目标和方向就是由农业国转变为工业国；党的工作重心由乡村转移到城市，中心任务也变为恢复和发展城市生产。9 月，中国人民政治协商会议通过具有临时宪法作用的《中国人民政治协商会议共同纲领》，人民民主统一战线话语正式以法律的形式得以确认，其范围更为广泛。二是人民民主统一战线的结构空前巩固。"中央政府成立后，政协便成为中共领导的各党派的协议机关，国家的一切大事都可以事前在此协商。"① 同时，《中国人民政治协商会议共同纲领》成为中国共产党和各民主党派合作的共同政治基础，"民主党派是联系小资产阶级、资产阶级的，政权中要有他们的代表才行。我们对民主党派要给事做，尊重他们，要团结他们，使他们进步，帮助他们解决问题"②。1950 年后，随着抗美援朝、土地改革和镇压反革命三大运动的开展，中共中央指出："全党必须利用这个时期中的一切有利条件，一方面，继续坚决反对帝国主义，实行土地改革，镇压反革命；又方面，同时积极争取和教育一切愿意同我们合作的人，以更加发展人民民主统一战线，更加巩固人民民主专政，顺利地完成伟大的革命任务。"③ 换言之，新中国的成立和社会主义革命时期的重大成果，既是中国共产党领导的人民民主统一战线的伟大胜利，也是新民主主义革命时期统一战线的有益成果。这体现了全国人民共同意志，是革命形态统一战线在新中国成立时期的政治延续，表明"这个统一战线是如此巩固，它具备了战胜任何敌人和克服任何困难的坚强的意志和源源不竭的能力"④。三是人民民主统一战线的形势复杂严峻。在国际上，以美国为首的帝国主义国家，对新中国采取不承认和敌视的态度，并竭力阻挠其他国家与中国建交，企图在政治上孤立、在经济上封锁、在军事上包围新中国。在国内，人民解放战争后期作战仍在继续，民主革命的遗留任

---

① 《周恩来年谱（1898~1949）（修订本）》，中央文献出版社，1998，第 852 页。
② 《毛泽东年谱（1949~1976）》（第 1 卷），中央文献出版社，2013，第 122 页。
③ 《建国以来重要文献选编》（第 2 册），中央文献出版社，1992，第 81 页。
④ 《建党以来重要文献选编（1921~1949）》（第 26 册），中央文献出版社，2011，第 465 页。

务有待完成，国民经济破坏严重恢复困难。由此，最大限度地团结一切可以团结的力量，巩固新生的人民政权，团结民族资产阶级，利用、限制资本主义，合理调整工商业，推动恢复国民经济和反对帝国主义成为当务之急和一切工作的中心。然而，党内部分干部对统一战线工作存在认识不到位的问题，不愿与党外人士合作，瞧不起甚至敷衍统战工作，使党的统战工作存在一种"左"的关门主义、宗派主义倾向。因此，1950 年 3 月，在全国统战工作会议上，李维汉作题为《人民民主统一战线的新形势与新任务》的报告，专门对新中国成立初期统一战线的形势、任务，统一战线内部各阶级关系作了阐释，为纠正统一战线工作中的错误倾向，有序开展统一战线工作指明了方向，有利于各级统战干部认清形势、统一思想、明确任务、掌握政策。

2. 建设形态：应然规范性话语的价值指向

社会主义革命和建设时期统一战线话语所蕴含的真理性和价值性，外化为建设社会主义现代化的工业、农业、交通运输业和国防的计划之中。从本质上来讲，统一战线的应然规范性话语始终坚持以人民为中心的价值诉求、团结和联合一切力量服务于社会主义现代化建设，进而不断解放生产力，最终实现人的彻底的解放。一是以人民利益为核心的价值引领。人民利益是统一战线工作的出发点和落脚点，而"人民这个概念在不同的国家和各个国家的不同的历史时期，有着不同的内容"[1]，中国共产党作为始终代表人民群众意志和利益的无产阶级先锋队，必须坚持具体问题具体分析，否则就会犯"左"的关门主义错误，最终损害广大人民群众的利益。同时，还必须正确对待人民当前利益和长远利益的关系问题。因而，坚持中国共产党的领导，是统一战线在今后不断发展壮大的根本保证，也是协调和照顾各民族、各阶级、各民主党派、各人民团体利益的可靠保障。这就要求作为工人阶级先锋队的中国共产党，必须具备长期保持其先进性和战斗力的能力，从而在特定的历史条件下引领一切可以引领的力量。二是以团结联合为主旨的价值准则。统一战线的永恒主题和本质所在就是大团结、大联合。历史与实践证

---

[1] 《毛泽东文集》（第 7 卷），人民出版社，1999，第 205 页。

明，要取得中国革命和建设的胜利，团结的面越宽越好，团结的人越多越好。"无产阶级是经过共产党领导统一战线的"，同时"要把民族资产阶级、小资产阶级（农村的、城市的）、宗教家等等都团结起来。团结了更多的人，阻碍就少些，事情就容易办得通"。① 尤其对社会主义建设而言，如果"无产阶级没有自己的庞大的技术队伍和理论队伍，社会主义是不能建成的"②，"没有非党干部参加政府就会出毛病"③，同时党的"各项具体工作，包括工业、农业、商业、文化教育等等工作，百分之九十不是党员做的，而是非党员做的。所以，要好好团结群众，团结一切可以团结的人一道工作"④。三是以阶级解放为理想的价值目标。中国工人阶级必须求得四个阶级的共同解放。这一概括，实质上把统战工作的重要性提到了一个新的战略高度。换言之，伴随着生产力的解放和生产力水平的不断提高，统一战线工作将会趋近于团结各种力量，趋近于实现共产主义远大理想。由此，必须持续不断地对知识分子、少数民族、小资产阶级和民族资产阶级等拥护社会主义制度的力量进行改造。

3. 过渡形态：现实可然性话语的方法指向

马克思主义唯物辩证法揭示了人类社会发展的一般规律，能够为中国共产党更好地认识统一战线、运用统一战线提供科学的方法论指导。实践证明，革命形态的统一战线向建设形态的统一战线过渡，必然需要科学的方法论予以指导。而实然描述性话语与应然规范性话语，都属于统战话语的历史范畴，二者相衔接，能够彼此转化。同时，现实可然性话语是衔接实然描述性话语与应然规范性话语的重要形式。因此，在社会主义革命和建设时期，人民民主统一战线的现实可然性话语呈现出以下三个特点。一是"不要四面出击"的战略策略方法。"政策和策略是党的生命，是革命政党一切实际行动的出发点和归宿，必须根据政治形势、阶级关系和实际情况及其变化制

---

① 《毛泽东文集》（第6卷），人民出版社，1999，第488页。
② 《毛泽东文集》（第7卷），人民出版社，1999，第309页。
③ 《毛泽东文集》（第6卷），人民出版社，1999，第13~14页。
④ 《毛泽东文集》（第7卷），人民出版社，1999，第88页。

定党的政策，把原则性和灵活性结合起来"①，面对社会主义革命和建设时期各种社会关系和社会矛盾，毛泽东同志在《不要四面出击》中指出，必须处理好国内各阶级、政党、民族等各方面的关系，以便孤立和打击当前的主要敌人，而不应四面出击、树敌太多，造成全国紧张的不利局面。这就自然而然地要求党"必须在一个方面有所让步，有所缓和，使工人、农民、小手工业者都拥护我们，使民族资产阶级和知识分子中的绝大多数人不反对我们"②。这既体现了党历来"打击主要敌人，争取最大多数同盟者"的重要战略思想，也在过渡时期起到了稳定时局、稳定人心、维护团结、发挥积极性和活力的作用。同时，这一战略策略方法，也成为毛泽东同志国际统一战线思想的重要理论来源，并随着时代发展不断丰富其理论内核。二是"既团结又斗争"的辩证统一方法。历史与实践证明，统一战线绝不是权宜之计，它与我们党的前途命运息息相关。在新民主主义革命时期，党领导下的民主联合战线是以夺取政权为目标，恶劣艰苦的环境铸造了统一战线工作强调斗争的哲学，"枪杆子里面出政权"，强调无产阶级专政。而在社会主义和平建设时期，就必须采取"既团结又斗争"的方法，因为那种"企图用行政命令的方法，用强制的方法解决思想问题，是非问题，不但没有效力，而且是有害的"，因而"凡属于思想性质的问题，凡属于人民内部的争论问题，只能用民主的方法去解决，只能用讨论的方法、批评的方法、说服教育的方法去解决，而不能用强制的、压服的方法去解决"③。同样，团结和斗争是相辅相成的，面对人民内部矛盾，采取"团结——批评——团结"的方法予以解决。三是"以问题为导向"的调查研究方法。调查研究是做好各项工作的基本功，开展调查研究只有一个目的，就是坚持问题导向，从而解决实际问题。建设社会主义过程中所遇到的矛盾是不同于革命时期的，是全新的矛盾，因而必须善于从实践中寻求答案，推动统一战线凝聚共识，这是推进党的理论创新和加强党的理论武装的内在要求。同时还要深入群

---

① 《改革开放三十年重要文献选编》（上），中央文献出版社，2008，第 207 页。
② 《毛泽东文集》（第 6 卷），人民出版社，1999，第 75~76 页。
③ 《毛泽东文集》（第 7 卷），人民出版社，1999，第 209 页。

众，在调查中坚持群众路线，向民主党派人士、非公有制经济代表人士等虚心学习，只有通过深入群众调查研究，真正发现群众面临的问题，把群众的意见反映上来，把群众创造的经验总结出来，才能获得反映客观规律的真理性认识，才能做出符合客观规律的科学决策；也只有使这种真理性认识和科学决策为群众所掌握，才能把党的正确主张变为群众的自觉行动，从而实现改造世界的最终目的。

（二）党和国家历史任务的时代转换及现实要求

社会主义革命和建设时期，党面临的主要任务是，实现从新民主主义到社会主义的转变，进行社会主义革命，推进社会主义建设，为实现中华民族伟大复兴奠定根本政治前提和制度基础①。立足于实践需要特别是党和国家历史任务的时代性和现实性要求，深刻理解和把握人民民主统一战线形成的时代背景和内外动因，有助于进一步明确统一战线的政治定位和价值功能，从而为塑造新形势下的统一战线形态提供坚实基础。

1. 从过渡时期到自我探索：党和国家的政策理论的循序推进

过渡时期是个历史概念。1953 年 6 月，毛泽东同志主持召开中共中央政治局会议并讲话，第一次比较完整地阐述了党在过渡时期总路线和总任务的基本内容："从中华人民共和国成立，到社会主义改造基本完成，这是一个过渡时期。党在过渡时期的总路线和总任务，是要在十年到十五年或者更多一些时间内，基本上完成国家工业化和对农业、手工业、资本主义工商业的社会主义改造。"② 到 1956 年社会主义制度建立后，面对国际国内局势，党和国家开始尝试摆脱苏联模式，独立自主探索符合中国国情的社会主义建设道路，并"把国内外一切积极因素调动起来，为社会主义事业服务"③。换言之，"前八年照抄外国的经验，但从一九五六年提出十大关系起，开始

---

① 《中共中央关于党的百年奋斗重大成就和历史经验的决议》，人民出版社，2021，第 9 页。
② 《毛泽东年谱（1949~1976）》（第 2 卷），中央文献出版社，2013，第 116 页。
③ 《毛泽东文集》（第 7 卷），人民出版社，1999，第 23 页。

找到自己的一条适合中国的路线"①。其一，三大改造的顺利完成，使社会主义改造理论得以发展。社会主义革命的本质在于解放生产力，三大改造的目的也在于此。党的七届三中全会，把毛泽东同志在党的七届二中全会上提出的"由新民主主义社会发展到将来的社会主义社会"的思想具体化为党在社会主义过渡时期的政策和策略。且这一过程中，党根据中国具体国情创造性地设计了具有中国特色的社会主义改造方案，在世界社会主义历史上，第一次实现了对资产阶级的"和平赎买"。党通过"和平赎买"政策，实现了和平过渡。党的路线方针政策的平稳转换，巩固了新生的人民政权，争取一切力量为社会主义建设服务，也为接下来党和国家的经济计划的顺利开展奠定了基础。其二，人民内部矛盾的提出，使社会主义矛盾理论得以丰富。马克思主义经典作家受自身所处的时代的限制，对社会主义实践的认识水平有限，因而对社会主义矛盾的认识有限。例如，在苏联社会主义实践过程中，斯大林对社会主义社会基本矛盾问题的认识存在反复、模糊甚至否认现象，结果导致苏联在矛盾暴露后处置不当，也为国际共产主义运动遭受挫折埋下了伏笔。毛泽东同志依据中国的具体国情，深刻指出社会主义社会中的矛盾，"具有根本不同的性质和情况"②，并且"它不是对抗性的矛盾，它可以经过社会主义制度本身，不断地得到解决"③。正确处理人民内部矛盾的理论的提出，对于团结广大人民进行社会主义现代化建设、促进国际共运健康发展意义重大。其三，对两种形势的错误估计，使社会主义道路在前进中遇挫。1956 年 2 月，苏共召开的二十大，引发毛泽东等党和国家领导人"以苏为鉴"、走中国自己道路的思考，中共中央在经济改革与扩大民主两方面进行了有价值的尝试④。随后，《论十大关系》"开始提出我们自己的建设路线"⑤。然而，1957 年以后，尤其是波匈事件后，由于党中央对国际国

---

① 《建国以来重要文献选编》（第 13 册），中央文献出版社，1996，第 418 页。
② 《建国以来重要文献选编》（第 10 册），中央文献出版社，1994，第 72 页。
③ 《建国以来重要文献选编》（第 10 册），中央文献出版社，1994，第 71 页。
④ 萧冬连：《筚路维艰：中国社会主义路径的五次选择》，社会科学文献出版社，2014，第73 页。
⑤ 《毛泽东文集》（第 7 卷），人民出版社，1999，第 369 页。

内形势估计得过于严重，对社会主义改造基本完成后国内主要矛盾的判断产生失误。随即全国范围内的整风运动开展起来，反右派斗争严重扩大化。同时，党的八大二次会议，改变了党的八大以来的正确路线政策，制定了急于求成、忽视客观规律的总路线，全国掀起"大跃进"高潮。从1961年1月党的八届九中全会至1966年5月"文化大革命"爆发，其间中国共产党对社会主义道路的探索，呈现出正确与错误相交织的复杂情况，在经济建设方面党和国家的政策理论基本正确，在思想政治方面则犯了"左"的错误。

2. 从经验积累到制度形成：党和国家政治制度的建立健全

随着社会主义制度的确立，统一战线主体力量的建构已经实现了从阶级联合到阶级融合的转变，包括民族资产阶级在内的诸多有产阶级，已经逐步转变为社会主义的劳动者；在新的实践中所积累的统一战线经验，也随着统战主体的转变逐步被确定下来，统一战线工作逐步制度化和法治化，主要体现在以下方面。一是人民民主专政的国体和人民代表大会制度的政体的确立。人民民主专政的国家政体，是在人民民主统一战线的基础之上确立的。1949年9月召开的中国人民政治协商会议第一次全体会议，通过了具有临时宪法性质的《中国人民政治协商会议共同纲领》。其中总结了党在革命根据地政权建设的历史经验，对中华人民共和国的国体和政体做出明确规定。1954年9月，新中国成立后的第一届全国人民代表大会通过了《中华人民共和国宪法》，将中国的政权性质，即"中华人民共和国是工人阶级领导的、以工农联盟为基础的人民民主国家"[1] 和人民代表大会制度正式以国家根本大法的形式确定下来。二是中国共产党领导的多党合作和政治协商基本政治制度的确立。新民主主义革命时期，毛泽东同志在《论联合政府》中提出要"建立一个联合一切民主阶级的统一战线的政治制度"[2]。"新中国成立以后，中国共产党同各民主党派和无党派人士的合作关系进入了一个新的历史阶段，中国共产党领导的多党合作和政治协商制度得到进一步巩固和发

---

① 《建国以来重要文献选编》（第5册），中央文献出版社，1993，第477页。
② 《建党以来重要文献选编（1921~1949）》（第22册），中央文献出版社，2011，第155页。

展。"① 中国共产党领导的多党合作和政治协商制度随着《中国人民政治协商会议共同纲领》诞生，其从法律层面规定了"中国人民政治协商会议是我国人民民主统一战线的组织形式"②。同时，各民主党派明确表示拥护该纲领，也即明确表示接受共产党的领导。换言之，中国共产党和各民主党派在长期革命进程中所形成的团结合作和领导与被领导关系，正式以制度的形式得以确认。新中国成立后，我国的新型政党制度逐步建立起来。围绕着如何建设社会主义、如何继续加强中国共产党同各民主党派的团结合作等问题，"长期共存、互相监督"的方针随之产生，这个方针为扩大社会主义民主、发展社会主义多党合作的政治制度奠定了坚实的基础。三是民族区域自治基本政治制度的确立。对于民族问题，《中国人民政治协商会议共同纲领》规定："中华人民共和国境内各民族，均有平等的权利和义务"③，且"各少数民族聚居的地区，应实行民族的区域自治，按照民族聚居的人口多少和区域大小，分别建立各种民族自治机关"④。1952 年 8 月，中央人民政府颁布《中华人民共和国民族区域自治实施纲要》，第四条规定："各少数民族聚居的地区，依据当地民族关系，经济发展条件，并参酌历史情况"，分别建立各种自治区。⑤ 民族区域自治由此上升到法律化、制度化层面。同年 10 月，毛泽东同志在谈及西藏的宗教政策和发展问题时再次指出，共产党施行民族平等政策，目的是帮助少数民族"发展人口、发展经济和文化"⑥，并强调民族团结的重要性。1954 年颁布的《中华人民共和国宪法》则以国家根本大法的形式，赋予民族区域自治制度宪法地位和更高的法律效力，民族区域自治制度被正式确立下来。

---

① 《十七大以来重要文献选编》（中），中央文献出版社，2011，第 239 页。
② 《建国以来重要文献选编》（第 5 册），中央文献出版社，1993，第 509 页。
③ 《建党以来重要文献选编（1921～1949）》（第 26 册），中央文献出版社，2011，第 760 页。
④ 《建党以来重要文献选编（1921～1949）》（第 26 册），中央文献出版社，2011，第 767～768 页。
⑤ 《建国以来重要文献选编》（第 3 册），中央文献出版社，1992，第 80 页。
⑥ 《毛泽东民族工作文选》，中央文献出版社、民族出版社，2014，第 169 页。

3. 从紧张对峙到谋求和平：党和国家实现祖国统一的不懈努力

实现祖国统一，始终是中国近代以来广大仁人志士的共同心愿，也是中华民族伟大复兴的前提条件。对于香港、澳门问题，党和国家一直主张采取和平过渡的方式予以解决，这是因为"香港要完全按资本主义制度办事，才能存在和发展，这对我们是有利的"①，我们"要进行社会主义建设，香港可作为我们同国外进行经济联系的基地，可以通过它吸收外资，争取外汇"②，进而党和国家主张对港澳问题采取"长期打算、充分利用"的方针。而对于台湾问题，党的政策方针经历了由"武力解放"为主到以"和平解放"为主的转换历程，实质上体现出党和国家为实现祖国统一所做出的不懈努力。事实上，武力解放台湾的设想早在解放战争后期便已酝酿。早在1949 年 3 月，新华社发表《中国人民一定要解放台湾》的时评，明确指出，"中国人民解放斗争的任务就是解放全中国，直到解放台湾、海南岛和属于中国的最后一寸土地为止"③，尤其是渡江战役结束后，党和国家领导人随即考虑武力解放台湾的问题。同年 7 月，周恩来在全国工会工作会议上向全党发出"把革命进行到底。我们要打到台湾去"④ 的号召。新中国成立后到朝鲜战争爆发前，人民解放军已经准备解放台湾。朝鲜战争爆发后，美国介入台湾事务，解放军渡海解放台湾的作战计划由此被搁置。即便如此，中国人民解放台湾、维护国家统一的决心从未动摇。换言之，"解放台湾是中国的主权、内政问题，如果我们不提出解放台湾，保持不了祖国的完整版图，我们就会犯错误，也对不住自己的祖先"⑤。美西方势力的干涉，使得武力解放台湾的长期性、复杂性和不确定性增加，这既不符合两岸人民的共同利益，也不符合中华民族的长远利益。同时伴随国际局势的深刻变化，谋求和平解决台湾问题的可能性逐渐增加。

---

① 《周恩来统一战线文选》，人民出版社，1984，第 353 页。
② 《周恩来统一战线文选》，人民出版社，1984，第 354~355 页。
③ 《建党以来重要文献选编（1921~1949）》（第 26 册），中央文献出版社，2011，第 214 页。
④ 《周恩来选集》（上卷），人民出版社，1980，第 359 页。
⑤ 《周恩来年谱（1949~1976）》（上卷），中央文献出版社，1997，第 407 页。

（三）统一战线的重新定位及其话语的整体建构

作为上层建筑的统一战线政策，伴随社会基本矛盾运动需要进行相应的改变和调节，从而更好发挥自身的现实性功能。从整体上把握和建构统一战线话语，离不开对统一战线内部各要素的辨析。整体性的前提是特殊性，"如果事实是零碎的和随意挑出来的，那么它们就只能是一种儿戏，或者连儿戏也不如"①，因而要考虑话语建构的多重原则与要求、基本功能与显现以及内在逻辑与路径几个方面，从而推动社会主义革命和建设时期人民民主统一战线话语的原创性、民族性和时代性发展，紧紧把握住统一战线话语整体建构的中心、共识和力量。

1. 服务中心：人民民主统一战线话语建构的多重原则与要求

新中国的成立，标志着中国共产党"已经从一个领导人民为夺取全国政权而奋斗的党，成为一个领导人民掌握着全国政权并长期执政的党"②。党和国家历史任务的转换和衔接，使党的统一战线的中心任务实现了从服务于"革命"到服务于"建设"的转变，无论在新民主主义革命时期还是在社会主义革命和建设时期，统一战线始终围绕党的中心任务开展工作，即为追求民族独立和人民解放而矢志奋斗，并在此基础上进一步实现国家富强和人民富裕的目标。这就要求人民民主统一战线话语在建构过程中，必须牢牢坚持和遵循以下原则。一是人民本位原则。人民民主统一战线话语建构具有鲜明的政治立场，这个政治立场就是"为什么人的问题"，而这实际上也是统一战线话语建构过程中的"一个根本的问题，原则的问题"③，因而明确统一战线话语的人民本位原则，是话语建构的前提。唯物史观认为，"历史活动是群众的活动，随着历史活动的深入，必将是群众队伍的扩大"④。历史与实践证明，中国共产党的一切伟大成就，都是同贯彻执行群众路线密切

---

① 《列宁全集》（第28卷），人民出版社，2017，第364页。
② 《改革开放三十年重要文献选编》（下），中央文献出版社，2008，第1175页。
③ 《建党以来重要文献选编（1921~1949）》（第19册），中央文献出版社，2011，第295页。
④ 《马克思恩格斯文集》（第1卷），人民出版社，2009，第287页。

相连的，而统一战线更是经过实践检验的团结人民群众的重要法宝。正如毛泽东同志所强调的，"人民，只有人民，才是创造世界历史的动力"①。而人民民主统一战线话语都是直接或者间接来源于人民群众的生活及实践活动。统一战线话语的生成需要理论思维和长期的学术积淀，需要革命、建设过程中的实践经验和学理支撑，需要话语使用者的创新精神与批判意识，但最根本、最关键、最牢固的是扎根于人民群众社会实践的丰厚土壤之中，坚持人民本位的根本原则，这是人民民主统一战线话语的出发点和归宿点。二是国家利益原则。国家利益包含民族利益，在一定程度上也具有社会公共利益的属性，是社会各阶级、各团体、各党派利益的融合体现。国家利益尤其是核心利益是人民民主统一战线话语的本质性规定。因而，在处理人民民主统一战线内部的关系问题时，不能简单地以意识形态的异同来界定亲疏，而应着眼于国家的整体利益。可以说，国家利益与人民利益本质上具有一致性。在社会主义革命和建设过程中，党始终强调统一战线工作对保障国家利益的重要性，号召统一战线主体中的各阶级为维护国家主权和领土完整、实现经济快速发展、追求平等的民族关系，进而为实现社会主义现代化而努力奋斗。人民民主统一战线话语是在坚守中国利益的政治立场、聚焦中国的核心利益、坚守中华民族的根本利益中，不断增强国际统一战线话语的影响力。三是世界战略原则。社会主义革命和建设时期，中国共产党建构国际统一战线话语，其目的既是为中国争取有利的发展环境，也是为世界的和平发展作出重要贡献。尤其是新中国成立后，为了打破帝国主义对中国政治、经济、军事上的封锁和威胁，同时为了巩固社会主义阵营以团结亚非拉国家，共同反对大国沙文主义和霸权主义，中国的国际统一战线工作发挥了重要作用。20世纪40年代至70年代，毛泽东同志依据世界形势，概括提出"中间地带"与"一条线"和"三个世界"的战略构想，以国际统一战线话语来号召和联合国际上一切可以联合的力量，共同反对殖民主义、帝国主义和霸权主义，进而为争取人民独立、民族解放与国家发展贡献力量。实践证明，国际统一

---

① 《建党以来重要文献选编（1921~1949）》（第22册），中央文献出版社，2011，第133页。

战线话语要具有世界性的影响、发挥世界性的引领作用，必须要主动为人类所面临的共同问题而发声，这是国际统一战线话语坚持世界战略原则的重要前提。

2. 扩大共识：人民民主统一战线话语建构的基本功能与显现

一是呈现团结思想的辩护功能。思想乃是话语的灵魂所在，亦是贯穿于统一战线话语始终的基本要素，还是反映统一战线话语特质的基本内核。在社会主义革命和建设时期，党中央通过党章、宪法以及党的重要会议、文件对统一战线的性质、主体以及作用和使命，进行了详尽且权威的阐释，从政治话语和法律话语两个层面，为人民民主统一战线话语的整体建构确定了原则、奠定了法理基础。同时，伴随着人民民主统一战线工作的积极开展，党领导人民在巩固新生的人民政权，顺利完成社会主义改造，着力解决人民内部矛盾的过程中，也在相当程度上加速了统一战线话语的社会化传播，使内蕴于人民民主统一战线中的团结思想和价值理念，得到统一战线主体对象和最广大人民群众的理解接受，并进一步促进统一战线规模和覆盖面的扩大。换言之，统一战线话语在建构过程中，实现了对国家政权和社会主义制度的合法性、社会主流意识形态的价值性、正确处理人民内部矛盾的合理性的理论支撑和科学论证，同时能够有效地辨识、厘清或者纠正人民群众的思想误解，实现正本清源。二是维护建设范式的引导功能。"范式"概念源自美国学者托马斯·库恩《科学革命的结构》。所谓"范式"，是团体承诺的集合和科学共同体共有的范例，也是"在某一学科内被人们所共同接受、使用并作为思想交流的一整套概念体系和分析方法"[①]。因而，范式是话语建构的前提和依据，话语的发展受制于范式，并且话语的发展会本能地论证、维护乃至固化既有研究范式所确定的相关规则。因此，在社会主义革命和建设时期，伴随人民民主统一战线实践工作的开展，人民民主统一战线话语的整体建构必定是以"建设范式"为中心而展开。换言之，建设范式是早于统一战线话

---

① 〔美〕托马斯·库恩：《科学革命的结构》，金吾伦、胡新和译，北京大学出版社，2012，第 28 页。

语建构的，因而建设范式具备了引导话语沿着中心目标演进、生成的底层逻辑。建设范式本身所具备的层次性，即核心目标话语、中间规范话语、联结价值话语，共同决定了人民民主统一战线的核心目标话语始终是以稳定输出的形式对外产生影响，这是由时代的任务所决定的；中间规范话语则涵盖了人民民主统一战线话语的表达方式、载体规范和表达内容；联结价值话语则是人民民主统一战线话语对受众所产生的影响的集合。因而，可根据建设范式的不同层次，逐渐引导统一战线话语由内向外辐射，进一步扩大其影响力。三是突出政治认同的民主功能。人民民主统一战线话语建构蕴含了民主动员、民主表达、民主决策和民主监督的民主功能。民主动员在于凝聚人心，既要团结一切可以团结的力量，实现最广泛的政治联合，又要处理好统一性与多样性的关系，做到求同存异。民主表达在于汇聚民意，新中国的成立，使得各阶级、各民族、各团体、各党派能够在中国人民政治协商会议的框架之下，围绕中心大局展开政治协商，积极建言献策。民主决策在于集中民智，党通过广泛积极地调动统一战线内各界人士贡献智慧，促进决策的制度化、科学化和规范化。民主监督在于提出批评，各界人士通过提出意见、批评、建议的方式进行协商式监督，协助党和政府解决问题、改进工作、增进团结、凝心聚力。

3. 凝聚力量：人民民主统一战线话语建构的内在逻辑与路径

一是横向与纵向相契合的总体逻辑。人民民主统一战线话语在建构过程中，体现出总体性的思维逻辑，就是将社会发展的主体对象，以一个有机整体的形式加以理解和认识。因而，各阶级、各民族、各团体乃至各政党的联合，是社会发展的必然趋势。从纵向时间历程来看，统一战线话语表达的一条主线贯穿到底，就是为解放全人类而不断实现"大团结大联合"；在社会主义革命和建设时期，统一战线表现为劳动者、爱国者和建设者相统一的建设力量。从横向空间结构来看，统一战线话语的建构，既代表世界无产阶级联合的最终取向，也表明国内对积极力量的团结和联合、对消极力量的分化和瓦解、对中间力量的争取和吸引。其目的在于创造最广泛的团结和联合形式，以维护绝大多数人的利益，进而实现社会主义初级阶段的诸多目标。二是理论与实践相耦合的互动逻辑。人民民主统一战线话语的建构，需要依靠理论与实践的互相支撑和推动才能实现。理论与实践二者是辩证统一的，理论既能够推动话语的升级创新，又能指导实践，进而实现统战工作实践样态的开拓发展。从理论层面看，只有科学的理论才能为革命、建设实践提供方法论指导，进而促进人民民主统一战线演化出新的技术与艺术路径、战略与策略方法，从而实现统一战线话语的创新飞跃，并进一步指导实践。从实践层面看，马克思主义认识论的首要和基本观点是实践的观点。因而，统一战线话语在性质上属于社会的上层建筑，本质上是社会实践的产物，具有实践属性。质言之，统一战线话语的建构是在实践的基础上形成和发展起来的，是客观见诸主观的产物。因而理论与实践的互动推动统一战线话语持续建构并实现创新。三是内因与外因相融合的动力逻辑。内因是事物的内部矛盾，外因是一事物与另一事物的相互联系和相互影响。正如毛泽东同志所指出的，"唯物辩证法的宇宙观主张从事物的内部、从一事物对他事物的关系去研究事物的发展，即把事物的发展看做是事物内部的必然的自己的运动，而每一事物的运动都和它的周围其他事物互相联系着和互相影响着"①。统一战线话语建构同样是内因和外因共同作用的结果，但内因和外因在统一战线话语建构过程中所发挥的作用是不同的，内因是促成统一战线话语转换发展的根本动力，决定着统一战线话语的性质和发展方向。外因则不能决定统一战线话语建构的性质问题，"外因是变化的条件，内因是变化的根据，外因通过内因而起作用"②。

三　突破与变革：改革开放和社会主义现代化建设新时期统一战线话语的开拓发展

进入改革开放和社会主义现代化建设新时期，中国共产党"已经从一

---

① 《建党以来重要文献选编（1921~1949）》（第 14 册），中央文献出版社，2011，第 433 页。
② 《建党以来重要文献选编（1921~1949）》（第 14 册），中央文献出版社，2011，第 434 页。

个在受到外部封锁的状态下领导国家建设的党，成为在全面改革开放条件下领导国家建设的党"①。彼时，世界形势有了前所未有的变化，和平与发展代替战争与革命，成为时代发展的两大主题。改革开放呼之欲出，解放思想、实事求是的正确思想路线重新确立。世情国情党情发生的深刻变化对统一战线工作提出新要求，统一战线的工作机制、运行方式、表达形态都发生了深刻变化。换言之，改革开放和社会主义现代化建设新时期，统一战线话语本身得到开拓性的发展，实现了从社会主义革命和建设时期的人民民主统一战线话语向改革开放和社会主义现代化建设新时期的爱国统一战线话语的转换，既顺应了时代发展的主题，又回应了人民群众利益诉求，还指明了社会主义前进的方向。

（一）世情国情党情发生深刻变化

改革开放前夕，中国共产党带领广大人民群众在总结经验和反思教训的同时，开始思考社会主义道路何去何从的问题。同时，世界局势复杂多样，在第三次科技革命的推动下，生产力得到前所未有的解放和发展，垄断资本主义的生产结构受到挑战，迫使西方发达资本主义国家对既有的社会体制和管理方式做出调整。传统社会主义国家迫于生产力发展的客观要求，以及来自资本主义国家的政治、经济乃至军事的压力和冲击，也开始进行改革。面对世界范围内掀起的新技术革命，中国共产党清醒地认识到中国同世界先进水平的巨大差距，由此产生了加快中国现代化步伐的迫切愿望。

1. 新的世情：新科技革命下资本主义与社会主义国家的抉择

新科技革命兴起于 20 世纪 50 年代，到 20 世纪 70 年代以后逐渐出现高潮。其规模、深度和影响远超以蒸汽动力为主导的第一次科技革命和以电气动力为主导的第二次科技革命。新科技革命较以往以单一生产力为主导的模式，呈现出集束型的发展特点，主导技术以网状技术群的形式出现，生产力得到前所未有的解放，与之相适应的科学技术迭代发展的势头更为迅猛，且

---

① 《改革开放三十年重要文献选编》（下），中央文献出版社，2008，第 1175 页。

科学、技术、生产的关系日趋密切，三者之间转换效率提高且一体化进程加快。在此背景下，第三轮经济全球化浪潮汹涌而来，人类认识世界和改造世界的广度和深度大为拓展。由此，资本主义与社会主义国家面对全新的世情，作出了不同的抉择。

一方面，以美国、英国等为代表的发达资本主义国家：虽然新科技革命迫使资本主义国家的生产关系和上层建筑发生变革，从而适应现代生产力的性质和水平，但是资本主义的基本矛盾，没有也不可能得到根本性的解决。面对新科技革命所释放的巨大生产力，以美国、英国等为代表的资本主义各国的社会阶级结构，逐渐趋向复杂化、层次化、多元化，突破了经典马克思主义相关论断："整个社会日益分裂为两大敌对的阵营，分裂为两大相互直接对立的阶级：资产阶级和无产阶级"①。基于此，西方资本主义各国，在吸取经济危机的教训的同时，积极对苏联社会主义前期计划经济的经验进行总结和研究，进而致力于在资本主义制度基础上进行多方面的改革调整。同时，伴随着经济全球化，资本主义逐步创建和运用与之适应的国际组织，以促进资本主义社会的繁荣稳定和长足发展。

另一方面，以苏联、东欧国家等为代表的社会主义国家：新科技革命下，相较于资本主义国家的繁荣和稳定，社会主义各国在经历了快速发展后，逐渐"固步自封"，"停滞"在计划经济模式上，特别是苏联陷入同美国争霸特别是进行军备竞赛的误区，而无视以至于拒绝社会主义改革。换言之，以苏联、东欧各国等为代表的传统社会主义国家，不能够及时对产业结构进行调整，未能将新科技革命的成果转化为强大的生产力，致使本国经济状况严重恶化，加剧了政治危机、激化民族矛盾。面对危机，传统社会主义各国的指导思想和路线、方针、政策最终从一个极端走向另一个极端，也即从长期停滞僵化"跳到"资产阶级自由化，究其根本，这些国家对社会主义本质的认识仍然缺乏深度。对形势的错误判断，对战略的错误估计，注定了东欧剧变、苏联解体的历史悲剧。新科技革命下传统社会主义国家的命

---

① 《马克思恩格斯选集》（第 1 卷），人民出版社，2012，第 401 页。

运，也表明社会主义发展具有长期性、曲折性和复杂性，不能简单化、教条化甚至庸俗化地将各国实践的具体模式等同于马克思主义的科学理论。

2. 新的国情：反思和总结下恢复稳定与赶上时代的现实诉求

经过十年"文化大革命"，国内积累下许多严重的政治问题和社会问题①。"文化大革命"使党、国家和人民遭受严重挫折和损失，其间虽取得了一些重大成就，但"就整个政治局面来说，是一个混乱状态；就整个经济情况来说，实际上是处于缓慢发展和停滞状态"②。因此，彻底扭转严峻局势，加紧转变不利于生产力发展的机制体制，大力推进经济发展，加快改善人民群众的生活，使党和国家从危难和混乱中奋起，是中国共产党迫切解决的现实问题。

一方面，在各个领域恢复稳定是当务之急。其中，最为迫切的就是平反"文化大革命"中的冤假错案，为无辜受迫害的干部恢复工作。同时，在科学教育文化战线上，以邓小平同志为主要代表的中国共产党人，号召重视知识、尊重人才，"明确肯定知识分子同工人、农民一样是社会主义事业的依靠力量，没有文化和知识分子是不可能建设社会主义的"③，由此知识和知识分子重新受到重视，各领域的知识分子受到极大鼓舞。在经济领域，党和国家着力解决影响人民物质生活的问题，整顿企业，建章立制，恢复和发展生产，各项工作有序推进，并取得实际成效。在思想领域，首要问题就是肃清"左"倾错误，避免"两个凡是"错误的继续，真正完整、准确、科学地理解毛泽东思想，着眼国际和国内局势，把党的指导思想同具体实际相结合，就是要"打破精神枷锁，使我们的思想来个大解放"④，因为"不打破思想僵化，不大大解放干部和群众的思想，四个现代化就没有希望"⑤。在政治领域，就是要恢复民主法治建设，正确实行民主集中制，健全各项规章

① 胡绳主编《中国共产党的七十年》，中共党史出版社，1991，第414页。
② 《邓小平文选》（第3卷），人民出版社，1993，第264页。
③ 《改革开放三十年重要文献选编》（上），中央文献出版社，2008，第214页。
④ 《邓小平文选》（第2卷），人民出版社，1994，第119页。
⑤ 《邓小平文选》（第2卷），人民出版社，1994，第143页。

制度和党的纪律，加强社会主义法制，使民主制度化、法律化，以保障党的权威和人民民主。

另一方面，在落后状态下赶上时代刻不容缓。正如邓小平同志所指出的，"世界形势日新月异，特别是现代科学技术发展很快。现在的一年抵得上过去古老社会几十年、上百年甚至更长的时间。不以新的思想、观点去继承、发展马克思主义，不是真正的马克思主义者"①。世界范围内掀起的新技术革命使生产力得到迅猛增长，同时西方主要发达国家又普遍面临经济滞胀，急于进行产业结构调整，为过剩的资本和技术设备寻找出路，这为中国的发展提供了难得的机遇。此外，正如邓小平同志所指出的，"东欧、苏联的事件从反面教育了我们，坏事变成了好事。问题是我们要善于把坏事变成好事，再把这样的好事变成传统，永远丢不得祖宗，就是马克思主义"②。不同于苏共和东欧的共产党，党的十一届三中全会后，中国共产党基于新中国成立30年的伟大成就，在总结党和国家探索建设社会主义的历史经验基础之上，在吸取"左"倾错误特别是"文化大革命"历史教训基础之上，在观察国际局势和世界发展的新形势基础之上，综合判定，中国只有实行改革开放，集中力量进行社会主义现代化建设，才有可能"赶上时代"进而把握时代发展的脉搏和契机，才有可能使国际共产主义运动于挫折中奋起，才有可能真正发挥社会主义制度的优越性以解放生产力，满足人民群众的利益诉求，逐步实现共同富裕。

3. 新的党情：历史方位、群众基础和领导体制的挑战与嬗变

党情的深刻变化，是同世情和国情的变化有机联系的。中国共产党在完成思想路线、政治路线和组织路线等领域拨乱反正的基本任务和改革开放取得初步成效的形势下，在党的第十二次全国代表大会上提出了"建设有中国特色的社会主义"的重大命题，并且根据这个定位"制订了党在社会主义初级阶段'一个中心、两个基本点'的基本路线，确立了党在经济、政

---

① 《邓小平文选》（第3卷），人民出版社，1993，第291~292页。
② 《邓小平年谱（1975—1997）》（下卷），中央文献出版社，2004，第1332页。

治、外交、教育、科技、文化、军事、祖国统一、党的建设等方面的一整套方针政策，成功地开辟了在改革开放中实现社会主义现代化的新道路"①。

一是党的历史方位的转变对党的建设提出全新要求。革命和建设时期，毛泽东同志立足实际，对党的建设着重从思想上展开，主张以无产阶级思想改造各种非无产阶级思想，着力破解"在无产阶级人数很少而战斗力很强，农民和其他小资产阶级占人口大多数的国家，建设一个具有广大群众性的、马克思主义的无产阶级政党"②的难题。随着党的十一届三中全会的召开，党和国家的中心任务转移到经济建设上来，党的历史方位发生改变，因而"要进一步明确党在四个现代化建设中的地位和作用"③。尤其伴随改革开放的全面展开和各项事业的蓬勃发展，国家的经济增长水平明显提高，人民的物质生活得到显著改善，新的形势要求切实"提高党的领导水平和执政水平，提高拒腐防变和抵御风险的能力"④。随着社会主义市场经济体制的确立，抓党性党风成为党的建设的当务之急，党风廉政建设和反腐败斗争成为关系党和国家前途的大事。进入新世纪新阶段，随着改革开放深入，新情况新问题层出不穷，由此党的十六大提出"加强党的执政能力建设"的命题；立足新的历史方位，党中央紧紧围绕加强党的执政能力建设和先进性建设这条主线，提出和实施了一系列加强党的建设的重要举措。唯有如此，才能始终保持党和人民群众的血肉联系，夯实党的阶级基础和群众基础，使党不脱离群众。

二是群众基础的改变对党的功能提出全新要求。中国共产党始终代表人民群众的利益，而人民群众是一个历史范畴，随着时代演进其基础结构也发生改变。改革开放以来，伴随着产业结构调整和经济体制改革，工人阶级的队伍不断壮大，且结构分化愈加细化。同时，中国的社会阶层构成发生了新的变化，涌现出诸如民营科技企业的创业人员、受聘于外资企业的管理技术

---

① 《十四大以来重要文献选编》（下），人民出版社，1999，第2310页。
② 《改革开放三十年重要文献选编》（上），中央文献出版社，2008，第208页。
③ 《邓小平年谱（1975—1997）》（上卷），中央文献出版社，2004，第605页。
④ 《改革开放三十年重要文献选编》（下），中央文献出版社，2008，第1245页。

人员、个体户、私营企业主、中介组织的从业人员、自由职业人员等社会阶层①。毫无疑问，这些新的社会阶层为社会主义事业和生产力的发展贡献了诸多力量，也是中国特色社会主义事业的建设者。日益多样的阶层、多元的思想、多种利益诉求，要求党必须适时做出调整，及时把承认党的章程、践行党的路线、经过党的考验、符合党员条件的社会各个阶层中的优秀分子吸纳到党内来，同时"最广泛最充分地调动一切积极因素，妥善处理各种利益关系和社会矛盾，切实维护社会稳定，形成全体人民各尽其能、各得其所而又和谐相处的局面"②；要求中国共产党必须"以加强党的执政能力建设为重点，不断提高党的创造力、凝聚力和战斗力，不断巩固党的阶级基础和扩大党的群众基础"③。

三是党的领导体制的嬗变对党的领导提出全新要求。党的领导既是历史的选择，更是现实的需要，"从根本上说，没有党的领导，就没有现代中国的一切"④。改革开放和社会主义现代化建设新时期，"党在思想作风、组织状况、领导制度以及同群众的联系等方面仍然存在着不少缺点，必须坚决加以克服"，"为了坚持党的领导，必须改善党的领导"。⑤ 而改善党的领导，就必须立足于党和国家的领导制度改革，革除权力过分集中所带来的各种弊端，并且"着手解决党政不分、以党代政的问题"⑥，并最终达到"处理好法治和人治的关系"⑦ 的目的。换言之，强调领导体制改革和党的领导，就是为了充分发挥社会主义制度的优越性，加速现代化事业的发展。唯有如此，才能更好地发挥党的领导核心作用，巩固党同党外人士的联盟，更好地践行中国共产党领导的多党合作和政治协商制度。

---

① 《中华人民共和国简史》，人民出版社、当代中国出版社，2021，第 265 页。
② 《十六大以来重要文献选编》（上），中央文献出版社，2005，第 368 页。
③ 《十六大以来重要文献选编》（上），中央文献出版社，2005，第 368~369 页。
④ 《改革开放三十年重要文献选编》（上），中央文献出版社，2008，第 117 页。
⑤ 《改革开放三十年重要文献选编》（上），中央文献出版社，2008，第 212 页。
⑥ 《邓小平年谱（1975—1997）》（上卷），中央文献出版社，2004，第 662 页。
⑦ 《邓小平文选》（第 3 卷），人民出版社，1993，第 177 页。

（二）统一战线肩负新的历史责任

进入改革开放和社会主义现代化建设新时期，面对新的世情国情党情，党领导下的统一战线迎来新的历史任务，肩负起新的历史责任。党的十一届三中全会后，把中国建设成为现代化的社会主义强国和促进祖国和平统一，成为新时期爱国统一战线的历史任务。以党的十四大和南方谈话为标志，加快建立社会主义市场经济体制，贯彻落实"一国两制"方针政策，成为改革开放新的发展阶段爱国统一战线的历史任务。以党的十六大召开为标志，推动中国全面建设小康社会和构建社会主义和谐社会，成为爱国统一战线新的任务。换言之，随着改革开放逐渐深化，中国共产党立足实际，辨明统一战线在不同的场域下所肩负的新的历史责任，团结带领广大人民群众为实现中华民族伟大复兴而不懈奋斗。

1. 工作重心转移后新时期的爱国统一战线

党的十一届三中全会重新确立了马克思主义的正确路线，开启了改革开放和以经济建设为中心的社会主义现代化建设新时期，实现了新中国成立以来党的历史上具有深远意义的伟大转折，党的统一战线工作也从"文化大革命"的破坏和冲击中逐渐恢复，迎来新的发展局面。在改革开放新的历史背景下，党通过实际工作与多次全国统战工作会议，对新时期爱国统一战线是什么、为什么、怎么办进行了全面、全新、全程的深入阐释，实现了统一战线理论的中国化时代化跃进。

一是对爱国统一战线的概念进行界定，明确新时期历史责任的逻辑起点。1979 年 6 月 15 日，邓小平同志在全国政协五届二次会议上致开幕词，在对中国的工人、农民、知识分子、少数民族、宗教人士、民主党派、台湾同胞和港澳同胞等的基本情况进行判断分析后，得出"我国的统一战线已经成为工人阶级领导的、工农联盟为基础的社会主义劳动者和拥护社会主义的爱国者的广泛联盟"[1] 这一结论。1979 年 9 月，邓小平同志在中央政治局

---

[1] 《邓小平文选》（第 2 卷），人民出版社，1994，第 187 页。

听取全国统战工作会议情况汇报时，初步提出"革命的爱国的统一战线"这一概念，并指出"统一战线的性质，叫革命的爱国的统一战线，就是劳动者与爱国者的联盟。这样范围就宽了，具有广泛的性质"①。到 1981 年 6 月，党的十一届六中全会通过《关于建国以来党的若干历史问题的决议》，正式将"爱国统一战线"概念，以政治话语的形式确定下来，这突破了之前的提法，进一步扩大了统一战线的范畴。1982 年 12 月，五届全国人大五次会议通过并公布施行经全面修改后的《中华人民共和国宪法》，用根本大法的形式确定了"爱国统一战线"的概念，实现了"爱国统一战线"概念的法律话语确认。确认爱国统一战线的对象，有利于党的统一战线工作接续开展。

二是对爱国统一战线的任务进行锚定，明确新时期历史责任的逻辑支点。"新时期统一战线和人民政协的任务，就是要调动一切积极因素，努力化消极因素为积极因素，团结一切可以团结的力量，同心同德，群策群力，维护和发展安定团结的政治局面，为把我国建设成为现代化的社会主义强国而奋斗。"② 1979 年 8 月 15 日，第十四次全国统战工作会议明确了新时期统一战线肩负的为四个现代化和统一祖国服务的根本任务。1981 年 9 月，叶剑英阐述了关于台湾回归祖国、实现和平统一的"九条方针"政策，以谋求"第三次国共合作"。在"九条方针"的基础上，邓小平同志于 1982 年 1 月会见美国华人协会主席李耀滋时，首次提出"一个国家，两种制度"的概念。五届全国人大五次会议通过的《中华人民共和国宪法》第三十一条规定，"国家在必要时得设立特别行政区"③，为实行"一国两制"提供了宪法保障。1983 年 6 月，邓小平同志强调指出，问题的核心是祖国统一。换言之，此时"一国两制"的方针政策已经具体化并形成了较为完整的理论体系。1986 年 11 月底至 12 月初召开的第十六次全国统战工作会议认为，爱国统一战线已形成新格局。尤其是"两个范围的联盟"的形成，对于促

---

① 《邓小平年谱（1975—1997）》（上卷），中央文献出版社，2004，第 549 页。
② 《十六大以来重要文献选编》（中），中央文献出版社，2006，第 167 页。
③ 《十二大以来重要文献选编》（上），人民出版社，1986，第 156 页。

进改革开放和社会主义现代化建设事业的顺利发展，促进港澳顺利回归祖国、海峡两岸关系发展，以及海内外中华儿女大团结具有重大意义。

三是对爱国统一战线的工作方法进行勘定，明确新时期历史责任的逻辑终点。新时期的爱国统一战线要服务于四个现代化、祖国统一和民族振兴，就要利用一切资源。1979 年 1 月，邓小平同志同胡厥文、胡子昂、荣毅仁等工商界领导人谈话时指出："现在搞建设，门路要多一点，可以利用外国的资金和技术，华侨、华裔也可以回来办工厂。要发挥原工商业者的作用，有真才实学的人应该使用起来。总之，钱要用起来，人要用起来。"[1] 所以，"在我国新的历史时期，统一战线仍然是一个重要法宝，不是可以削弱，而是应该加强，不是可以缩小，而是应该扩大"[2]。循此思路，一方面，就是要发挥统一战线的优良传统，做好政治协商、民主监督、合作共事、广交朋友四件大事，奉行"长期共存、互相监督、肝胆相照、荣辱与共"的多党合作基本方针。同时，要重视推动爱国统一战线的制度化进程，及时总结优良传统和正反经验，并将其转化为相关的制度意见、决定、法律等，从而以明确的规章制度，保障爱国统一战线运行有度、有效、有法。另一方面，无论任何时期，领导权问题都是统一战线最根本的问题。实现中国共产党对统战工作的领导，"一要依靠党的正确的路线和政策及广大党员的先锋模范作用，团结党外人士为实现共同任务而奋斗。二要与党外人士平等协商，认真听取意见，接受监督，使他们理解和接受党的正确主张。三要尊重党外人士的利益，了解他们的思想情况和具体要求，帮助他们解决应该解决的问题。四要发扬自我教育的优良传统，做好思想政治工作"[3]。

2. 确立社会主义市场经济体制后的爱国统一战线

党的十四大明确了建立社会主义市场经济体制的改革目标。随后，党的十四届三中全会通过《中共中央关于建立社会主义市场经济体制若干问题的决定》，对社会主义市场经济体制的基本框架进行了明确规定。党的十五

---

① 《邓小平年谱（1975—1997）》（上卷），中央文献出版社，2004，第 471 页。
② 《邓小平年谱（1975—1997）》（上卷），中央文献出版社，2004，第 570 页。
③ 《十三大以来重要文献选编》（中），人民出版社，1991，第 1201 页。

大报告进一步提出"形成比较完善的社会主义市场经济体制"的目标任务。在社会主义制度下建立市场经济体制，无疑突破了传统的社会主义建设的模式和思路，开辟了社会主义事业的新天地、新境界，也为统一战线的理论创新、实践创新、话语创新提供了新空间。

一是新阶层的出现催生新的概念。改革开放和社会主义市场经济的快速发展，催生出非公有制经济人士等新的社会群体和社会阶层。1989 年 3 月，中央统战部《关于开展私营企业统战工作的几点意见》提出，私营企业者已形成一个新的利益群体，是发展商品经济的一支重要力量，是社会主义初级阶段统战工作的重要对象。江泽民同志在第十九次全国统战工作会议中明确指出："他们为建设有中国特色社会主义事业贡献了力量，应该受到社会的尊重。"① 随后，在庆祝中国共产党成立 80 周年大会的重要讲话中，江泽民同志从贯彻"三个代表"重要思想的战略高度，对非公有制经济人士等的社会属性做出科学论断，明确他们也是有中国特色社会主义事业的建设者。党的十六大报告正式明确提出了"中国特色社会主义事业的建设者"的科学论断，为巩固和发展新世纪最广泛的爱国统一战线提供了科学依据。换言之，爱国统一战线工作开辟了新的领域。在对新阶层开展统战工作时，我们党坚持"团结、帮助、引导、教育"的方针，强调既要鼓励支持，又要帮助教育。"引导他们把自身企业的发展与国家的发展结合起来"，"把个人富裕与全体人民共同富裕结合起来""把遵循市场法则与发扬社会主义道德结合起来"②，其目的是要求新阶层发挥积极作用，帮助更多的人走上富裕之路，从而更好地报效国家、回报社会和服务人民。

二是新成就的涌现，凸显爱国统一战线的发展广度、深度、效度。党外知识分子工作是统一战线的基础性工作，需要大力加强。尤其在社会主义市场经济体制下，知识分子队伍的素质显著提升、规模愈加壮大、流动日益增

---

① 《江泽民文选》（第 3 卷），人民出版社，2006，第 152 页。
② 《江泽民文选》（第 3 卷），人民出版社，2006，第 206~207 页。

多、交流范围越发扩大，作为人才的知识分子的重要性日益增强。由此，党中央明确提出"对出国留学人员实行支持留学、鼓励回国、来去自由的政策"① 的方针。从多党合作工作来看，制度化和规范化的特征愈加明显，主要体现在人民政协职能的发展完善上。八届政协制定的《政协全国委员会关于政治协商、民主监督、参政议政的规定》，成为人民政协开展工作的指导性文件。随着政协参政议政职能的拓展，政协积极开展专题调研和反映社情民意等经常性工作。从民族工作和宗教工作来看，党中央深刻把握时代特征和国际国内民族、宗教问题的发展变化。1992 年 1 月 14 日，江泽民同志在中央民族工作会议上指出："我国民族工作之所以取得如此巨大的成就，最基本的经验，就是我们党始终把马克思主义基本原理同中国民族具体实际相结合"②，同时必须认识到"加快少数民族和民族地区的发展，是我国社会主义事业的本质要求在民族工作上的体现，也是党的民族政策的基本出发点和归宿"③。换言之，加快少数民族和民族地区发展，不仅是一个重大的经济问题，也是一个重大的政治问题。同样，"宗教问题从来就不是孤立存在的，它总是同政治、经济、文化、民族等方面历史和现实的矛盾相交错，具有特殊复杂性"④。因此，要积极引导宗教与社会主义社会相适应，巩固和发展党同宗教界的爱国统一战线。此外，西藏的发展、稳定和安全，事关国家的发展、稳定和安全。因而，新时期的爱国统一战线工作在西藏就是要锚定发展和稳定两件大事，藏传佛教要"维护法律尊严，维护国家利益，维护民族团结，维护国家统一"⑤。

三是新形势的发展，促使早日解决台湾问题、实现祖国完全统一有章可循。改革开放以来，党和政府致力于实现祖国和平统一，按照"一国两制"的伟大构想，实现了香港和澳门的平稳过渡和回归，这为解决台湾问题发挥

---

① 《十四大以来重要文献选编》（上），人民出版社，1996，第 176 页。
② 《江泽民文选》（第 1 卷），人民出版社，2006，第 180 页。
③ 《十五大以来重要文献选编》（中），人民出版社，2001，第 1053 页。
④ 《十五大以来重要文献选编》（下），人民出版社，2003，第 2111 页。
⑤ 《十四大以来重要文献选编》（中），人民出版社，1997，第 1566 页。

了示范引领作用。1997 年 7 月 1 日，江泽民在中英两国政府香港政权交接仪式上指出，"香港回归后，中国政府将坚定不移地执行'一国两制'、'港人治港'、高度自治的基本方针，保持香港原有的社会、经济制度和生活方式不变，法律基本不变"①。1999 年 12 月 20 日，江泽民在中葡两国政府澳门政权交接仪式上指出："中国政府按照邓小平提出的'一国两制'的伟大构想，成功地解决了香港、澳门问题，这是中国人民在完成祖国统一的大业中取得的重大进展。'一国两制'在香港、澳门的实践，已经并将继续为我们最终解决台湾问题发挥重要的示范作用。"② 香港、澳门之所以能够实现平稳过渡和回归，"一国两制"的伟大构想之所以能落实到位、运行有效，根本原因在于党中央从法治的高度着手，依托《香港特别行政区基本法》和《澳门特别行政区基本法》，为祖国的和平统一提供法理依据和制度保障。就台湾问题而言，20 世纪 90 年代初，随着两岸交流的开放，两岸关系进入新的历史时期。1992 年 11 月，海协会与海基会明确"海峡两岸同属一个中国，共同努力谋求国家统一"的共识；以此为契机，海协会与海基会负责人汪道涵与辜振甫实现了历史性会晤，"汪辜会谈"标志着两岸关系愈加坚实。在这一大好形势下，1995 年 1 月 30 日，江泽民同志在中共中央台湾工作办公室、国务院台湾事务办公室等单位举办的新春茶话会上讲话，提出现阶段发展两岸关系、推动祖国和平统一进程的八项主张。1998 年 5 月 11 日，江泽民同志在中央对台工作会议上讲话，提出对台工作"五要"，并提出："争取台湾民心，是完成祖国统一的重要基础"③。第十九次全国统战工作会议上江泽民同志进一步强调："要充分调动和发挥统一战线各阶层、各党派、各团体和各界人士的爱国热情，广泛团结和联合大陆同胞、港澳同胞、台湾同胞和海外侨胞，共同反对'台独'、反对分裂，促进祖国早日完成统一。"④

①　《马克思主义中国化一百年大事记（1921—2021 年）》，中央文献出版社，2022，第 280 页。
②　《十五大以来重要文献选编》（中），人民出版社，2001，第 1077~1078 页。
③　《江泽民文选》（第 2 卷），人民出版社，2006，第 129 页。
④　《江泽民文选》（第 3 卷），人民出版社，2006，第 153 页。

3. 迈向全面建设小康社会新阶段的爱国统一战线

跨入新世纪，我国进入全面建设小康社会、加快推进社会主义现代化的新的发展阶段①。党的十六大确定了到2020年实现全面建成小康社会的奋斗目标。这一时期，国内国际局势深刻变革，统一战线面临的来自内部和外部的风险挑战愈加明显且日益多元。在此背景下，党要求统一战线必须"高举爱国主义、社会主义旗帜，团结一切可以团结的力量，调动一切积极因素，化消极因素为积极因素，为建设有中国特色社会主义的经济、政治、文化服务，为维护安定团结的政治局面服务，为实现祖国完全统一服务，为维护世界和平与促进共同发展服务"②。新世纪新的历史责任使得爱国统一战线工作的开展进入一个关键阶段，党中央要求全党同志必须牢牢把握"推进现代化建设、完成祖国统一、维护世界和平与促进共同发展这三大历史任务"③，明确统一战线工作的趋势特征、功能作用和实践路径。

一是全面建设小康社会新阶段爱国统一战线面临新挑战。党的十六大报告进一步明确了在全面建设小康社会新阶段，新的社会阶层是"中国特色社会主义事业的建设者"的属性定位，以私营企业主为代表的新的社会阶层作为"中国特色社会主义事业的建设者"，已经成为爱国统一战线的重要组成部分。然而，爱国统一战线在新的社会阶层中群众基础还相当薄弱，依然有覆盖不全的问题，部分社会阶层和群体游离于国家政治生活之外。同时，在社会结构转型的关键时期，统一战线内部也面临着诸多新的分化与组合，越来越多的"单位人"变为"社会人"，经济社会的转型伴随着阶层分化，各种利益关系更加复杂、利益矛盾更加凸显、利益诉求显著增多、思想表达更为多元，由此爱国统一战线对象范围大幅拓展，统战工作的实施难度剧增，许多新问题、新情况直接或者间接地暴露出来。在此背景下，爱国统一战线日益成为"全体社会主义劳动者、社会主义事业的建设者、拥护社

---

① 《改革开放三十年重要文献选编》（下），人民出版社，2008，第1745页。
② 《十五大以来重要文献选编》（中），人民出版社，2001，第1489页。
③ 《十六大以来重要文献选编》（上），中央文献出版社，2005，第2页。

会主义的爱国者、拥护祖国统一的爱国者"① 的联盟；将"劳动者""建设者""爱国者"涵盖在内，兼顾各界人士根本利益的一致性，正确对待并包容新的社会阶层的差异性，实现在基本价值认同和政治认同基础上的高度统一。

二是全面建设小康社会新阶段爱国统一战线发挥新的功能。党的十六大以来，统一战线充分发挥凝聚人心、汇聚力量的功能，主要体现为整合各种利益关系、稳定社会政治秩序、繁荣少数民族地区经济以及贯彻落实"一国两制"以维护祖国统一。党不断发挥统一战线的人力资源优势，毫不动摇地鼓励、支持和引导非公有制经济的发展，组织非公有制经济人士参与"光彩事业"、西部大开发和国际竞争，吸引海外留学人员归国服务。同时，积极推进少数民族和民族地区经济社会发展，"广泛开展民族团结进步活动"②，成为全党、全社会的共识，成为中央在新时期对民族工作的重大战略部署。其中，就西藏工作而言，既要明确西藏发展的主要矛盾是人民群众日益增长的物质文化需要同落后的社会生产之间的矛盾，还要清醒地认识到西藏还存在着各族人民同以达赖集团为代表的分裂势力之间的特殊矛盾。这就要求，西藏工作的主题必须是推进跨越式发展、科学发展，"没有跨越式发展，西藏就不可能跟上全国发展步伐；没有科学发展，西藏跨越式发展就难以持久"③。因此，统一战线工作既要"管肚子"，也要"管脑子"；既要推动和谐发展，又要反对分裂。对于宗教界人士和信教群众而言，党的十七大报告将促进宗教关系和谐置于调动一切积极因素壮大爱国统一战线，构建社会主义和谐社会的大背景之下，要求"全面贯彻党的宗教工作基本方针，发挥宗教界人士和信教群众在促进经济社会发展中的积极作用"④，实现了对不同社会力量的正向激发。同时，在"一国两制"方针的全面贯彻下，香港、澳门自回归以来发生巨大变化，尤其是第十二个五年规划第一次使港

① 《改革开放三十年重要文献选编》（下），人民出版社，2008，第1747页。
② 《胡锦涛文选》（第2卷），人民出版社，2016，第477页。
③ 《胡锦涛文选》（第3卷），人民出版社，2016，第312页。
④ 《十七大以来重要文献选编》（上），中央文献出版社，2009，第326页。

澳内容单独成章，采取诸多举措推动港澳地区繁荣稳定。

三是全面建设小康社会背景下爱国统一战线工作的新举措。一方面，加强党对统一战线工作的领导。2006年7月10日，胡锦涛同志在全国统战工作会议上的讲话中再次强调："统一战线作为党的一个重要法宝绝不能丢掉，作为党的一个政治优势绝不能削弱，作为党的一项长期方针绝不能动摇"①，这体现了党中央对统一战线工作的高度重视。党中央为巩固壮大新世纪新阶段最广泛的统一战线，进行深入调查研究，做出系列重大部署，召开全国宗教工作座谈会、中央民族工作会议、全国侨务工作会议、第二十次全国统战工作会议、中央第五次西藏工作座谈会、中央新疆工作座谈会、全国加强和改进工商联工作会议等一系列重要会议，制定通过了关于加强多党合作制度建设、加快少数民族和民族地区经济社会发展、加强新形势下工商联工作、加强人民政协工作、巩固壮大新世纪新阶段统一战线、加强新形势下党外代表人士队伍建设等方面的重要文件，依托《反分裂国家法》《宗教事务条例》等，为统一战线工作的开展提供重要依据和保障。另一方面，加强统一战线队伍教育培训，以科学发展观引领统一战线前进方向。其一，积极开展主题教育活动，用科学的理论成果来提升认识并指导实践。在中国共产党各级党委的支持和协助下，各民主党派、工商联、无党派人士，坚持"自觉、自主、自为"的原则，通过举办培训班、研讨班、座谈会等多种方式，学习党的十七大和历次中央全会精神，结合改革开放30周年、新中国成立60周年和中国共产党成立90周年等重大庆祝活动，把思想和行动统一到中央精神上来，学习科学发展观中有关统一战线的新思想新论述新要求，从而增进政治共识，增强统一战线服务于科学发展的能力。其二，以社会主义核心价值体系坚定统一战线对象理想信念。在统一战线群体中深入持续地开展践行社会主义核心价值体系活动，通过先进人物群体事迹报告会等方式树立典范，在民主党派、无党派人士中广泛开展"学传统、学典型"的活动，系统整理孙起孟、雷洁琼、吴阶平等老一辈党外代表人士与中国共产党

---

① 《十六大以来重要文献选编》（下），中央文献出版社，2008，第542页。

团结合作的生动事例，举办民主党派老一辈优秀品质座谈会，从而使广大民主党派成员和无党派人士学有榜样、赶有目标。其三，以"同心"思想增进统一战线政治共识。"思想上同心同德、目标上同心同向、行动上同心同行"①，是中国共产党领导的多党合作和政治协商制度最鲜明的特质，也是党不断夺取革命、建设、改革事业伟大胜利的有力保证。"同心"思想的提出，体现了新世纪党对统一战线科学规律的把握，有助于推动统一战线发挥引领示范效应，进一步凝聚共识增加力量。

（三）统一战线话语进行深度调适

改革开放和社会主义现代化建设新时期，伴随着马克思主义实事求是思想路线的重新确立、中国特色社会主义制度的开创、社会主义市场经济体制的建立，新的形势下在坚持和发展中国特色社会主义的历史进程中，面对不同于革命和建设时期的新情况、新问题、新挑战，党立足于中国国情，继续丰富马克思主义统一战线思想，实现了统一战线实践前所未有的新发展。党的统一战线话语作为理论的"容器"和实践的表达，在社会结构转型、中心任务转变、社会阶层转换的时代背景下，同样得到深化发展，呈现出"突破革命话语范式—变革既有话语形式—促成新型话语模式"的演进逻辑，为新时代大统战格局的形成奠定了思想理论基础，提供了实践经验资源、做好了制度建构准备。

1.突破革命话语范式：爱国统一战线话语趋向于现代化叙事

所谓革命范式，是革命概念、价值、理论、话语的总和。同时，革命范式具有表达、塑造和指导革命实践的功能。在中国共产党的话语体系中，从现实意义出发，革命主要包括"政治革命和社会革命"，政治革命直指摧毁旧的政治上层建筑，社会革命则着力于确立和发展新的生产关系。实践证明，"政治革命是社会革命的前提和先决条件"，也是"社会革命产生和发

---

① 《十七大以来重要文献选编》（下），中央文献出版社，2013，第811页。

展的必然结果"①。不同于革命时期，改革开放以后，邓小平同志提出"改革是中国的第二次革命"②的重大论断，无疑丰富和发展了革命话语范式，使其从较为单一的范式向多元叠加的范式发展。之所以强调突破革命话语范式，原因在于在革命和建设时期中国共产党一度没有摆脱以"敌我"对立为特征的阶级斗争话语的路径依赖，到党的八届三中全会后，因为偏离了八大确立的正确路线，同时对国内外形势判断失误，毛泽东同志重新提出"无产阶级和资产阶级的矛盾，社会主义道路和资本主义道路的矛盾，毫无疑问，这是当前我国社会的主要矛盾"③，导致阶级斗争扩大化，党的统一战线话语由此受到严重破坏。

党的十一届三中全会重新确立了马克思主义的思想路线、政治路线和组织路线，明确了中国社会的主要矛盾，果断结束"以阶级斗争为纲"，作出把党和国家工作中心转移到经济建设上来，实行改革开放的历史性决策，党的统一战线工作由此进入新的发展时期。社会主要矛盾的转换，突破了革命话语的范式，肯定了现代化建设的中心地位。由此，邓小平同志指出："我们的国家进入了以实现四个现代化为中心任务的新的历史时期，我们的革命统一战线也进入了一个新的历史发展阶段。"④而爱国统一战线话语不仅继承和发展了革命统一战线话语和人民民主统一战线话语，还对以"阶级斗争"为核心的革命话语范式进行了突破创新，担负着推动实现社会主义现代化和祖国统一的主题任务，爱国统一战线话语也趋向于现代化叙事，着眼于全面建设小康社会。正如邓小平同志指出的，"社会主义现代化建设是我们当前最大的政治，因为它代表着人民的最大的利益、最根本的利益"⑤。随着非公有制经济日渐成为社会主义市场经济的重要组成部分，以私营企业主和个体工商业者为代表的新的社会阶层出现，"中国特色社会主义事业的

---

① 王沪宁主编《政治的逻辑——马克思主义政治学原理》，上海人民出版社，2016，第544页。
② 《改革开放三十年重要文献选编》（上），中央文献出版社，2008，第380页。
③ 《建国以来重要文献选编》（第10册），中央文献出版社，1994，第606~607页。
④ 《改革开放三十年重要文献选编》（上），中央文献出版社，2008，第50页。
⑤ 《改革开放三十年重要文献选编》（上），中央文献出版社，2008，第32页。

建设者"的概念被提出，爱国统一战线话语从政治话语、法律话语、实践话语多个维度得到确证，其现代化叙事的特征更偏重于服务治国理政，革命话语范式也由此得到扬弃。

2. 变革既有话语形式：爱国统一战线话语趋向于制度化形塑

改革开放和社会主义现代化建设新时期，中国共产党的统一战线工作，在沿袭诸多优良传统特别是独特优势的同时，逐渐通过制度化的形式固定下来，从而使统战成员从简单对立的"阶级认同"转向以爱国主义、社会主义为内核的"政治认同"。话语源于实践，统一战线话语的诸多形式来源于统战工作的实践经验。随着社会经济的转型，统一战线范围得到进一步拓展，涵盖面越来越广阔，成员日益增多，内部构成处于不断变化发展的状态。一是面对社会各阶层的日益分化，人民群众表达自身利益诉求的愿望不断增强，对社会民主和政治参与的要求不断提高，政治参与的热情、水平和能力不断增强。二是中国特色社会主义事业的建设者组成广泛的、爱国的统一战线，在思想观念、价值取向、行为方式上呈现出显著的多样性和差异性。例如，各民主党派成员、无党派人士、党外知识分子、少数民族人士、宗教界人士、非公有制经济人士和海内外同胞等，总体上认同中国特色社会主义道路，但新老成员在"政治认同"上存在参差不齐的现象，且由于思想观念和价值取向的隐蔽性较强，统一战线引导工作的开展难度较大。三是社会转型期是矛盾集中、多发期，以民族、宗教工作的复杂性和非公有制企业履行社会责任的不确定性为典型，特定群体、特定时期、特定空间中存在对抗性和封闭性特质，因而如何应对群体突发性事件、维护社会和谐稳定、保障大多数人利益，是统战工作必须直面的重要问题，也是爱国统一战线话语深入调适的着力点和落脚点。

从制度变革的角度来看，制度伴随实践的发展而发展，同时制度也在不断塑造和规范实践。而观念是制度的基石，它以话语的形式呈现出来。正如马克思所认为的，"观念不能离开语言而存在"①。因此，在改革开放和社会

① 《马克思恩格斯文集》（第8卷），人民出版社，2009，第57页。

主义现代化建设新时期，在社会转型的时代背景下，观念的变革、价值的更新、规范的重塑，共同作用于爱国统一战线话语，从而推动既有统一战线话语形式变革。据此而言，话语同制度的关系就是，话语最终指向制度，制度的最初形态就是话语，而观念介于话语和制度之间。因而，话语的首要作用就是表明制度的价值取向，就是要推动统一战线形成团结、稳定、开拓、活跃的良好局面。质言之，爱国统一战线话语之所以能对实践进行制度化形塑，原因在于爱国统一战线话语的制度化进程，逐渐发挥出自身规范统一战线工作、调整统一战线关系、配置统一战线权力和权利、建立统一战线体制机制的常态化作用。因此，爱国统一战线话语的制度化进程深刻影响、塑造乃至左右统战工作的实践样态、实践品格和实践走向。这样，爱国统一战线话语的制度化趋向，既对原有的统一战线话语形式和统战工作实践领域施加影响，又对正在形成或者尚未形成的统一战线话语形式和统战工作实践领域进行形塑，爱国统一战线话语由此实现从应然到实然、从感性到理性、从初塑到重塑的跨越。

　　3. 促成新型话语模式：爱国统一战线话语趋向于社会化发展

　　所谓模式，指的是对惯例和经验进行抽象总结而生成的某种规律，并且这种规律是以解决实际问题为导向的。面对改革开放以来新的世情、国情和党情，尤其是在国家和社会关系不断调适、社会力量不断成长壮大、社会阶层日益分化多元、社会经济结构发生深刻变革的新的时代情势和历史方位下，爱国统一战线工作的重心逐渐下沉，社会各阶层的联系也更为紧密。相应的，依托爱国统一战线工作的社会化进程，爱国统一战线话语也趋向社会化发展，并逐渐形成一套符合时代发展规律的新模式。一方面，改革开放以来，统战工作的领域拓展促进了话语的社会化。统战话语逐步从政治领域拓展到经济、文化和社会领域。统战工作的格局由"一元统战"向"多元统战"转变，要求必须对社会各阶层、各群体、各行业采用行之有效的统一战线话语体系。随着统一战线工作重心的下移，面对繁重的基层统战工作，必须及时总结经验以便生成新的符合社会发展要求的统战话语。伴随统战工作主体对象由"单位人"向"社会人"转变，统战工作由单位向社区拓展，既有的符合单位模式的统战话语相应发生改变。这些新的变化，共同作用于新型话语模式的建构。新型话语模式既注重统一战线话语的多样性，增强其服务大众的特质；又关注统一战线话语的指向性，明确其凝聚共识的目标。另一方面，改革开放以来，统战工作的方式多样化加速了话语的社会化。依托作为物质载体的多样化的统战工作平台——对话沟通平台、招商引资平台、智力服务平台、建言献策平台、宣传调研工作平台等，以"党外知识分子联谊会""归国留学人员联谊会""非公企业维权投诉服务中心""乡村联谊会"等为代表的统战工作组织，能够有效地以符合各个党派、民族、宗教、阶层、海内外同胞工作实际的话语凝聚力量，提高统战工作的实效性。同时，以互联网为主的大众传媒也日益成为统战工作的重要载体，成为宣传教育、沟通交流、收集民意的重要渠道和平台。因而，统一战线话语的社会化面向，使自身在互联网中有效发挥作用，从而使统战工作更具针对性、科学性、预防性，进一步推动统战新型话语模式的建构。爱国统一战线话语的社会化发展趋势表明，作为一种新型话语模式，其已经逐渐从统战工作的实践经验中抽离出来，有必要对其进行新的规律性的总结，从而使其继续指导新的统战工作实践。

四　创新与重塑：中国特色社会主义新时代统一战线话语的守正创新

随着中国特色社会主义进入新时代，统一战线也进入新的历史阶段，发展成为新时代爱国统一战线。党的十八大召开后，以习近平同志为核心的党中央，紧紧围绕实现"两个一百年"奋斗目标和实现中华民族伟大复兴的中国梦，举旗定向、谋篇布局、攻坚克难、强基固本，开辟了治国理政新境界，开创了党和国家事业发展新局面，形成一系列新思想、新观点、新论断，进一步丰富和发展了党的科学理论，为在新的起点上实现新的奋斗目标提供了基本遵循。习近平总书记在主持十八届中央政治局第一次集体学习时强调指出："建设中国特色社会主义，总依据是社会主义初级阶段，总布局是五位一体，总任务是实现社会主义现代化和中华民族伟大复兴"①，对总依据、总布局和总任务等概念进行了深刻阐释，为未来工作的开展定了基调。"五位一体"总体布局和"四个全面"战略布局的提出对新时代爱国统一战线工作提出全新要求：巩固和发展最广泛的爱国统一战线，为实现中华民族伟大复兴中国梦提供广泛力量支持。这也体现出党对统一战线新的历史方位的深刻认识、对统一战线时代任务的深刻洞见、对统一战线发展规律的科学把握。

（一）立足百年变局建构大统战工作格局

党的十八大以来，习近平总书记多次指出，"当今世界正在经历百年未有之大变局"②。这是我们党立足中华民族伟大复兴战略全局，科学认识全球发展大势、深刻洞察世界格局变化而作出的重大判断。统一战线是党的总路线总政策的重要组成部分，在党领导人民进行革命、建设、改革的不同历史时期发挥重要作用。着眼于百年未有之大变局加速演进的时代背景，立足于全面建设社会主义现代化国家、实现中华民族伟大复兴的中心任务，基于当前我国社会结构发生深刻变化的现实情况，在多重因素的共同推动下，统一战线工作必然要随着党的中心任务和世情国情的发展变化而变化。因此，基于新时代爱国统一战线所面临的时和势、所肩负的使命和任务、所面临的机遇与挑战，调动各方力量的积极性，形成大统战格局，是当前统一战线建设的关键所在。

1. 世界百年变局加速演进，新时代统战工作的功能更加强化

国际秩序和格局发生了深刻变革，各国人民的命运日益紧密相连。和平与发展仍然是时代主题，但世界面临的不稳定、不确定因素正在增加，人类面临许多共同挑战。各种传统和非传统的安全威胁持续蔓延，经济全球化遭遇逆流，乌克兰危机、巴以冲突爆发导致地缘政治紧张，大国博弈持续升

---

① 《习近平谈治国理政》（第1卷），外文出版社，2018，第10页。
② 《十九大以来重要文献选编》（上），中央文献出版社，2019，第640页。

温，世界进入新的动荡变革期。我国也面临着复杂严峻的国际形势和前所未有的外部风险挑战。以美国为首的西方国家，全方位加大对华遏制力度，围堵打压、颠覆渗透、阴谋分裂、和平演变与贸易战等手段接连不断、层出不穷，已经严重威胁到中国的主权、安全和发展利益。面对各种外部风险挑战，中国共产党始终强调，"走和平发展道路，是我们党根据时代发展潮流和我国根本利益作出的战略抉择"[①]，"坚持走和平发展道路，但决不能放弃我们的正当权益，决不能牺牲国家核心利益。任何外国不要指望我们会拿自己的核心利益做交易，不要指望我们会吞下损害我国主权、安全、发展利益的苦果"[②]。这实质上为新时代统一战线工作制定了标准和尺度，确定了原则底线。

新时代新征程，中国共产党治国理政的实践表明，爱国统一战线的工作不仅没有过时，而且在维护国家主权、安全、发展利益方面发挥更加重要的作用。"世界正在经历百年未有之大变局，既是大发展的时代，也是大变革的时代。"[③] 因而，如何正确认识和应对大变局及其带来的机遇与挑战，对统一战线工作的开展而言，便显得尤为重要。一方面，统战工作不应局限于某一领域，而应是全党共同的工作，全党必须予以重视群策群力。当前的统一战线涉及诸多工作领域，而且有些领域已经成为反分裂反渗透反颠覆斗争的最前沿、国际斗争的重要方面。必须发挥所有党员、党的干部和党的组织的功能作用，调动一切积极因素，凝聚强大的统战合力。另一方面，统一战线凝聚人心、汇聚力量的工作更为紧迫。《中国共产党章程》的总纲中规定，共产党员必须同党外群众亲密合作，共同为建设中国特色社会主义而奋斗。统一战线通过既团结又斗争的工作方式，团结一切可以团结的力量，将消极因素转化为积极因素，充分发挥联系广泛、润物无声的话语优势，既能够对外讲好中国故事，不断壮大知华友华力量，营造于我有利的国际环境，又能同打着所谓"民主""自由""人权"等幌子肆意干涉我国内政的行为

---

① 《习近平谈治国理政》（第 1 卷），外文出版社，2018，第 247 页。
② 《习近平谈治国理政》（第 1 卷），外文出版社，2018，第 249 页。
③ 《习近平谈治国理政》（第 4 卷），外文出版社，2022，第 463 页。

作坚决斗争，同各种围堵、打压、颠覆、分裂活动作斗争，对实施和平演变和策动"颜色革命"的敌对势力予以有力回击，坚定维护国家核心利益和捍卫国家政治安全。

2. 实现中华民族伟大复兴，新时代统战工作的责任更加重大

世界百年未有之大变局、国内的改革发展稳定任务，要求统一战线充分发挥制度优势，着力解决人心和力量问题，不断为国家治理现代化凝聚人心，为全面建设社会主义现代化国家凝聚力量。全面建设社会主义现代化国家、实现中华民族伟大复兴，是中国共产党百年奋斗的主题，也是统一战线工作所肩负的总目标。正如习近平总书记所指出的，"现在，我们比历史上任何时期都更接近中华民族伟大复兴的目标，比历史上任何时期都更有信心、有能力实现这个目标"[①]，但"中华民族伟大复兴绝不是轻轻松松、敲锣打鼓就能实现的"[②]。这是因为，"我们的目标越伟大，我们的愿景越光明，我们的使命越艰巨，我们的责任越重大，就越需要汇聚起全民族智慧和力量，就越需要广泛凝聚共识、不断增进团结"[③]。

其一，服务经济社会发展。中华民族历来具有尚贤爱才的优良传统，人才资源已经成为经济社会发展的第一资源，实现中华民族伟大复兴的宏伟目标决定了新时代的中国比历史上任何时期都更加渴求人才，而统一战线因其独特优势，集聚了各领域、各阶层的干部人才、创新人才等优秀人才，从而能够确保为全面建设社会主义现代化国家提供坚强的人才保证和智力支持。尤其是对于高校和留学人员而言，作为统战工作的战略要地、开展统战工作的缩影以及展示统战工作法宝作用的窗口，其中蕴含丰富的人才资源，因而必须对其加强思想政治引导，以增进其政治认同。特别是留学人员作为科技创新的开拓者、创业大潮的生力军、治国理政的智囊团，在促进社会管理创新、实施科教兴国战略、推动经济持续发展中发挥着重要作用。留学人员还积极充当中国企业国际化和跨国企业中国化的重要纽带，充当促进中外友好

---

① 《习近平谈治国理政》（第 2 卷），外文出版社，2017，第 57 页。
② 《习近平谈治国理政》（第 3 卷），外文出版社，2020，第 101 页。
③ 《十八大以来重要文献选编》（中），中央文献出版社，2016，第 68 页。

交流的民间大使，在加强国际交流合作中发挥重要作用。因此，"要实行更加开放的人才政策，不唯地域引进人才，不求所有开发人才，不拘一格用好人才，在大力培养国内创新人才的同时，更加积极主动地引进国外人才特别是高层次人才，热忱欢迎外国专家和优秀人才以各种方式参与中国现代化建设"①。其二，推进国家治理现代化。党的十九届四中全会提出"推进国家治理体系和治理能力现代化"的重要命题，为全面建设社会主义现代化国家、实现中华民族伟大复兴提供了目标指向和制度保障。统一战线已然成为国家治理体系的重要组成部分，中国新型政党制度、民族区域自治制度、社会主义协商民主制度、领导干部与党外代表人士联谊交友制度、政企沟通协商制度等是国家治理体系的重要制度支撑，统一战线的制度化不仅是国家治理现代化的必然要求，而且有助于发挥制度集成创新的独特优势。其三，维护社会和谐稳定。统一战线是重要的社会"解压阀"，在凝聚共识、协调关系、化解矛盾、理顺情绪等方面具有独特优势，尤其是在加速推进的现代化进程之中，能够迅速地增强社会各界的联系，有效调动和整合社会资源，进而能够通过沟通协商、教育引导等多种方式，以马克思主义为指导，对现代化进程中的多元价值观进行引领和整合，并形成以合作协商为导向的良性政治文化，从而发挥其凝聚人心、稳固人心的作用，消弭社会中或明显或潜在的风险或危机，进而促进社会和谐稳定，进一步夯实推进中国式现代化的思想基础和物质基础。

3. 社会结构发生深刻变化，新时代统战工作的形态发生变化

当今世界正经历百年未有之大变局，且"当代中国正经历着我国历史上最为广泛而深刻的社会变革"②，中国特色社会主义进入新时代，党的阶级基础和党的群众基础的作用更加重要。一是统一战线的基础没有改变，根本上是工农联盟。但随着社会生产力水平的提高，新型产业工人和农民工大量涌现。二是非公有制经济的发展规模和影响范围持续扩大，"非公有制经

---

① 《习近平关于社会主义政治建设论述摘编》，中央文献出版社，2017，第124~125页。
② 《习近平关于社会主义文化建设论述摘编》，中央文献出版社，2017，第180页。

济组织数量已经占到市场主体的百分之九十左右，创造的国内生产总值超过百分之六十"①，因而制定或推出促进非公有制经济健康发展和非公有制经济人士健康成长的政策举措，便具有重要的现实意义。三是知识分子大众化的趋势日益明显，"知识分子是生产力的开拓者、文化的创造者、知识的传播者，必须把他们紧紧团结在党的周围，发挥他们的智慧和才能"②。党外知识分子、"两新"组织中的知识分子（如律师、会计师、评估师、税务师等专业人士）等新的社会阶层力量不断壮大，党不仅要提升做思想政治工作的本领，还要对新社会阶层人士进行重点培养，使新社会阶层组织起来，从而发挥其积极作用。四是侨社主体新老交替，必须考虑且关注到部分新华侨华人和华裔新生代对祖国（籍）感情逐渐淡薄的现实问题。五是"随着互联网快速发展，包括新媒体从业人员和网络'意见领袖'在内的网络人士大量涌现"③，互联网日益成为舆论生成、信息传播、思想交锋相叠加的策源地、集散地、主战场和主阵地，网络人士也成为影响我国经济社会发展的一支重要力量。

概言之，新时代统一战线广大成员的思想观念、价值取向、行为方式、利益诉求等更加多元，这就要求中国共产党必须"正确处理一致性和多样性关系，关键是要坚持求同存异"，既要"不断巩固共同思想政治基础，包括巩固已有共识、推动形成新的共识"，又要"充分发扬民主、尊重包容差异"④。

（二）接续推进统战工作体制机制的改革

党的十九大以来，随着全面深化改革向纵深发展，国内外环境不断发生深刻变化，越来越要求在推进国家治理体系和治理能力现代化方面下足功夫。党的十九届四中全会强调，必须构建系统完备、科学规范、运行有效的

① 《十八大以来重要文献选编》（中），中央文献出版社，2016，第559页。
② 《习近平关于社会主义政治建设论述摘编》，中央文献出版社，2017，第133页。
③ 《习近平关于网络强国论述摘编》，中央文献出版社，2021，第65页。
④ 《习近平谈治国理政》（第2卷），外文出版社，2017，第304页。

制度体系，从而把中国制度优势更好转化为国家治理效能。习近平总书记在中央经济工作会议上提出，要立足新发展阶段、贯彻新发展理念、构建新发展格局。在此背景下，新时代党的统战工作的体制机制，同样迫切需要进行符合时代发展要求的改革创新；迫切需要集中全党全社会全体人民的智慧力量，最大限度调动一切积极因素，进而冲破思想观念桎梏，攻破制度路径依赖的梗阻、突破利益固化的藩篱。

1. 坚持政治引领：实现统战工作由"圆周"向"圆心"聚合

统一战线是中国共产党领导的统一战线。统一战线的目的，就是团结带领各方面党外人士同党一道前进。党的十八大以来，在以习近平同志为核心的党中央坚强领导下，中国共产党"解决了许多长期想解决而没有解决的难题"，但同时也必须清醒地认识到，党的"工作还存在许多不足，也面临不少困难和挑战"①。因而，新时代统战工作就是要克服"统一战线不统一"的问题。2015 年 5 月 18 日，习近平总书记在中央统战工作会议上讲话，对新形势下需不需要统一战线、需要什么样的统一战线、怎样巩固和发展统一战线等重大问题进行阐述分析，强调指出："做好新形势下统战工作，必须掌握规律、坚持原则、讲究方法，最根本的是要坚持党的领导。"② 党的十九届六中全会对党百年奋斗的历史经验进行了总结，也对统战工作所取得的历史性成就进行了分析，着力推动全党全国各族人民形成共识，即统战工作必须要靠全党共同来做，确保党在统战工作中的领导地位和执政地位不动摇。概言之，"党对统一战线的领导主要是政治领导，即政治原则、政治方向、重大方针政策的领导，主要体现为党委领导而不是部门领导、集体领导而不是个人领导"，同时也要"尊重、维护、照顾同盟者的利益"③。2022年 7 月 29 日至 30 日，在北京召开的中央统战工作会议上，习近平总书记用"十二个必须"和把握好"四种关系"谈做好统战工作：必须充分发挥统一战线的重要法宝作用、必须解决好人心和力量问题、必须正确处理一致性和

① 《习近平谈治国理政》（第 3 卷），外文出版社，2020，第 7 页。
② 《十八大以来重要文献选编》（中），中央文献出版社，2016，第 561 页。
③ 《十八大以来重要文献选编》（中），中央文献出版社，2016，第 561 页。

多样性关系、必须坚持好发展好完善好中国新型政党制度、必须以铸牢中华民族共同体意识为党的民族工作主线、必须坚持我国宗教中国化方向、必须做好党外知识分子和新的社会阶层人士统战工作、必须促进非公有制经济健康发展和非公有制经济人士健康成长、必须发挥港澳台和海外统战工作争取人心的作用、必须加强党外代表人士队伍建设、必须把握做好统战工作的规律、必须加强党对统战工作的全面领导；把握好固守圆心和扩大共识的关系、潜绩和显绩的关系、原则性和灵活性的关系、团结和斗争的关系。①

中国共产党通过国家制度安排实现了充分凝聚共识、谋求最大公约数、画出最大同心圆的目标，构筑了同心圆政治格局。习近平总书记指出："中国共产党是中国特色社会主义事业的领导核心，处在总揽全局、协调各方的地位。党政军民学，东西南北中，党是领导一切的，是最高的政治领导力量。"② 统一战线工作事关全局、关乎长远。一方面，统战工作涉及民主党派、党外知识分子、非公有制经济人士，民族、宗教、港澳、侨务、对台等方面。各级党委（党组）必须把统战工作摆上重要议事日程，各部门各单位要增强统战意识，形成强大合力。从实际来看，要创造性地把党中央决策部署落到实处，进一步完善大统战工作格局。另一方面，统战部门必须立足新形势加强自身建设。统战部门作为党委主管统战工作的职能部门，本身具有"参谋、组织、协调、督促的作用"③，而要更好地发挥这些作用，必须加强党对民族、宗教和侨务工作的集中统一领导，进而充分发挥党总揽全局、协调各方的领导核心作用，彰显我国社会主义政治制度优越性。单靠任何一个部门无法做好统战工作，无法应对各种突发事件，无法保障社会和谐稳定和经济繁荣发展。因而，必须形成统战合力，凝聚目标共识。质言之，只有固守圆心，才能张弛有度、施行有效、运行有力。

2. 注重制度建设：保障统战工作由"优势"向"效能"转化

中国特色社会主义制度优势是我国的最大优势，革命、建设和改革实践

---

① 《中央统战工作会议召开，习近平再次强调这个"重要法宝"》，共产党员网，https：//www. 12371. cn/2022/07/31/ARTI1659253806463939. shtml。

② 《习近平关于社会主义政治建设论述摘编》，中央文献出版社，2017，第30页。

③ 《习近平关于社会主义政治建设论述摘编》，中央文献出版社，2017，第139页。

表明，只强调制度优势远远不够，最终必须要落在实处，切实发挥制度优势所具备的治理能力。坚持和完善中国特色社会主义制度、推进国家治理体系和治理能力现代化，是习近平新时代中国特色社会主义思想的重要内容，是把新时代改革开放推向前进的根本要求，是应对风险挑战、赢得主动的有力保证。同时，实现国家治理体系和治理能力现代化，离不开一整套成熟、定型的制度体系。因而新时代必然要通过制度建设来提高统一战线各项工作的科学化规范化程序化水平，进而实现统一战线制度优势向治理效能转化。

　　一方面，通过完善党内法规实现党对统战工作的引领与规制。2013 年 11 月，中共中央印发《中央党内法规制定工作五年规划纲要（2013—2017 年）》，这是党的历史上首次编制党内法规制定工作五年规划，是加强党的制度建设的一项战略工程。其中提出"制定《中国共产党统一战线工作条例》，完善党领导统一战线工作的体制机制，更好地促进政党关系、民族关系、宗教关系、阶层关系、海内外同胞关系的和谐。研究完善社会主义协商民主方面的制度规定，健全协商民主工作机制，推进协商民主广泛、多层、制度化发展"①。同时，中共中央印发《关于加强社会主义协商民主建设的意见》《关于加强政党协商的实施意见》《关于加强人民政协协商民主建设的实施意见》《关于营造更好发展环境支持民营企业改革发展的意见》《关于加强新时代民营经济统战工作的意见》，为社会主义协商民主建设、政党协商、人民政协协商民主建设、促进民营经济健康发展和民营经济人士健康成长，构建了程序合理、环节完整的制度体系，有效拓宽了国家政权机关、政协组织、党派团体、基层组织、社会组织的协商渠道。《中国共产党统一战线工作条例》（简称《条例》）的出台，使得统一战线结构体系日趋完善。《条例》作为有关统战工作的第一部党内法规，将构建大统战工作格局提升为统一战线工作的原则，为统一战线事业发展提供了政治保障、组织保障、法治保障。同时，《条例》对于提高统战工作科学化、规范化、制度化水平具有重要意义。质言之，《条例》对统一战线各领域工作有关规定和具

---

① 《十八大以来重要文献选编》（上），中央文献出版社，2014，第 482 页。

体表述的完善，必将有效推进新时代大统战工作格局的完善。

另一方面，通过明确职能属性强化党对统战工作的高效领导。统战部作为党委主管统战工作的职能部门，是党委统战工作的参谋机构、组织协调机构、具体执行机构、督促检查机构，担负着了解情况、掌握政策、协调关系、安排人事、增进共识、加强团结等重要职能①。2018年2月26日，习近平总书记在关于深化党和国家机构改革决定稿和方案稿的说明中指出："为加强党的集中统一领导，减少党政部门职责交叉，将国家宗教事务局、国务院侨务办公室并入中央统战部，统一管理宗教工作、侨务工作，同时由中央统战部统一领导国家民族事务委员会。这有利于把缺位的职责补齐，让交叉的职责清晰起来，提高工作效能。"② 这进一步明确了党和国家关于统战系统机构改革的目标、原则和方向。2018年3月21日，中共中央印发的《深化党和国家机构改革方案》对此进行了更为详细的阐释，首要突出的就是中央统战部对国家民族事务委员会、对宗教和侨务工作的统一领导和管理，将加强党的集中统一领导置于各项工作开展的核心地位。将国家民族事务委员会归口中央统战部领导，将国家宗教事务局、国务院侨务办公室并入中央统战部，实现了统战工作的主要职责调整，有助于把统战部门建设成为让党中央放心、人民群众满意的模范机关，从而切实照顾到同盟者的利益以确保各项统一战线工作有序开展。同时，统战部要加强党的政治建设、思想建设、组织建设、作风建设和纪律建设，着力增强"四个意识"，将"党的意志和主张贯彻到统一战线工作各方面和全过程"③，切实建立起涵盖多部门、多单位的统一战线工作联席会议制度，使统战部系统和非统战部系统建立良好的沟通、协调和联动机制，从而为提高效率效能，积极构建系统完备、科学规范、运行高效的大统战格局提供有力的制度保障。

3. 统筹两个大局：推进统战工作由"国内"向"国际"拓展

随着党和国家机构深化改革，大统战工作格局已经基本形成。历史与实

---

① 《习近平关于社会主义政治建设论述摘编》，中央文献出版社，2017，第138页。
② 《十九大以来重要文献选编》（上），中央文献出版社，2019，第245页。
③ 《中国共产党统一战线工作条例》，人民出版社，2021，第30页。

践充分证明，"正确的战略需要正确的策略来落实。策略是在战略指导下为战略服务的"①。进入新时代，为实现治理体系和治理能力的现代化，充分发挥党和国家体制机制的协同效能，统战工作已经成为全党和全社会的工作，而非专门属于统战部的工作。同样，统一战线对象的范围也逐渐扩大，其边界日趋拓展，覆盖面逐渐扩大。统一战线的工作方式、手段、机制也更加灵活，能够有效应对各种风险挑战和复杂局面。换言之，随着统战工作体制机制改革的持续深入，统一战线工作的目标、对象、范围、方法和制度等逐渐发挥出"溢出效应"，其话语凝聚力、辐射力和穿透力明显增强，逐渐形成具有国际影响力的话语表达体系。

一方面，统筹国内大局、整合力量、扩大共识是新时代党的统一战线工作的策略遵循。人是一切社会关系的总和，故而统一战线本质上是做人的工作，是为了壮大共同奋斗的力量。2019 年 5 月，习近平总书记指出："领导干部要胸怀两个大局，一个是中华民族伟大复兴的战略全局，一个是世界百年未有之大变局，这是我们谋划工作的基本出发点。"② 新时代新征程，不断提高统一战线工作的实效性，关键就在于从各种形式的社会关系入手，抓住这一工作的核心和关键。继续推进国内统战工作体制机制改革，一是要坚持和完善中国共产党领导的多党合作和政治协商制度，从而更好地彰显中国新型政党制度的独特优势；二是要坚持和完善民族区域自治制度，坚定不移走中国特色解决民族问题的正确道路；三是要全面贯彻新时代党的宗教工作理论和方针政策，使宗教的发展同社会主义社会发展相统一；四是要持续加强对党外知识分子和新社会阶层人士的统战工作，既要发挥出其在社会主义现代化建设中的重要作用，又要在积极引导的过程中贯彻和强化共同的奋斗纲领；五是要促进非公有制经济健康发展和非公有制经济人士健康成长，全面构建"亲""清"政商关系，切实培育和践行社会主义核心价值观；六是要做好港澳台统战工作和侨务工作，坚持贯彻新时代党解决台湾问题的总体

---

① 《习近平谈治国理政》（第 4 卷），外文出版社，2022，第 31 页。
② 《习近平谈治国理政》（第 3 卷），外文出版社，2020，第 77 页。

方略，形成共同致力于民族复兴的强大力量；七是要做好网络统战工作，走好网络群众路线，构建网上网下同心圆，更加广泛地聚合正能量。

另一方面，统筹国际大局，反塑秩序，这是新时代党的统战工作的战略部署。习近平总书记指出："爱国统一战线是中国共产党团结海内外全体中华儿女实现中华民族伟大复兴的重要法宝。"① "必须坚持大团结大联合，坚持一致性和多样性统一，加强思想政治引领，广泛凝聚共识，广聚天下英才，努力寻求最大公约数、画出最大同心圆"②。构建相互尊重、公平正义、合作共赢的国际新秩序与人类命运共同体有助于切实把"自身发展同国家、民族、人类的发展紧密结合在一起"，进而"凝聚不同民族、不同信仰、不同文化、不同地域人民的共识，共襄构建人类命运共同体的伟业"③。概言之，国际统一战线工作的顺利开展，就是要"以中国的新发展为世界提供新机遇"④。因此，在坚持党的全面领导下，既要培育大统战思维，坚持以最大公约数的思维方法来解决问题，最大限度地凝聚力量、争取人心，又要坚持共赢理念，尊重和照顾国内国际同盟者的利益，还要坚持团结理念，要不断扩大团结面，广交朋友、深交朋友，不断拓展团结的广度深度。

（三）推动统一战线话语形成创新性表达

新时代爱国统一战线话语的创新性表达主要通过开辟统战话语思想意涵新境界、融通统战话语范畴关系新路径和构建统战话语新格局而展开，体现了统战话语的与时俱进和实践指向，丰富和发展了马克思主义统一战线思想。

1.返本开新：开辟新时代爱国统一战线话语接续发展新境界

中国特色社会主义进入新时代，以习近平同志为核心的党中央高度重视传承和弘扬中华优秀传统文化。党的十九届六中全会通过的《中共中央关

---

① 《习近平谈治国理政》（第4卷），外文出版社，2022，第13页。
② 《习近平谈治国理政》（第4卷），外文出版社，2022，第13页。
③ 《习近平谈治国理政》（第3卷），外文出版社，2020，第435页。
④ 《习近平谈治国理政》（第4卷），外文出版社，2022，第12页。

于党的百年奋斗重大成就和历史经验的决议》中提出了"把马克思主义基本原理同中国具体实际相结合、同中华优秀传统文化相结合"①的重大论断，并指出"中华优秀传统文化是中华民族的突出优势，是我们在世界文化激荡中站稳脚跟的根基，必须结合新的时代条件传承和弘扬好"②。因此，新时代爱国统一战线话语既是马克思主义与中国具体实际相结合的产物，也是继承和发展中华优秀传统文化的产物。充分挖掘统一战线话语的传统文化渊源，有助于使中华民族最基本的文化基因与当代文化相适应，与现代社会相协调，不断开辟新时代爱国统一战线话语思想意涵的新境界。一是"大一统"思想。自古以来，"大一统"既是政治历史的理想，也是政治历史的传统。其中蕴含着对民族、国家、地区、世界和谐稳定的政治认同和情感共识。从《礼记·王制》对"五方之民"的定义，到《春秋公羊传·隐公元年》首提"大一统"的概念，后期的儒家和法家从王道和霸道两方面，对其进行了充分的论证与发展，为统一多民族国家的形成奠定了文化历史基础。二是"天下为公"思想。从古至今，"天下为公"思想所体现的"民惟邦本，本固邦宁"（《尚书·五子之歌》）的治国理念，是爱国主义的重要内容。"天下为公"的概念始见于《礼记·礼运》，孔子将"礼"同"仁"视为实现大同的重要手段。孟子则更为聚焦，主张君主施政要以民为贵，民本思想得以不断发展。从黄宗羲提出"天下为主，君为客"（《明夷待访录·原君》），到近代康有为在《大同书》中阐释"人人皆公，人人皆平"的理想大同社会，再到孙中山以"天下为公"阐释民权主义，这些都成为中华优秀传统文化宝贵的思想资源。三是"和合"思想。中国古代"和合"思想从人与自身、人与人、人与社会、人与自然出发，相继阐发了克己复礼、仁者爱人、和为贵、天人合一等思想。这些优秀的传统文化思想都被吸收到习近平总书记爱国统一战线话语中。四是"和而不同"思想。《国语·郑语》载："夫和实生物，同则不继"，不同的事物融合在一起才能产生新

---

① 《中共中央关于党的百年奋斗重大成就和历史经验的决议》，人民出版社，2021，第 24 页。
② 《中共中央关于党的百年奋斗重大成就和历史经验的决议》，人民出版社，2021，第 46 页。

事物。习近平总书记在中央统战工作会议上指出，做好新形势下统一战线工作，必须正确处理一致性和多样性的关系，不断巩固共同思想政治基础，同时要充分发扬民主、尊重包容差异，尽可能通过细致耐心的工作找到最大公约数。① 换言之，和而不同就是要求同存异，因此在处理五大关系的过程中，就要兼顾各方利益，秉持和而不同的理念，坚持求同存异的方法，实现聚同化异的目标。

概言之，要不断开辟爱国统一战线话语思想意涵的新境界，就必须坚持"四个自信"，尤其要"把优秀传统文化的精神标识提炼出来、展示出来，把优秀传统文化中具有当代价值、世界意义的文化精髓提炼出来、展示出来"②，从而为解决人类共同问题提供中国智慧、贡献中国力量、凝聚世界共识。

2. 接续重塑：融通新时代爱国统一战线话语范畴关系新路径

进入新时代新征程，爱国统一战线思想通过分殊与融通的形式，以爱国统一战线话语作为载体，衍生诸多新的概念、论断和范畴，实现了统战话语对现实制度和秩序的重塑。国家繁荣统战话语、地区和谐统战话语、全球发展统战话语和世界和平统战话语相融合，发挥了固守圆心、扩大共识的效能，指明新时代爱国统一战线话语发展的路径。一是要体现继承性、民族性，将中华民族伟大复兴的文化认同作为融通手段，涵养统一战线成员的共同思想政治基础。对"中华民族伟大复兴"重大命题的认识不断深化有助于提升统战话语在整个同心圆格局中的影响力、号召力、辐射力、穿透力，增强各个环节统一战线话语的向心力和凝聚力，进而"形成海内外全体中华儿女万众一心、共襄民族复兴伟业的生动局面"③。二是要体现原创性、时代性。党的十八大以来，习近平总书记围绕"如何加强和改进新时代统一战线工作"这一新的重大命题，不断从理论和实际维度进行阐发，相继

---

① 《中央统战工作会议召开，习近平再次强调这个"重要法宝"》，共产党员网，https://www.12371.cn/2022/07/31/ARTI1659253806463939.shtml。

② 《习近平谈治国理政》（第3卷），外文出版社，2020，第314页。

③ 习近平：《在纪念辛亥革命110周年大会上的讲话》，人民出版社，2021，第9页。

提出诸多原创性论断，例如"三个更加重要"，"人心是最大的政治"和"必须解决好人心和力量问题"，"爱国统一战线是中国共产党团结海内外全体中华儿女实现中华民族伟大复兴的重要法宝"，"大团结大联合是统一战线的本质要求"和"努力形成牢不可破的真团结"，"构建党委统一领导、统战部门牵头协调、有关方面各负其责的大统战工作格局"，"在尊重多样性中寻求一致性，找到最大公约数、画出最大同心圆"等，极大丰富和拓展了新时代爱国统一战线话语的内容和边界，为各环节统战话语的融通提供了新的资源。三是要体现系统性、专业性，依托党内法规制度建设，切实使统一战线话语运转起来，发挥其反塑功能。作为关于统战工作的第一部党内法规，《中国共产党统一战线工作条例》极大增强了统一战线话语的权威性、规范性、专业性和系统性，使统一战线话语运用的内在机制和外部效应有法可依、有章可循；有助于我们进一步归纳各环节统战话语的学理性，摆脱对西方思想话语的依附，表征其创造性和独特性。

3. 守正创新：构建新时代爱国统一战线话语体系新格局

对中国共产党而言，坚持守正创新，最为关键的就是要实现在根本方向和道路上的守正创新。换言之，就是既要坚持中国特色社会主义，又要发展中国特色社会主义；就是在坚持马克思主义正确方向的前提下，不断实现中国特色社会主义与时俱进，并不断形成新的理论认识，进而以新的理论指导新的实践。同理，统一战线话语体系的建构，必须在中国特色社会主义制度的大范围之中，遵从"呈现事实""发现规律""生成话语"的建构逻辑，从整体上加以把握并进行体系性的诠释，将统战话语作为一个有机联系的整体来加以认知和运用，从而真正实现"掌握现实"的实践目标。同时，统一战线话语体系的生成基于人民大众立场，尊重人民的主体性和创造性精神，因而其构建过程也必然始终坚持以人民为中心的价值导向。唯有如此，统一战线话语体系才能在社会变革的实践中坚守鲜明的政治立场，不断彰显其力量和影响。

进入新时代，爱国统一战线话语体系的建构，以大统战话语体系的格局呈现出来，其既是统一战线话语发展的实践样态，又是统一战线话语指导新的实践的科学理论成果。习近平总书记在中央统战工作会议中提出："要坚持党委统一领导、统战部牵头协调、有关方面各负其责的大统战工作格局。"① 立足于国际和国内大局，兼顾国家繁荣统战话语、地区和谐统战话语、全球发展统战话语和世界和平统战话语的发展态势，大统战话语体系分别在领导力量、工作对象、工作主体等方面进行了阐释。其中，首要强调的便是加强党对统战工作的全面领导，压实各级党组织对统一战线的领导责任，化整为零，全线出击，调动各级党委的积极性，形成统一战线的全覆盖态势；其次便是对"重要法宝"论述的丰富和发展，正如《中国共产党统一战线工作条例》所指出的，"统一战线是中国共产党凝聚人心、汇聚力量的政治优势和战略方针，是夺取革命、建设、改革事业胜利的重要法宝，是增强党的阶级基础、扩大党的群众基础、巩固党的执政地位的重要法宝，是全面建设社会主义现代化国家、实现中华民族伟大复兴的重要法宝"②。概言之，统一战线话语体系的建构充分体现了系统性、程序性和制度性的统一。

---

① 《习近平关于社会主义政治建设论述摘编》，中央文献出版社，2017，第138页。
② 《中国共产党统一战线工作条例》，人民出版社，2021，第4页。

第四章
统一战线话语体系演进的主要经验

统一战线话语作为思想与语言的结合体，兼具价值性和工具性，对于推进统一战线工作具有无可替代的重要作用。纵观统一战线话语的演进史，结合立党兴党强党、立国兴国强国的历史图景，可以发现统一战线话语之所以历久而弥新，是因为其能够在理论与实践的辩证关系中发挥引导作用、在历史与现实的传承关系中发挥承续作用、在应然与实然的张力关系中发挥塑造作用，其创新性、时代性与共识性不断增强。

一　在理论与实践的辩证关系中发挥话语引导作用

理论和实践的辩证关系集中体现为坚持理论指导和实践探索辩证统一，也就是要坚持实践第一的观点，不断推进实践基础上的理论创新。实践和理论的主体都是具有一定思想认识的人。科学的话语作为人类实践活动和思想观念的表达，揭示了历史发展进程，既"言之有物"又"言之有理"，具有鲜明的理论指向与实践诉求，总能表现出极强的指引力和说服力。

（一）坚持理论创新与话语创新相结合

科学彻底的统一战线理论是统一战线话语的本质和核心。习近平总书记关于做好新时代党的统一战线工作的重要思想，鲜明体现马克思主义的立场观点方法，始终把马克思主义作为理论起点、逻辑起点、价值起点，集中体现了马克思主义的精神伟力和实践力量，为统一战线事业健康发展提供科学的理论引领和行动指南。

1. 以人聚力：统一战线话语体系原创化

话语内容本身的先进性、时代性和科学性决定了话语的力量。统一战线大团结大联合的理论本质，决定了统一战线的话语表述必然要服务于话语传播的受众，即中国最广大劳动人民群众和海内外爱国同胞。统一战线的现实对象是人，统一战线话语也围绕人展开，形成了以"人心"和"力量"为基础概念的话语体系。人心是最大的政治，共识是奋进的动力。习近平总书记指出："统一战线是做人的工作，搞统一战线是为了壮大共同奋斗的力量。"[①] 从重要法宝论、重要经验论、政治优势论到战略方针论，语言表述虽然具有社会历史性，但价值指向始终是凝聚人心、汇聚力量，久久为功而又与时俱进。历史经验证明，统一战线话语因其空间上的普遍性、时间上的持久性在凝聚人心、汇聚力量方面具有无可替代的重要作用。

统一战线以人为主体，推动人与人互动，旨在塑造新的社会关系，服务于党和国家的事业。统一战线是人们广泛参与的社会性活动而不是孤立的个人的活动，具有社会历史性。统一战线工作围绕着塑造革命、建设和改革的主体力量而展开。无论是在半殖民地半封建社会的旧中国，还是人民当家作主的新中国，统一战线都通过扩大"同心圆"的半径，来延展历史合力的广度；通过夯实群众基础，来增加历史合力的厚度，从而调动各方面积极性，推动历史车轮不断向前。同时，统一战线工作表现为不断扬弃"旧我"、塑造"新我"的动态过程，在现实生活中，这种动态过程表现为随着人由"单位人"向"社会人"转变、由"体制内"向"体制外"延伸、由"大众化"向"圈层化"演化、由"现实人"向"虚拟人"转换、由"国内"向"国际"拓展，人的社会属性更加多层化、社会关系更加多样化、社会空间更加广阔化。因此，以中国共产党自身为观察出发点，统一战线工作的对象是党外人士，以政党、民族、宗教、阶层、海内外同胞五大领域为主。其中，党外人士五大领域中的代表人士是破局先手和重要对象。统一战线话语体系包含着统战工作对象话语支线，具体分为政党、民族、宗教、阶

---

① 《习近平谈治国理政》（第2卷），中央文献出版社，2017，第304页。

层、海内外同胞等五大话语支线体系。这种基于统战工作对象的话语支线，具有动态调整性，依赖社会经济发展所分殊出的属性群体，但始终服务于推动祖国统一和中华民族伟大复兴的方向目标话语。

统一战线因团结而生、靠团结而兴，凝聚人心、汇聚力量，本质在于大团结大联合。人的类本质在于自由自觉的活动。人的活动蕴含着促进生产、生活和交往的力量。人能够按照"任何一个种的尺度来进行生产"，不仅能够满足生命活动的最基本需要，还能按照美的方式生产出符合美的规律的对象。统一战线的广大成员能够按照目标要求，朝着共同的方向去奋斗。中国共产党成立以后，中国人民精神上实现了从被动到主动的转变，由一盘散沙转向众志成城，直至团结成坚硬的"钢铁"，统一战线作为中国共产党领导社会革命和推进治国理政的重要组成部分，发挥了重要作用。思想一致是行动团结的前提，中国共产党以爱国主义、社会主义为共识价值，以跨越时空的定力，正确处理一致性和多样性关系，统领好各种社会关系，将海内外中华儿女的心和力聚合在一起。统一战线的理论、理念和思维内嵌在国家治理和制度体系中，形成了以中国共产党为圆心的合作型政治和政治共同体；融合在经济体制当中，形成了公有制为主体、多种所有制经济共同发展的社会主义基本经济制度。所有这些最终都熔铸为中华文明的连续性、创新性、统一性、包容性和和平性。

2. 以和达合：统一战线话语阐释生动化

中华优秀传统文化中的"和合文化"蕴含着和而不同的社会观、人心和善的道德观、协和万邦的国际观，是中华民族一直追求和传承着的和谐理念。从本质上看，人是各种社会关系和谐共存、相辅相成的协调性总和，统一战线话语是将内因和外因、内容与形式、普遍和特殊、同一和斗争的辩证关系在不同历史阶段分殊性地表达出来。"国民革命联合战线""工农民主统一战线""抗日民族统一战线""人民民主统一战线"等概念，以其贴合社会主要矛盾的标识性、满足最广大人民利益的大众性，具有较强的推广性和说服力。在新时代，"和合文化"在统一战线工作中表现为把握好固守圆心和扩大共识、潜绩和显绩、原则性和灵活性、团结和斗争的关系，不断增进共识，真正把不同党派、不同民族、不同阶层、不同群体、不同信仰以及

生活在不同社会制度下的全体中华儿女都团结起来。质言之，"和合文化"中求同存异、兼容并包的理念为统一战线话语体系建构提供了文化基因和价值基础。

中国的统一战线工作，就是中国共产党人通过多样的联合方式，实现不同阶级、阶层、群体等聚合的工作，换言之，就是通过关系优化、利益整合和情感共鸣来进行社会整合，提升全体中华儿女的向心力和凝聚力。统一战线既做聚友成军、调动积极因素的工作，也做化敌为友、化消极因素为积极因素的工作，"所谓政治，就是把拥护我们的人搞得多多的，把反对我们的人搞得少少的"[①]。第一，长期以来，中国共产党同各民主党派形成了通力合作、团结和谐的新型政党关系，成为知无不言的挚友、过失相规的诤友。各民主党派是中国共产党的好参谋、好帮手、好同事，二者是亲密友党。中国的新型政党制度具有一党领导而不专制、多党合作而不对抗、互相监督而不掣肘的独特优势，保证了多党合作的正确方向和旺盛活力。第二，中华民族一家亲。全国各民族已经形成平等团结互助和谐的社会主义民族关系，共同构成了中华民族命运共同体。"三个离不开""四个与共""五个认同"是社会主义民族关系的生动写照。第三，宗教自身发展规律和宗教统一战线的落脚点都在于"和"。宗教只有同所在国家和社会相适应才能生存、发展，这是世界宗教发展传播的普遍规律。在爱国主义、社会主义旗帜下，大力挖掘宗教教义中的积极因素，探索宗教和谐理论，树立宗教和谐理念，推广宗教和谐价值，是做好宗教统一战线工作的必由之路。第四，在民营经济领域，围绕实现"两个健康"目标，致力于构建"亲""清"新型政商关系。习近平总书记用"亲""清"二字精辟概括并系统阐述新型政商关系，清晰阐述了领导干部应该如何与企业家正确相处，这样既有利于保持中国共产党人的政治本色，也有助于促进社会主义市场经济健康发展。第五，"一国两制"是中国特色社会主义的伟大创举，是香港、澳门回归后保持长期

---

① 习近平：《在中央政协工作会议暨庆祝中国人民政治协商会议成立70周年大会上的讲话》，人民出版社，2019，第9页。

繁荣稳定的最佳制度安排，必须长期坚持。只有坚持和完善"一国两制"，确保高度自治的方针顺利实施，才能发展壮大爱国爱港爱澳力量，实现香港、澳门长期稳定。在对台领域，两岸一家亲。中国共产党坚持一个中国原则和"九二共识"，坚决反对"台独"分裂势力，推进反"独"促统运动深入持续健康发展。

博大精深的中华优秀传统文化为统一战线话语体系提供了丰富的话语资源，统一战线话语体系的丰富发展又能巩固和增进文化自信，二者相契合，彼此成就。文化认同是政治共识达成的基础。新时代统一战线话语，植根于中华优秀传统文化，继承和发展中国革命文化和社会主义先进文化，立足中国特色社会主义的伟大理论和实践创造，实现中华优秀传统文化创造性转化和创新性发展。中华优秀传统文化的基本精神是主张包容、共存，追求和谐、稳定，寻求平衡、协调，反对分裂和冲突，这些精神反映在统一战线话语中。在多党合作和政治协商工作中，中国共产党与各民主党派友好协商、通力合作，这种统战格局是对中华民族一贯倡导的天下为公、兼容并蓄、求同存异等优秀传统文化的继承发展，闪耀着独特的文化光芒，为人类提供更有价值的精神文化指引。在少数民族工作中，只有构筑各民族共有精神家园，才能促进各民族守望相助，在理想、信念、情感上、文化上团结统一。中华文化是主干，各民族文化是枝叶，根深才能叶茂。在宗教统战工作中，中国共产党支持和引导宗教界对宗教教义教规做出符合中华优秀传统文化、时代发展潮流和社会进步要求的阐释。在新的社会阶层人士统战工作中，倡导大家积极传播中华优秀传统文化，传播好中国声音，展现可信、可爱、可敬的中国形象。在对台领域，中华文化是两岸同胞心灵的归属，增进台胞福祉、促进心灵契合是全体中国人的共同期望。统一战线话语体系对于中华优秀传统文化的继承发展，展现出中华文明的实践伟力与坚强生命力，有助于增进文化自信。质言之，话语连着文化，文化连着人物，人物连着心灵，坚定文化自信能够增进人们对统战目标的认同，进而提升统一战线话语讲述者的话语权。

3.以形表意：统一战线话语空间多维化

空间是人类社会关系的集中和鲜明体现。随着人类社会关系由"国内"向"国际"拓展，由"现实"向"虚拟"转换，统一战线的话语空间也向国际化的物理空间和虚拟化的网络空间拓展。国际统一战线就是国内统一战线在国际领域的延伸和应用，核心都在于合作共赢。人类命运共同体是国际统一战线理论的创新发展，是新时代有关国际统一战线目标的最新概括。而网络空间是互联网塑造的新的社会空间，是物理空间的延伸和折射，也是网络统一战线发挥作用的主要平台和重要场域。网络空间是人类共同的活动空间，你中有我，我中有你，应由世界各国共同掌握。倡导构建和平、安全、开放、合作的网络空间，是人类命运共同体理念在网络空间的具体体现，符合世界各国人民在网络空间的利益诉求。

人类命运共同体是中国对"世界怎么了、我们怎么办"的理论和实践回应。人类命运共同体弘扬和平、发展、公平、正义、民主、自由，符合各国人民的共同利益，凝聚了不同国家、不同民族、不同文明的价值共识，超越了意识形态、社会制度、发展水平的巨大差异，为引领人类文明进步提供了价值遵循。中国共产党始终坚持对话协商、共建共享、合作共赢、交流互鉴、绿色低碳，提出建设持久和平、普遍安全、共同繁荣、开放包容、清洁美丽的世界。习近平在人类命运共同体主干话语基础上，还提出了中非命运共同体、中国—东盟共同体、亚洲命运共同体、亚太命运共同体、中阿命运共同体、中巴命运共同体、上海合作组织命运共同体、核安全命运共同体、人类卫生健康共同体、地球生命共同体、人与自然生命共同体等次级话语，强调各行为主体在追求自身利益的同时兼顾其他主体的利益，形成命运相连的有机整体。此外，全球发展倡议、全球安全倡议、全球文明倡议紧紧围绕人类命运共同体理念从发展、安全、文明三个维度指明人类社会前进方向，为推动构建人类命运共同体提供坚实的物质、安全、文明层面的理论支撑。

互联互通是网络空间的基本属性，共享共治是互联网发展的共同愿景。构建网络空间命运共同体和打造网上网下同心圆是新时代中国网络统一战线的首要目标。网络空间是亿万网民共同的精神家园，把网络空间建设成发展共同体、安全共同体、责任共同体、利益共同体符合全人类的利益需求。网络空间命运共同体所包含的发展、安全、治理、普惠等理念主张，与人类命运共同体理念一脉相承，充分体现了网络空间发展规律的特殊性与普遍性。习近平站在构建网络空间命运共同体的战略高度，直面世界互联网发展的共同问题，提出了推进全球互联网治理体系变革的"四项原则"和构建网络空间命运共同体的"五点主张"，强调要尊重网络主权、维护和平安全、促进开放合作、构建良好秩序，倡导"加快全球网络基础设施建设，促进互联互通"，"打造网上文化交流共享平台，促进交流互鉴"，"推动网络经济创新发展，促进共同繁荣"，"保障网络安全，促进有序发展"，"构建互联网治理体系，促进公平正义"。汇聚向上向善能量，营造文明健康、风清气正的网络生态，是持续推动网络空间发展的基础性、长远性工作。新时代中国网络统一战线正确引导网络舆论、积极应对网络舆情、维护我国网络意识形态安全，着力打造网上网下同心圆，统筹兼顾了网上网下，把"面对面"和"键对键"、线下解决问题和线上有效引导回应结合起来，妥善应对社会热点敏感问题，防止风险叠加引发"黑天鹅""灰犀牛"事件。就此而言，打造网上网下同心圆，能够"使全体人民在理想信念、价值理念、道德观念上紧紧团结在一起，让正能量更强劲、主旋律更高昂"①。

（二）坚持实践创新与话语创新相结合

中国共产党在推动统一战线发展过程中，不断研究新情况，总结新经验，解决新问题，不断提出直击本质、内涵丰富的新概念、论断和命题，实现了实践创新和话语创新相结合。

1.党的领导：统一战线话语的政治基因

中国共产党的领导是统一战线最鲜明的特征，坚持党的领导是统一战线最根本、最核心的问题。在统战工作中加强党的集中统一领导，就是确保党在统一战线中总揽全局、协调各方，有效汇聚全体中华儿女的智慧和力量，

---

① 《习近平谈治国理政》（第3卷），外文出版社，2020，第317页。

实现真正的、广泛的、紧密的大团结；着力增强不同党派、不同民族、不同阶层、不同群体对党的向心力，最大限度把各方面成员团结在党的周围，形成"众星拱月""万水朝东"的生动局面。同时，党对统一战线的领导主要是政治领导，即政治原则、政治方向、重大方针政策的领导，主要体现为党委领导而不是部门领导、集体领导而不是个人领导①。因此，统一战线工作是全党的工作，实行的是大统战模式。党政部门、人民团体、社会组织、高等学校、科研院所等有关方面要增强统战意识，齐抓共管，增强工作合力，形成全党上下一起动手、有关方面协同联动的工作局面。

　　大统战不仅意味着大战略、大视野，还蕴含着新思维、新举措。第一，也即大统战的首要原则，是完整准确全面理解习近平总书记关于做好新时代党的统一战线工作的重要思想，提高政治站位，心怀"国之大者"，牢记"责之重者"，努力在补短板上下功夫、在敢担当上做表率，在善作为上动脑筋，日日做功、久久为功，确保统战工作各领域和谐稳定。第二，大统战推动统一战线工作融入基层党建治理体系，确保"最后一公里"工作有人抓、有人管。少数民族、宗教界人士、非公有制经济人士、新的社会阶层人士等统战工作对象大量分布在基层，要发挥基层党组织战斗堡垒作用，切实做好基层统一战线工作。党的二十大通过的《中国共产党章程》第三十三条，首次在国有企业党委（党组）工作中增加领导统一战线的职责要求。第三，夯实同党外人士共同的思想政治基础是统一战线工作的重要内容。《中国共产党章程》明确规定："党的中央、地方和基层组织，都必须重视党的建设，经常讨论和检查党的宣传工作、教育工作、组织工作、纪律检查工作、群众工作、统一战线工作等，注意研究党内外的思想政治状况"②，将统一战线工作和研究党内外的思想政治状况纳入党的建设范围。第四，联谊交友是统一战线工作的重要方式。建立健全统战干部联谊交友制度，实现信息化、动态化管理，做到日常工作有沟通、关键时刻找得到、重大事件用

---

① 《十八大以来重要文献选编》（中），中央文献出版社，2016，第 561 页。
② 《中国共产党章程》，人民出版社，2022，第 37 页。

得上。习近平总书记指出："想交到这样的朋友，不能做快餐，而是要做佛跳墙这样的功夫菜。"① 统战干部在与党外人士接触或交往时，多做"润物细无声"的事情，变"平行式"为"网络式""立体式"，要待之以诚、动之以情、晓之以理、助之以实，做到诚恳谦和、平等待人、廉洁奉公，这样才能增进互信。

打铁还需自身硬。做好新时代统一战线工作的组织保障，就是要加强统一战线"两支队伍建设"，培养高素质的统战干部队伍和党外代表人士队伍。《中国共产党统一战线工作条例》新增"统战部门自身建设"一章，对统战干部队伍建设提出具体要求，也即打造政治坚定、业务精通、作风过硬的统战干部队伍，确保党的意志和主张贯彻到统一战线工作各方面和全过程。同时，党外各界代表人士要做好自身建设，坚定不移拥护中国共产党，始终保持同中国共产党同心同德、团结奋斗的政治本色。各民主党派要全面加强自身建设，努力成为政治坚定、组织坚实、履职有力、作风优良、制度健全的中国特色社会主义参政党。加强宗教界代表人士队伍建设，着力培养和造就一支政治上靠得住、宗教上有造诣、品德上能服众的宗教界代表人士队伍。

2. 制度建设：统一战线话语的制度优势

统一战线制度话语是统一战线理论和实践经验总结固定化、规范化的结果，建构统一战线制度优势话语，实现话语规范化，是牢牢掌握制度阐释权的内在支撑，有助于实现对内的意识形态领导权和对外的国际制度话语权辩证统一。立足国内国外两个大局，特别是突破国际舆论场中"中国制度、西方话语"的现实困境，需要推动话语的规范化。提升制度话语的规范化程度是使全体人民在理想信念、价值理念、道德观念上保持一致的重要条件，也是掌握意识形态领导权、管理权、话语权的必然要求。

"话语具有建构知识和社会的能力"②，规范的话语表达有利于形成强有

---

① 《十八大以来重要文献选编》（中），中央文献出版社，2016，第 562~563 页。
② 朱人求：《话语分析与中国哲学研究范式的转换》，《学术月刊》2016 年第 9 期。

力的传播体系进而实现对制度优势阐释权的主导。统一战线话语作为一种政治话语，在党和国家领导人的重要讲话和相关文本中反复出现，不断被强化、赋义和扩展，呈现出历久弥新的旺盛生命力。党的十九届四中全会通过的《中共中央关于坚持和完善中国特色社会主义制度 推进国家治理体系和治理能力现代化若干重大问题的决定》提出，人民代表大会制度是我国的根本政治制度；中国共产党领导的多党合作和政治协商制度、民族区域自治制度等是我国的基本政治制度。党的十九届六中全会通过的《中共中央关于党的百年奋斗重大成就和历史经验的决议》，将"坚持统一战线"归纳为中国共产党百年奋斗的十条历史经验之一。党的二十大通过的《中国共产党章程》对坚持统一战线是中国共产党百年奋斗的十条历史经验之一进行了政治确认。《中华人民共和国宪法》明确提出，爱国者的广泛的爱国统一战线将继续巩固和发展，中国人民政治协商会议、中国共产党领导的多党合作和政治协商制度等都将长期存在和发展，着力维护和发展各民族的平等团结互助和谐关系。新时代以来，统一战线党内法规"立柱架梁"工作持续推进，党中央印发《中国共产党统一战线工作条例》《社会主义学院工作条例》《中国共产党政治协商工作条例》，并以党中央或中央办公厅名义制定民主党派、民营经济、民族宗教、海外统战等方面重要文件，从顶层设计上对统一战线各领域工作进行了全面部署，为着力提高统一战线科学化、规范化、制度化水平提供了根本遵循。统一战线的政治制度最终被定格为中国共产党领导的多党合作和政治协商制度，中国人民政治协商会议是其主要的组织形式①。

统一战线制度优势话语是马克思主义统一战线思想的中国表达，要善于运用马克思主义话语体系阐释统一战线制度优势，并以中国化、时代化、大众化的自觉，不断增强制度优势话语的民族性与世界性、总结性与前瞻性、理论性与通俗性。一方面，要"加强话语体系建设，着力打造融通中外的

---

① 张超、曹文宏：《中共统战话语体系的百年演进及其内在逻辑》，《华侨大学学报》（哲学社会科学版）2021 年第 4 期。

新概念新范畴新表述"①，在打破"西方中心主义"阐释范式的同时，建构与人类命运共同体和中华民族命运共同体的发展相适应的统一战线制度话语。另一方面，要及时使经过实践检验成熟的政策举措上升至制度层面，丰富制度话语的素材，增强制度话语的现实有效性。统一战线最新实践成果凝练为新的制度话语，新的制度话语又在传播过程中推进统一战线工作，由此形成"实践—话语—实践"的良性循环。

3. 平台机制：统一战线话语的互联互通

随着生产力的发展，人们实现了普遍交往，地域性的个人演变为世界历史性的个人。而每个人的世界历史性的存在，也就是与世界历史直接关联的各个人的存在。马克思和恩格斯指出："各民族的原始封闭状态由于日益完善的生产方式、交往以及因交往而自然形成的不同民族之间的分工消灭得越是彻底，历史也就越是成为世界历史。"② 人与人之间的交往由地域性向世界性转变，不仅发展出国际统一战线，更推动统一战线由"平面型"向"立体型"转变。与此相适应，要有既继承中华文明底蕴又与国际通识接轨的统一战线话语。中国共产党秉持"天下一家亲"理念，倡导各国对话不对抗、结伴不结盟，推动建设相互尊重、公平正义、合作共赢的新型国际关系。

"一带一路"的实践逻辑基点依然是凝聚人心、汇聚力量。"一带一路"倡议是中国共产党为人类谋大同、为世界谋进步推出的多主体、立体化、长远性的新型合作模式和多元合作平台。"一带一路"建设采取政府主导、企业参与、民间促进的合作模式，体现了中国智慧、中国方案、中国力量。第一，"一带一路"统筹共建国家的共同利益和不同利益，寻找更多利益交汇点。中国虽然是"一带一路"的倡导者和推动者，但更多的考虑是照顾其他国家利益，让更多国家搭上我国发展"快车""便车"。第二，"一带一路"建设中经济合作和人文交流共同推进，民心相通是其中的重要内容，

① 《习近平关于全面深化改革论述摘编》，中央文献出版社，2014，第85页。
② 《马克思恩格斯选集》（第1卷），人民出版社，2012，第168页。

在经贸文化交流中阐释中国智慧和中国方案。第三，我国坚持正确义利观，以义为先、义利并举，不急功近利，不搞短期行为，努力打造长期的利益共同体、责任共同体、命运共同体。

对话是人类社会最基本的交往媒介。只有在对话交流中才能凝聚共识，共同进步。中国共产党主持的系列高端对话会，为各个国家、政党和各种文明开展平等对话、交流互鉴以及相互启迪提供了新的平台。中国共产党与世界政党高层对话会，探索在构建新型国际关系的基础上建立求同存异、相互尊重、互学互鉴的新型政党关系，搭建多种形式、多种层次的国际政党交流合作网络，开创了世界政党外交的新纪元，彰显了中国共产党以天下为己任的"大党担当"。文明因多样而交流，因交流而互鉴，因互鉴而发展。亲仁善邻、协和万邦是中华文明一贯的处世之道。亚洲文明对话大会、"加强互联互通伙伴关系"、东道主伙伴对话会等是统一战线机制推进世界各国互联互通新的平台机制。

（三）坚持价值原则和工具原则相融合

促进中华儿女大团结，为全面建成社会主义现代化强国、实现中华民族伟大复兴汇聚磅礴伟力是统一战线话语所蕴含的价值取向。统一战线话语精准地把脉并契合统战对象的认知习惯、思维模式和审美心理，以形象的政治譬喻和生动的话语表达，实现了话语传播和思想理念的无缝对接。

1. 爱国主义：统一战线话语的情怀引领

马克思主义坚持逻辑和历史相结合。"新时代爱国统一战线"中的"爱国"既指明了新时代统一战线的性质，也展示出不同党派、不同民族、不同阶层、不同群体、拥有不同信仰以及生活在不同社会制度下的中华儿女共同的情感归宿和深刻的行为底蕴。在中华民族发展史上，爱国主义始终是激昂的主旋律，始终是激励中华儿女自强不息的强大力量，始终是中华儿女共同的根和魂，是中华儿女亘古不变的精神气度。

统一战线话语中蕴含的爱国主义精神，增强了统战对象对党领导的统一战线的情感认同和政治认同。宗教界坚持宗教中国化方向，弘扬爱国精神，讲大局、讲法治、讲科学、讲爱心，不断增进信教群众对伟大祖国、中华民族、中华文化、中国共产党、中国特色社会主义的认同。在中国，各民主党派都是在中国的土壤中"生长"出来的，是在探索救国救民道路中产生和发展起来的，实现民族独立、人民解放和国家富强、人民幸福是中国各政党的共同目标。致公党继承"致力为公，侨海报国"传统，致力于全面建设社会主义现代化国家和实现中华民族伟大复兴。中国国民党革命委员会以继承和发扬孙中山爱国、革命、不断进步精神为特色，以促进祖国和平统一为工作重点，全面准确、坚定不移贯彻"一个国家、两种制度"方针，坚决反对和遏制"台独"，团结海内外所联系人士，为完成祖国统一大业而努力。中国民主促进会的优良传统是坚持接受中国共产党领导，坚持爱国、民主、团结、求实，坚持立会为公。在党外知识分子工作领域，欧美同学会始终高举留学报国旗帜，充分发挥留学报国人才库、建言献策智囊团、民间外交生力军作用。在港澳领域，统一战线开展争取人心的工作，就要坚定落实"爱国者治港""爱国者治澳"原则，只有增强香港、澳门同胞的国家意识和爱国精神，才能让香港、澳门同胞同内地人民共担民族复兴的历史责任、共享祖国繁荣富强的伟大荣光。在对台领域，两岸同胞血浓于水，同根同源、同文同宗，心之相系、情之相融，实现祖国完全统一是两岸同胞的共同心愿。

2. 喜闻乐见：统一战线话语的叙事方式

将统一战线话语转换为群众的行为自觉，需要把握好话语的价值意蕴与传播机制的辩证关系。充分运用当代融媒体、全媒体、新媒体传播样态以及大数据、云计算等技术工具，构建方便快捷、资源共享的信息化平台。要坚持人民群众是历史主体的自觉，充分考虑群众的接受能力以及思维习惯与话语表达方式之间的关系，"将深邃的理论用平实质朴的语言讲清楚，把深刻的道理用群众喜闻乐见的方式说明白，使抽象的理论逻辑转换为形象的生活逻辑"①，将统一战线话语体系、话语权力、话语艺术结合起来，既体现政

---

① 吴学琴：《中国共产党执政话语体系的百年探索与成功经验》，《马克思主义研究》2021 年第 10 期。

治性又体现人民性，既体现技术性又体现艺术性，以柔性化方式发挥话语认同的潜移默化作用，将统一战线理论的先进性转化为统一战线话语的吸引力、凝聚力。

同时，改进统一战线话语叙事方式，将"讲道理"融入"讲故事"，让"有意义"变得"有意思"，把"我们想讲什么"与"受众爱听什么"有机结合起来，不断增强解释力、传播力、感召力①。"人类命运共同体""中华民族共同体""新型政党制度""社会主义协商民主"等既富有中国特色又在一定程度上与国际接轨的标志性概念和话语，已获得不少国际认同。此外，加强话语传播队伍建设，着力培养一支内明国情党情政情，外知世界大势、熟悉国际新闻传播规律的人才队伍；有意识发挥网络代表人士的积极作用，更加有效地带动流量、引导舆情；发挥党外人士的独特优势，有组织地选择一些代表性人士现身说法，展示党外人士的坚定信念和家国情怀。

3.动态调适：统一战线话语的效果保障

任何成熟的话语体系都能展现特定范围内的动态均衡状态，良性的话语体系需要根据实际情况对各构成要素进行及时调整。只有具备动态调整能力，话语体系才能保持理论和实践的创新活力②。统一战线话语体系内部结构的方向目标话语、现实问题话语、原则路径话语、方法策略话语，四者并非实力均衡的状态。构建良性的统一战线话语体系，需要建立及时的反馈机制，增强四者间的信息对称性，及时了解统战工作长期性目标和阶段性目标的完成或推进情况、统战工作中存在的现实问题、原则路径的落实效果，在此基础上出台新的方法策略，从而不断提高统一战线话语体系的效果。当前，错综复杂的外部环境和我国进入新发展阶段的新形势，呈现出世界之变、时代之变、历史之变的特点。统一战线作为党的总路线、总政策的重要组成部分，随着党的中心任务和世情国情变化，肩负着更重要的使命和任务，建立与时代相匹配的统一战线话语体系显得紧迫、必要，应该构建方向

---

① 《中央统战工作会议精神学习问答》，人民出版社，2022，第84页。
② 郭路：《新时代统一战线话语体系的构建与表达——政策话语、学术话语和实践话语的互动融合》，《广西社会主义学院学报》2021年第6期。

目标话语、现实问题话语、原则路径话语、方法策略话语互动融合的统一战线话语体系。

二　在历史与现实的传承关系中发挥话语承续作用

统一战线话语贯穿革命、建设和改革各个时期，新时代仍旧被统战工作各成员认可和使用，是由于其能够在历史与现实的传承中实现创新，不断推动自身积累性发展，将历史经验和时代需求有机结合。中国共产党始终把统一战线作为开展工作、团结人民、夺取胜利的重要法宝，在继承中创新、在创新中发展，丰富了马克思主义统一战线理论和话语体系。

（一）始终坚持发挥统一战线话语的价值

统一战线具有人才荟萃、智力密集、联系广泛等优势，能够最大限度地把各方面的智慧和力量凝聚起来，聚焦服务兴党强国、民族复兴历史伟业。

1. 凝聚共识团结奋斗服务中心大局

统一战线话语在统一战线中实现了主客体统一。从统一战线本身来看，中国共产党是统一战线工作的主体，统战对象是客体。统一战线实现了主客统一，不断将更多成员团结在党的周围，同心同德，共创伟业。统一战线实现了人社统一，统一战线工作让社会环境中的积极因素充分涌流，服务党和国家中心大局，化解消极因素，防范风险，为实现兴党强国、民族复兴营造良好的外部环境，将环境的改变和人的改造相结合。统一战线作为党的总路线总政策的重要组成部分，在我国革命、建设、改革不同历史时期都发挥了重要法宝作用。在新民主主义革命时期，国民革命联合战线中国共合作，取得北伐战果；抗日民族统一战线使中国人民同仇敌忾，取得抗战胜利；人民民主统一战线中的爱国民主运动，使国民党军队分化瓦解，取得巨大成效。在新中国成立后，统一战线为建立和巩固新生人民政权发挥了重要作用，特别是中国共产党运用统一战线，完成了对资本主义工商业的社会主义改造。在改革开放和社会主义现代化建设新时期，爱国统一战线凝聚强大力量，取得巨大成果。新时代我们党巩固和发展最广泛的爱国统一战线，坚持大团结大联合，为实现中华民族伟大复兴中国梦注入源源不断的强大力量。

　　团结就是力量，大团结大联合是统一战线的永恒主题，是统一战线的安身立命之本，是统一战线一切工作的出发点和落脚点。尽管统一战线在不同时期担负的历史任务有所不同，但求得团结、维护团结、增进团结的使命和价值始终没有改变。党和人民取得的一切成就都是团结奋斗的结果，团结奋斗是中国共产党和中国人民最显著的精神标识。一路走来，是"比铁还硬，比钢还强"的团结，是"撸起袖子加油干、风雨无阻向前行"的奋斗，让我们攻克了一个又一个难关险阻，创造了"人心齐，泰山移"的人间奇迹。从1919年毛泽东同志强调的"群众联合"和李大钊呼吁的"大联合"开始，新民主主义革命时期呼吁"劳工团结起来""国民团结""团结我们的真正的朋友"①，"团结全国一切可能团结的力量"②，"团结起来，筑成民族统一战线的坚固长城"③，"团结一切进步分子及中间派和我党一致行动"④等，社会主义革命和建设时期强调"全党和全国人民必须一致团结起来"⑤，"团结一切可以团结和应当团结的力量，为建设一个伟大的社会主义国家而奋斗"⑥，"我们要和各民族讲团结，不论大的民族、小的民族都要团结"⑦，"要团结一切可以团结的人，这样，我们就可以把敌人缩小到最少，只剩下帝国主义和本国的少数亲帝国主义分子"⑧ 等，改革开放和社会主义现代化新时期要求"进一步发展全体社会主义劳动者、拥护社会主义的爱国者和拥护祖国统一的爱国者的最广泛的统一战线"⑨，"坚持团结一切可以团结的

---

① 《毛泽东选集》（第 1 卷），人民出版社，1991，第 3 页。
② 《毛泽东选集》（第 3 卷），人民出版社，1991，第 1026 页。
③ 《建党以来重要文献选编（1921~1949）》（第 14 册），中央文献出版社，2011，第 357 页。
④ 《毛泽东文集》（第 4 卷），人民出版社，1996，第 148 页。
⑤ 《建国以来重要文献选编》（第 1 册），中央文献出版社，1992，第 253 页。
⑥ 《毛泽东文集》（第 6 卷），人民出版社，1999，第 330 页。
⑦ 《毛泽东文集》（第 6 卷），人民出版社，1999，第 311 页。
⑧ 《毛泽东文集》（第 7 卷），人民出版社，1999，第 62 页。
⑨ 《十三大以来重要文献选编》（中），人民出版社，1991，第 628 页。

力量，不断增强中华民族的凝聚力"①，"争取一切可以争取的力量，团结一切可以团结的力量，特别是要团结广大发展中国家，以壮大国际上反对霸权主义和强权政治的力量"② 等，这些话语充分显示出团结不仅是中国人民求得解放和发展的宝贵财富，更是全人类求得发展的重要方法。

2. 反映民意汇聚民智加强党的领导

统一战线工作作为中国共产党特殊的群众工作，在巩固党的阶级基础、扩大党的群众基础方面具有独特优势。执政能力，就是党为人民、靠人民治国理政的本领。毛泽东同志曾提出"一根头发与一把头发"的著名论断，阐明了党外代表人士和其所代表的群众的重要性。统一战线工作就是用坚韧有力的"一根根头发"，带动各个方面的"一把把头发"，把更多人团结在中国共产党周围，为实现伟大梦想汇聚磅礴伟力。列宁说过："我们所进行的事业是具有全世界历史意义的伟大的事业。然而，只要稍微一夸大，就会证实一条真理：从伟大到可笑只有一步之差"③，强调共产党员在承担领导工作后，要少一些官僚主义的自负，要保持谦虚的态度，尊重科学和技术专家的工作，学会改正错误、总结实际经验和科学规律。毛泽东同志认为共产党员要和党外人士合作，因为"国事是国家的公事，不是一党一派的私事。因此，共产党员只有对党外人士实行民主合作的义务，而无排斥别人、垄断一切的权利"④。邓小平同志指出，"一个党和它的党员，只有认真地总结群众的经验，集中群众的智慧，才能指出正确的方向，领导群众前进"⑤，这里的总结和集中，不是简单堆积群众意见，而是要有整理、分析、批判和概括。在党群关系中，坚决反对命令主义和"尾巴主义"，党既要同群众在一起，更要领导群众向前。

民主和协商是加强中国共产党领导的重要方式。发展社会主义民主政

① 《改革开放三十年重要文献选编》（下），人民出版社，2008，第 1244 页。
② 《江泽民文选》（第 2 卷），人民出版社，2006，第 325 页。
③ 《列宁选集》（第 4 卷），人民出版社，2012，第 443 页。
④ 《毛泽东选集》（第 3 卷），人民出版社，1991，第 809 页。
⑤ 《邓小平文选》（第 1 卷），人民出版社，1994，第 218~219 页。

治、加强社会主义协商民主建设，不仅可以发扬民主、集思广益，避免发生大的失误，还可以使统一战线广大成员更加普遍地认同党的主张，更加自觉地团结在党的周围、跟党走。习近平总书记指出："协商民主是党领导人民有效治理国家、保证人民当家作主的重要制度设计，同选举民主相互补充、相得益彰。"① 在人民内部各方面广泛商量的过程，就是发扬民主、集思广益的过程，就是统一思想、凝聚共识的过程，就是科学决策、民主决策的过程。统一战线有利于中国共产党加强同各方面群众联系，开展统战工作是发挥民主监督作用、加强党风廉政建设和反腐败斗争的重要途径。从"两个务必"到"三个务必"，警醒中国共产党人始终保持谦虚谨慎的科学态度，始终保持艰苦奋斗的精神状态，加快推进中华民族伟大复兴。《中国共产党统一战线工作条例》明确规定："各级法院、检察院领导班子应当配备党外干部"②，"监察委员会、法院、检察院和政府有关部门应当聘请党外代表人士担任特约人员"③，要通过各种方式和渠道充分发挥统一战线广泛联系群众、团结群众的重要作用，促进党的执政能力建设和先进性建设，使中国共产党更好地为人民执政、靠人民执政，始终成为中国特色社会主义事业的坚强领导核心。

3. 为我国发展争取良好的国际舆论

共同利益是国际合作的基础，应对共同威胁与挑战则是各国共同利益所在。恩格斯指出："没有共同的利益，也就不会有统一的目的，更谈不上统一的行动"④。为我国发展营造良好的国际环境，是统一战线话语在革命、建设、改革中的一贯追求。稳定和谐的国内统一战线是国际统一战线的基础，合作共赢的国际环境能够巩固国内统一战线。毛泽东同志坚持求同存异，推动中国共产党形成以"一边倒""中间地带""三个世界"为具体内容的国际统一战线政策，中国与广大亚非拉国家团结一心，争取"中间派"

---

① 《二十大党章修正案学习问答》，党建读物出版社，2022，第 64 页。
② 《中国共产党统一战线工作条例》，人民出版社，2021，第 27 页。
③ 《中国共产党统一战线工作条例》，人民出版社，2021，第 28 页。
④ 《马克思恩格斯选集》（第 1 卷），人民出版社，2012，第 573 页。

国家的支持，共同反击国际霸权主义、帝国主义的压迫。这些政策为中国争取民族独立、人民解放与国家发展塑造了有利的国际环境。邓小平同志作出"和平与发展"的时代主题判断，强化了各国对共同利益多样性的共识。同时，邓小平同志还提出"东西南北"问题，将统一战线的任务聚焦于国际和平问题与各国发展问题，以南北对话与南南合作为框架，凝聚统一战线各方利益共识。中国始终坚持独立自主的和平外交政策，在主权与国家制度上保持独立、不与任何国家结盟的同时，强调"中国永远不称霸，中国也永远不当头"①。和平外交原则要求中国将维持和平稳定作为处理国际关系的核心。冷战结束后，江泽民同志提出以"互信、互利、平等、协作"②为核心的新安全观，致力于发展结伴而不结盟的国际统一战线，消除了伙伴国家因彼此意识形态与实力差异而可能受到牵制的顾虑，拓宽了统一战线的力量范围。胡锦涛同志注重深化互利共赢、扩大各国利益交汇面，他在党的十七大报告中指出，"中国将始终不渝奉行互利共赢的开放战略。我们将继续以自己的发展促进地区和世界共同发展，扩大同各方利益的汇合点，在实现本国发展的同时兼顾对方特别是发展中国家的正当关切"③。进入新时代，习近平总书记高度重视扩大对外开放，充分彰显国际担当，提出全球安全倡议、全球发展倡议、全球文明倡议，尤其是强调我们应该"尊重各国自主选择社会制度和发展道路的权利，消除疑虑和隔阂，把世界多样性和各国差异性转化为发展活力和动力"④。

争取国际社会的集体认同需要多元主体传播，这样才能扩大话语影响的半径。在这一方面，统一战线相较于其他社会团体更有优势和条件，可以充分发挥海外侨胞和出国留学人员民间友好"使者"的作用，鼓励他们为两国在经济、文化、教育、友城等各领域的民间合作牵线搭桥，增进交流和理

---

① 《邓小平文选》（第 3 卷），人民出版社，1993，第 363 页。
② 《江泽民文选》（第 2 卷），人民出版社，2006，第 313 页。
③ 《胡锦涛文选》（第 2 卷），人民出版社，2016，第 651 页。
④ 习近平：《共同创造亚洲和世界的美好未来——在博鳌亚洲论坛 2013 年年会上的主旨演讲》，人民出版社，2013，第 6 页。

解，夯实民间友好的基础；引导他们以住在国社会和民众听得懂、能接受的语言和方式，讲述中国故事，阐释中国立场，展示中国形象，讲清人类命运共同体理念与中华文明的内在一致性，向世界展示一个真实、立体、全面的中国，不断加深国外民众对中国制度、中国道路、中华文化的理解和认同，营造良好的国际舆论环境。

（二）不断赋予统一战线话语新的时代内涵

话语连接过去、现在和未来，承载着过去的经验、现在的需要和未来的希望。话语的生命力在于持续拥有新的时代内涵，在形式和内容上更加符合时代的需要。

1. 在社会变化中整合新群体新阶层

社会存在决定社会意识，社会意识反映社会存在。话语作为一种社会意识，是对社会现实利益、社会成员意识的一种反映。因此，统一战线话语要与统一战线广大成员的发展保持同向性和同构性，以此来发挥凝聚人心、汇聚力量的最大效能。统一战线广大成员是中国共产党的阶级基础和群众基础的重要组成部分。统一战线是中国共产党加强思想政治引领、团结争取群众、增强对社会的组织力的重要途径，在兴党强国、民族复兴的新征程上，统战工作巩固执政基础、扩大群众基础的责任之重前所未有。

随着我国经济社会结构的深刻调整，统一战线内部构成更加复杂，原有群体和阶层自身不断发展，新群体新阶层不断从中分化出来。统一战线巩固党的阶级基础和群众基础的任务更加突出。第一，党外知识分子工作是统一战线工作的基础性和战略性工作。同过去相比，党内汇聚的各方面人才很集中、很庞大，但依然有大量人才在党外。党外知识分子不仅是统一战线各方面代表人物的蓄水池，还是生产力的开拓者、文化的创造者、知识的传播者，是全面建设社会主义现代化国家的重要依靠力量和宝贵资源。第二，新的社会阶层人士是一个综合性的社会群体概念，主要包括民营企业和外商投资企业管理技术人员、中介组织和社会组织从业人员、自由职业人员、新媒体从业人员等。在新的社会阶层中，做好网络人士统战工作，是新时代统一战线服务党和国家工作全局的一项重要战略任务。这就需要线上线下相结合，将网络人士"组织起来"，将"流量"转化为"正能量"。我国民营经济发展到今天，呈现出"五六七八九"① 的特征，不仅为经济社会发展做出重大贡献，更助推了统一战线领域的话语更新。2022 年 12 月 12 日，中国工商业联合会第十三次全国代表大会通过的《中国工商业联合会章程（修正案）》将原来有关"非公有制企业"和"非公有制经济人士"的表述，除"两个健康"主题外全部调整为"民营企业"和"民营经济人士"，进一步体现出国家对民营经济和民营经济人士的认可和支持，更显示出国有经济与民营经济不是"是"与"非"的对立关系，而是和谐共存、相互促进的社会主义经济关系。第三，把"致力于中华民族伟大复兴的爱国者"作为新时代爱国统一战线的重要组成部分，体现了党对统一战线新的历史方位的深刻认识、对统一战线规律的科学把握。

新的社会阶层不断涌现，知识分子日益大众化，身份、体制、职业、地域等方面的界限不断被打破，社会成员之间的相互关系更加综合、复杂。统一战线广大成员的思想观念、价值取向、行为方式、利益诉求等更加多元，特别是在根本利益一致的前提下统一战线广大成员的具体利益日益多样。以上这些变化，对统一战线团结整合各方力量、增进政治共识提出了更高要求。中国共产党既要"管肚子"，也要"管脑子"，在发展经济改善民生的同时，更要解决好精神富足问题，不断增强人民群众对伟大祖国、中华民族、中华文化、中国共产党、中国特色社会主义的认同，铸牢中华民族共同体意识，进一步提升全社会的凝聚力。统一战线是中国共产党加强思想政治引领、团结争取群众、增强对社会的组织力动员力的重要途径，必须进一步创新思路理念、政策举措、方法手段，不断巩固不同党派、不同民族、不同阶层、不同群体的共同思想政治基础，着力增强他们对党的向心力。

---

① "五六七八九"指民营经济贡献了 50% 以上的税收、60% 以上的国内生产总值、70% 以上的技术创新成果、80% 以上的城镇劳动就业、90% 以上的企业数量。

2. 从治国理政的战略高度把准定位

全面建设社会主义现代化国家、实现中华民族伟大复兴，统一战线在围绕中心、服务大局方面所发挥的作用更加重要。因此，要从治国理政的战略高度来掌握统一战线工作的时代定位。治理体系和治理能力现代化是全面建设社会主义现代化国家的重要目标，也是实现中华民族伟大复兴的重要保障。统一战线是国家治理体系的重要组成部分，中国新型政党制度、民族区域自治制度等是国家治理体系的重要制度支撑。同时，统一战线也是国家治理的重要方式，统战理念、统战方法、统战艺术，体现了现代国家治理的中国特色，这些都决定了统一战线在推进国家治理体系和治理能力现代化方面能够发挥不可替代的作用。

统一战线能够寻求改革发展稳定的最大公约数，是实现稳中求进的密钥。一方面，统一战线维护社会和谐稳定。当前随着社会结构、利益格局深刻调整，中国改革攻坚期、社会敏感期、矛盾交织期三期叠加，人民群众的公平意识、民主意识、权利意识、法治意识不断增强，如何平衡利益关系、解决矛盾冲突、促进社会公平正义，已经成为关系社会和谐发展的重要问题。统一战线是重要的社会"解压阀"，在凝聚共识、协调关系、化解矛盾、理顺情绪等方面具有独特优势，能够通过沟通协商、教育引导、照顾利益等方式，发挥凝聚人心、稳固人心的作用，促进整个社会和谐稳定[1]。另一方面，统一战线服务经济社会发展。人才资源已经成为经济社会发展的第一资源，实现中华民族伟大复兴的宏伟目标决定了我们比历史上任何时期都更加渴求人才，统一战线聚集了各领域的专家大家、领军人才，必须发挥统一战线人才荟萃、智力密集的独特优势，把这一群体的创业热情、创新勇气、创造活力有效激发出来，为全面建设社会主义现代化国家提供坚强人才保证和智力支持。

当今世界正经历百年未有之大变局，国际环境日趋错综复杂，世界进入新的动荡变革期。这就要求统一战线在抵御渗透、防范化解风险、维护

---

① 《中央统战工作会议精神学习问答》，人民出版社，2022，第59页。

国家安全上发挥更加重要的作用。统一战线已经成为反分裂反渗透反颠覆的最前沿、国际斗争的重要领域。因此，要充分发挥统一战线对外交往广泛、反渗透反分裂作用突出的特点和优势，一手抓思想政治引领，一手抓防范渗透破坏。牢固树立总体国家安全观，深入排查民族、宗教、涉藏、涉港、涉台等统战工作重点领域的风险隐患，做好监测预警、分析研判、应急处置等工作，把风险隐患消除在萌芽状态，防止局部风险演化为全局风险、经济社会风险演化为政治风险，牢牢守住不发生系统性风险、重大风险的底线[①]。

3. 回应时代诉求创新统一战线话语

话语从历史中走来，在时代中成长。话语内容是客观、真实反映并契合时代发展要求的观念思维的理论表达。统一战线话语内容建构必须契合时代发展潮流。恩格斯认为："每一个时代的理论思维，包括我们这个时代的理论思维，都是一种历史的产物，它在不同的时代具有完全不同的形式，同时具有完全不同的内容。"[②] 这就要求统一战线话语内容建构必须与时俱进，契合时代发展的主题。传播新时代统一战线理论话语，要倾听时代声音，展现时代风貌，积极学习和借鉴新型话语载体的视听传播、语言表达的方式特点，运用网络化、个性化、趣味化的时代语言特别是青少年群体易于接受的新兴网络话语等，对政治话语、学术话语进行文本阐释和大众化传播，更好推动统一战线话语为不同社会群体所接受[③]。

话语传播是话语内容实现效能转变的重要方式。统一战线话语内容优势转化为引导舆论的话语效能的重要手段就是推动统一战线话语传播。当然，统一战线话语传播效力还与统一战线话语传播环境、传播主体、传播受众及传播内容等密切相关。对当下而言，提高统一战线话语传播效力的重中之重就是加强话语传播手段和话语方式的创新。良好的传播手段是推动话语内容

---

① 《中央统战工作会议精神学习问答》，人民出版社，2022，第 18 页。
② 《马克思恩格斯选集》（第 3 卷），人民出版社，2012，第 873 页。
③ 丁俊萍、颜苗苗：《新时代统一战线话语的建构》，《中南民族大学学报》（人文社会科学版）2022 年第 3 期。

转化为话语效能的重要条件。习近平总书记强调："要高度重视传播手段建设和创新，提高新闻舆论传播力、引导力、影响力、公信力。"① 新时代，推动统一战线话语内容转化为引导舆论的话语效能需要不断加强传播手段创新。因此，要灵活运用新兴话语载体，推动主流媒介与非主流媒介携手共进。"互联网+"时代，话语载体是基础。"互联网+"带动了各种新兴话语载体的出现，促进了话语表达的大众化，推动了话语内容的丰富化，提高了话语传播的有效性。要充分利用网络平台，科学分析各网络平台的优势，根据各平台受众特征制定相应的统一战线话语引导方案，提高受众参与度，使人们在思想交流及对话中增强政治辨别力，提高政治凝聚力。

行之有效的话语方式有利于人民群众理解、接受和支持话语理论。创新新时代统一战线话语体系，离不开行之有效的话语方式。马克思主义中国化的进程之所以得到最广大人民群众的认同和支持，重要原因之一就是中国共产党用民族化话语来阐释马克思主义，实现了马克思主义与中华优秀传统文化的合理结合。构建新时代统一战线话语体系同样离不开推出人民群众易于接受和认同的民族化话语，必须广泛运用本土化话语。同时，凝练出与国际共识概念接轨、符合人类文明共同价值观念的新兴统一战线话语，让统一战线话语能够走出去、说出来、被认可。

（三）接续推进统一战线话语的积累性发展

统一战线话语在继承与创新中实现积累性发展。应基于内因与外因、部分与整体的辩证关系，将探索运用统一战线话语体系内在规律与扎根中国特色社会主义话语体系相结合，推动统一战线话语的积累性发展。在推动统一战线话语体系丰富发展过程中，必须牢牢掌握话语权，避免出现因"失语"而"挨骂"的被动局面。

1. 创新发展统一战线话语体系要素形态

统一战线话语是对统战工作内在规律的总结归纳和时代阐释。规律即事

---

① 习近平：《决胜全面建成小康社会　夺取新时代中国特色社会主义伟大胜利——在中国共产党第十九次全国代表大会上的报告》，人民出版社，2017，第42页。

物之间的内在的必然联系，决定着事物发展的必然趋向。第一，基于统一战线话语演变的历史阶段性规律进行划分，统一战线话语体系分为输入性话语、转化性话语、原创性话语，三个部分相互促进、融合发展。创新改造输入性话语、融会贯通转化性话语、丰富发展原创性话语，需要站在中国的立场上，统筹国内国外两个话语格局体系，解放思想、实事求是、与时俱进、求真务实，坚持独立自主与交流合作相结合，建立健全具有中国特色、面向世界的统一战线话语体系。这不仅能够全面系统发展统一战线话语体系，还能展现出道路自信、理论自信、制度自信和文化自信。第二，基于应然与实然、理论与实践、历史与现实的辩证统一关系，必须推动应然性统一战线话语、实然性统一战线话语、指向路径阐述的可然性统一战线话语协调发展，回答好统一战线"是什么""为什么""怎么做"的时代之问。第三，基于统一战线话语的生成图景和应用范式，统一战线话语体系又可以分为政策话语、学术话语和实践话语，三者相互转化、良性互动。统战政策话语在协调关系、理顺情绪、化解矛盾方面具有重要作用；统战学术话语因其先进性和引领性能够提高统战工作政策的解释力，为推进统战工作提供有效支撑；统战实践话语基于对行动、活动等的分析概括而成，因其实证性、经验性和群众性，对激发党与群众的认知共鸣、实现情感共振具有独特作用。推进统一战线话语体系创新发展的关键在于运用好三种话语之间的转换机制，因势而变、应势而转、顺势而融、乘势而兴。

话语的研究和发展需要固定的物质载体来支撑。要根据统一战线历史方位的新变化，全面加强统一战线理论政策研究和宣传。将习近平总书记关于做好新时代党的统一战线工作的重要思想和统一战线理论研究纳入马克思主义理论研究和建设工程等国家重大研究项目，从理论和实践、历史和现实的结合上进行深入研究阐释。建立健全统一战线研究机构，加强统一战线相关学科建设，发挥习近平新时代中国特色社会主义思想研究机构、全国重点马克思主义学院的重要作用，推出更多有分量的研究成果。积极运用各种载体深入开展党的统战理论方针政策、统战工作和统战历史、统战人物和统战知识的宣传工作，加强统战历史文化资源保护利用，传播统战声音，讲好统战故事。

2. 立足于自我革命引领社会革命的实践

中国共产党的自我革命引领社会革命的伟大实践催生和滋养着统一战线话语体系。统一战线内嵌于党的自我革命，服务于伟大的社会革命。党保持先进性和纯洁性离不开党外群众的支持、监督和评价。党的三大优良作风之一就是密切联系群众。密切联系群众具有价值性和工具性两重意蕴。价值性是指党的工作出发点和落脚点都在于实现最广大人民群众的根本利益。毛泽东同志在新民主主义革命时期就提出全心全意为人民服务，解决人民生产和生活中的问题，以此调动人民革命的积极性。工具性是指发挥人民群众创造历史的主动精神，让人民群众建言献策支持党的工作、监督党组织和党员工作以及最终来评价党的工作成果。中国共产党人将党群关系比喻为血与肉、鱼与水、种子和土地、学生与先生等的关系，将群众路线作为党的事业的生命线。"耿飚之问"更是深刻揭示了长期坚持群众路线的重要性。统一战线话语与党的自我革命话语具备同向同构性。党的自我革命为塑造和发展统一战线话语提供了政治方向和政治原则。同时，统一战线工作也以坚持党的领导为首要政治原则，形成了以"坚持党的领导"为核心的政治话语。

中国共产党领导伟大社会革命的生动实践是统一战线话语发展的素材库。统一战线话语是中国共产党话语体系和中国特色社会主义话语体系相融合的产物。与国民党一党独裁、一党训政不同，中国共产党坚持解放思想和思想解放的辩证统一，充分发挥党外人士在改革经济基础和上层建筑中的积极作用，汇聚社会优势资源、释放社会活力，促进社会生产力发展。从采纳党外人士李鼎铭先生有关"精兵简政"、"三三制"政权的建议，陈嘉庚访问延安，到毛泽东同志与黄炎培的"窑洞对"，这些都是中国共产党人和党外人士通力合作推进社会革命的典范。由此看出，中国共产党与党外人士具有共同的政治理想和奋斗动力。中国特色社会主义实践是推进统一战线话语创新发展的时代土壤。统一战线话语来源于中国特色社会主义制度话语，同时彰显和发挥出中国特色社会主义道路、理论、制度和文化优势，实现中国特色社会主义实践优势与统一战线话语优势的良性互动。

3. 牢牢掌握国内国外统一战线话语权

建构话语体系需要牢牢掌握话语权。所谓话语权，从字面意义上讲，就是说话权、发言权，亦即说话和发言的资格和权利，更深层次上"主要是指关系国家生死存亡的意识形态主导权"①。话语权反映一定阶级或集团的意识形态，包含着某一阶级或社会集团的利益诉求和价值观要求。统一战线话语权是工人阶级及其政党意志的集中体现，包含着最广大人民群众的价值诉求。建构统一战线话语权是应对国际国内挑战的必然要求。一方面，西方资本主义国家在国际话语体系中长期占据主导地位，这导致中西方在话语博弈中缺乏平等的对话平台。尽管近年来中国经济发展势头迅猛，文化和意识形态也表现出强大的感召力和影响力，但国际话语"西强我弱"的局面并没有发生实质性改变。另一方面，从国内情况看，统一战线话语权建构依旧面临一些挑战。长期以来，一些西方国家坚持对我国进行意识形态渗透，尤其是进入信息全球化时代以来，西方国家借助新媒体力量进一步加大意识形态等的入侵力度，企图动摇中国人民对中国共产党的政治认同，消解民族内部团结与稳定，这对中国统一战线话语权建构带来一定的挑战。

为了应对挑战，必须采取管长远、有效果的措施来建构统一战线话语权。第一，要坚持以人民为中心的发展思想。"为什么人"的问题是话语权建构的核心议题。统一战线理论话语能否掌握群众，关键在于统一战线理论话语能否被人们所接受和认同。丰富统一战线理论的话语内涵，要察民情、知民意、解民忧，要同解决人民的利益诉求紧密结合起来。尊重和照顾统一战线各话语主体的自身利益，使统一战线各话语主体的利益诉求得到充分表达，在求同存异的基础上，全面提升统一战线话语主体地位。质言之，要处理好统一战线工作中整体利益与个体利益之间的关系。第二，要不断提升统战干部的工作素养。统战部门是中国共产党开展统战工作的核心职能部门，在统战工作中处于十分重要的位置。统战部门内部要充分认识到统战工作的极端重要性，主动增强统战意识、提升统战素养，对有关焦点、热点问题要

---

① 张国祚：《关于"话语权"的几点思考》，《求是》2009年第9期。

及时作出权威性解释，从而有效引导统战对象。第三，要不断改善统一战线的话语环境。进入新时代以来，人民群众的道路自信、理论自信、制度自信、文化自信不断增强，这为新时代统一战线话语权建构提供了良好的话语环境。新形势下，我们要善于把握时代变化，要聚焦相关议题积极发声。无论是在国家主权、领土完整等重大议题上，还是在国际热点、敏感话题上，都应根据实际情况，亮明观点、表明态度，展现可信、可爱、可敬的中国形象。强化传播共性，构建立体化国际传播体系。要研究海内外叙事习惯的异同，借鉴世界主要媒体议题设置和报道风格，坚持个体叙事和宏大叙事相结合，生动鲜活地展现中国的统一战线主张。

三　在应然与实然的张力关系中发挥话语塑造作用

统一战线话语兼具经验之"实"和语言之"名"，具有推动海内外中华儿女凝心聚力、团结奋斗、同圆共享中国梦的号召力和凝聚力。同时，话语作为一种政治社会化的符号和媒介，能够有效处理应然目标和实然状况间存在的张力关系，促进统一战线健康长远发展。

（一）科学明确统一战线的应然目标

统一战线的方向话语和任务话语具有高度统一性，集中体现为统一战线的应然目标。从历时性看，确立统一战线的应然目标需要统筹长期性目标和阶段性目标，以此来保障目标的可持续性。从共时性看，既要制定统一战线工作的整体目标，也要聚焦不同领域的个体目标，以此来保障落实目标的可操作性。从目标内容本身来讲，既要"有为"，也要"有止"，这就要求在制定目标时必须将战略思维和底线思维相结合。

1.将长期性和阶段性目标有机结合

马克思主义主张用发展的眼光来看待事物。事物的发展趋势呈现螺旋式特征，由量变到质变，又从质变开始新的量变，积累到一定程度再发生质变，如此循环往复。因此，统一战线的应然目标既要有长期性又要有阶段性，长远目标引领阶段性目标前进，阶段性目标推进实现长远性目标。统一战线作为凝聚人心、汇聚力量的强大法宝，最终目标是实现共产主义。在革命、建设和改革过程中，中国共产党领导统一战线取得了一个又一个胜利，致力于实现中华民族伟大复兴的中国梦。统一战线是以中国共产党的领导为圆心的统一战线。因此，统一战线的长期性目标要服务于中国共产党的最高理想和最终目标。在马克思看来，只有到共产主义社会，每一个人才有可能在特殊利益与共同利益完全一致的基础上，实现对人的本质的真正占有，至此人类社会才能彻底摆脱因阶级对立造成的桎梏和障碍，真正解决人和人之间的矛盾。由此可知，统一战线的最终目标是实现共产主义，也终将消亡于共产主义。

人类社会表现为不断发展演化的历史过程，统一战线的工作目标具有社会历史性，即阶段性。在《中国共产党统一战线工作条例》中新时代统一战线主要任务中的"四个服务"，以及党的二十大报告中提出的"完善大统战工作格局，坚持大团结大联合，动员全体中华儿女围绕实现中华民族伟大复兴中国梦一起来想、一起来干"①，都阐明了统一战线在中国特色社会主义中的阶段性目标。阶段性目标体现了长远性目标的时代价值和奋斗历程。将统一战线长期性和阶段性目标相结合，保持了统一战线话语的连续性和相对稳定性，突出了应然性统一战线话语的科学性和代表性。总而言之，要用发展的眼光来看待统一战线工作，不断观察新情况、总结新诉求，从而制定出新的阶段性目标。

2. 将整体目标和局部目标有机结合

中国共产党作为革命党和执政党，数量庞大且组成多元的党外人士都是统一战线工作对象。因此，要将统一战线工作的整体目标和局部目标相结合。具体到应然性统一战线话语的建构中，要将宏观叙事、中观考察和微观挖掘有机结合，制定立体化、多层次的统战工作目标。《中国共产党统一战线工作条例》中采用整体与部分相结合的"总-分"叙事结构：第一章"总

---

① 《党的二十大报告辅导读本》，人民出版社，2022，第 35 页。

则"部分论述了统一战线整体任务；第二章从组织层面规定了各级党委（党组）的职责；第三章到第十一章，分别论述了民主党派和无党派人士工作、党外知识分子工作、民族工作、宗教工作、非公有制经济领域统一战线工作、新的社会阶层人士统一战线工作、港澳台统一战线工作、海外统一战线工作和侨务工作、党外代表人士队伍建设；第十二章从自身建设的角度提出工作要求和目标。党的二十大报告依然采用"总-分"的论述方法，首先聚焦中国梦这一总目标，其次分别从新型政党制度、中华民族共同体意识、宗教中国化、构建"亲""清"政商关系、加强和改进侨务工作方面论述了统一战线工作的分领域目标。以上都是从统战工作对象的社会属性来归纳统战工作的分领域目标。

统一战线工作目标是统战成员利益的最大公约数和最大同心圆的集中体现。统一战线作为一个有机体，既有整体利益，也涉及各话语主体的个体利益。在实际工作中，要实现整体利益和个体利益的辩证统一，注重统一战线各话语主体的个性化诉求。这就要求在制定统一战线工作目标时，既要立足大局考虑整体利益，还要兼顾同盟者的利益，尊重、维护和照顾同盟者，使他们的利益诉求能够充分表达或反映出来。质言之，在制定统一战线工作目标时，要处理好实现共同的根本利益和兼顾不同阶层具体利益的关系。此外，从多维空间、立体视角来透视统一战线的目标，还应该总结网络统一战线和国际统一战线工作的目标，及时更新消弭矛盾的网络统一战线话语和提出凝聚共识的国际统一战线目标话语。

3. 将战略思维和底线思维有机结合

战略思维和底线思维有机结合，实质上表明在党的统战工作开展过程中，必须遵循原则性和灵活性相统一的思维方法。这是因为，伴随着中国社会发展，既有的和将要产生的主要矛盾随时处于不断变化的状态中，国际格局也在发生前所未有的深刻变革。在这样大的历史方位之下，党和国家发展所面临的考验、风险和挑战是与日俱增的，这种不稳定性和不确定性极大地增加了各种风险隐患，因而行之有效地应对风险挑战，便成为党的统一战线工作必须努力的方向。党的统战工作的开展必须强调方式方法，通过强调战略思维和坚持底线思维将风险置于可控的范围之内，以便更加精准、有力、有法、有效地应对复杂和困难局面，不断发挥统一战线系统性、规范性和科学性的功能价值，下好先手棋。因而，对于实现统一战线工作的目标而言，既要善于从宏观上统筹党和国家事业发展全局，又要善于从微观处抓住战略重点精准施策而有的放矢，以科学的思维做到谋定而后动，争取把更多的成员团结在党的周围。具体到统一战线话语发展中，统一战线话语布局既要与党制定的统一战线路线方针政策相一致，又要及时整合有效的实践经验，保持统一战线话语布局的广阔性和话语内容的前沿性。

战略思维和底线思维有机结合，就是要增强党的统战工作的战略主动性。这种战略主动表现为能做好统一战线工作中的战略预置和风险预判，推动统一战线工作健康长远发展。战略主动性同党的大历史观相契合，以大历史观为指导，通过把握和运用规律，有针对性地做好战略预置，预判风险挑战的种类、发生的方位、造成的后果等，以抢占战略制高点的形式消除党的统战工作中的风险隐患，实现立"高"看"远"、抓"早"抓"小"。同时，战略预置还要求全党必须增强忧患意识，时刻保持对党的统战工作中各种风险挑战的清醒认识，在精神上高度重视而不懈怠，牢固树立和坚持底线思维，中国共产党人只有真正做到居安思危、未雨绸缪，才能随时准备好经受来自统一战线各个领域的重大考验。为此，统一战线工作既要有防范风险的先手，也要有应对挑战的高招，由此才能掌握凝聚人心、汇聚力量的主动权。

（二）客观分析统一战线的现实状况

客观分析统一战线的现实状况是统一战线话语的基本功能，也是发挥塑造作用、消除应然与实然之间差距的必要条件。时与势、优与缺都是统一战线工作面临的现实状况。话语布局是思想观念的直接呈现。在统一战线的话语布局中，要把握统一战线所处的历史方位、统一战线工作所取得的历史性成就以及统一战线工作存在的短板，三者的调适应该契合统一战线工作的现实情况，客观全面地发挥话语显示器的作用。

1. 准确把握统一战线所处历史方位

中国特色社会主义进入新时代，我国处于新的发展阶段，统一战线工作也进入新的历史阶段。社会主要矛盾发生新的变化，中华民族迎来了从站起来、富起来到强起来的伟大飞跃，实现了全面建成小康社会的伟大目标，中国共产党继续为实现中华民族伟大复兴和建成社会主义现代化强国而凝聚力量。在明确伟大目标、凝聚共识力量的过程中，必须关注当前党和国家存在的诸多问题包括难题，在风险挑战前保持清醒。尤其是信息技术已经成为反映党的治理水平和能力的重要参考指标，以互联网为例，当前互联网作为民意集聚地，其积极的一面是凭借技术手段更容易将党的统一战线主体扩大，消极的一面则是容易催生大量的网络舆情，尤其是"网曝"现象，"以曝制曝"和"以暴制暴"给人民的安定生活带来很大隐患。一些看似平常的事情，容易在网上持续放大，进而激化现实矛盾，导致问题不断演变升级，复杂程度和处理难度前所未有。

从社会的发展变化看，新的社会阶层不断涌现，知识分子日益大众化，随着身份、体制、职业、地域等方面的界限不断被打破，社会成员之间的关系更加错综复杂，统一战线成员之间关系更加错综复杂，统一战线内部利益主体多元化、需求多样化等趋势进一步强化。同时，世界面临的不稳定性不确定性突出，虽然和平与发展仍然是时代主题、合作与共赢仍是人类共同期盼，但是地缘政治紧张、大国博弈持续升温、经济全球化遭遇逆流等负面态势也在凸显。在这场世界之变、时代之变、历史之变中，既要看到"东升西降"的态势正在加速演进，也要看到"西强东弱"的格局尚未完全改变。特别是美国为了长期维持其霸权地位，宣称视中国为主要战略对手，变本加厉围堵打压，颠覆渗透有增无减，严重威胁我国主权、安全、发展利益。敌对势力为了达到分裂中国的目的，频频操弄涉藏、涉疆等议题，怂恿和支持"台独""港独"等分裂势力，粗暴干涉我国内政，力图从统战领域打开缺口。这种形势要求统战工作牢牢坚持党的全面领导，统筹国际和国内两个大局，广大党员特别是领导干部在思想理论上要有足够清醒的认识，坚持胸怀天下，不断提高自身的政治能力和政治本领，从而更好地应对各种风险挑战，使党在新的历史方位中更好把握统一战线的运行规律。

2. 正确认识统战工作的历史性成就

科学分析统战工作各领域取得的成就，是实然性统一战线话语的重要组成部分。分析统战工作的历史性成就，首先，要正确认识自发性和组织性的关系，这样才能总结出统一战线领导、组织者与各位成员对统战工作的贡献。统一战线中各成员作为中华儿女，具有爱国之情、报国之志，但是只有在中国共产党的领导下，才能将个体力量与整个社会的意志紧密联系起来，形成历史合力，实现民族独立、人民解放、国家富强和人民富裕。其次，只有正确认识合目的性与合规律性的关系，才能认清统战工作取得成就的必然性。将统一战线成员报效祖国、服务人民的满腔爱国热情转换成推动历史前进的动力，关键在于制定出符合革命、建设和改革规律的政策策略，从而将潜在的历史发展动能转化为真正的历史成就。最后，正确认识同一性和斗争性的关系，才能把握统一战线工作取得历史性成就的艰巨性和伟大性。实现中华民族伟大复兴是中国最广大人民的根本利益和共同愿望，统一战线是做聚沙成塔、积水成渊的工作。但是实现中华民族伟大复兴的历史潮流之中确实还隐藏着、裹挟着"暗礁"、"旋涡"和"回头浪"，必须对这些消极因素，以及与阻碍历史前进的势力进行坚决的斗争，这样才能维护统一战线工作的有序性和有效性，推动历史车轮滚滚向前。

新时代以来，在党中央坚强领导下，统一战线紧紧围绕党和国家中心任务，不断促进政党关系、民族关系、宗教关系、阶层关系、海内外同胞关系和谐，统一战线工作呈现团结、奋进、开拓、活跃的良好局面。习近平总书记着眼于统筹推进"五位一体"总体布局和协调推进"四个全面"战略布局，对做好统一战线各领域工作作出系统谋划和全面部署，指导新时代统一战线工作取得重大历史性成就。具体而言，我国多党合作事业蓬勃发展、社会各阶层活力更加彰显、中华民族共同体意识进一步铸牢、宗教与社会主义社会更加适应、海内外中华儿女大团结持续加强，为推进中国特色社会主义伟大事业、实现中华民族伟大复兴作出了新的贡献。第一，中国共产党坚持和完善新型政党制度，巩固共同思想政治基础，支持民主党派加强参政党建设，多党合作制度优势不断彰显。第二，中国共产党着眼于促进民营经济健康发展和民营经济人士健康成长，积极推动构建"亲""清"政商关系，推动优化营商环境，持续激发市场主体活力，我国民营经济持续快速发展，民营经济人士对党的向心力进一步增强。第三，坚定不移走中国特色解决民族问题的正确道路，坚持和完善民族区域自治制度，铸牢中华民族共同体意识，"中华民族一家亲、同心共筑中国梦"的生动局面更加巩固。积极做好城市民族工作，推动建立和营造嵌入式的社会结构和社区环境，不断促进各民族交往交流交融，各族人民团结成"一块坚硬的钢铁"。第四，全面贯彻党的宗教工作基本方针，稳步推进我国宗教中国化，提高宗教工作法治化水平，我国宗教与社会主义社会相适应迈出新步伐。第五，以凝心聚力同圆共享中国梦为主题，坚持凝聚侨心、汇聚侨智、发挥侨力、维护侨益、为侨服务，广泛团结海外侨胞致力于国家现代化建设与和平统一大业，助力中外人文交流，有力促进海内外中华儿女的大团结。

3. 以问题导向找准统一战线的短板

新时代以来，"大统战""同心圆论""中华民族共同体"等新表述新提法，丰富了统一战线话语内容。但在实际工作过程中，统一战线话语内容在一定程度上还是难以满足受众的个性化、差异化、精细化需求。话语受众是话语建构链条中的信息接收者和传播者，是话语建构链条中的关键一环，具有构成广泛性、个性丰富性和需求多样性等特征。能否充分考虑群体的多样性，科学分析话语受众的特质，进而与话语受众产生深度共鸣，关系到统一战线话语传播的影响力和号召力。当前这一方面显然有待加强。此外，当下统一战线话语建构还呈现出实践超前性和理论滞后性的特征，即统一战线话语理论发展滞后于统一战线话语实践，这对创新统一战线话语内容提出了更高的要求，也为构建新型统一战线话语体系指明了方向。

当前，统一战线话语建构的一个薄弱环节就是统一战线话语传播的有效性不足，尤其是传播手段滞后，导致话语影响力、引导力和感召力不够。一是对新兴话语载体运用不够。当前统一战线话语传播主要借助主流话语媒介，对新媒介的适应和运用略显不足，尤其是对青少年所青睐的新兴媒介如抖音、快手、B站等平台运用不够，受众参与度有限，进而导致统一战线话语对受众的引导力度不足，一定程度上影响了统一战线话语传播。二是多元化媒介环境下传统媒介与新兴媒介的合作力度不够，未能将二者的传播优势进行融合，拓展话语传播阵地。统一战线领域深层次的矛盾问题制约统战工作整体水平提升。统一战线领域一些重点难点问题长期难以得到有效解决，根源在于对隐藏在表象背后的深层次问题研究不够。必须敢于直面问题，多措并举，标本兼治，以久久为功的定力和日日做功的毅力，推动统战工作实现高质量发展。

（三）发挥统一战线话语的反塑作用

统一战线话语对统战工作的主体、客体和方式都有反塑作用。统一战线话语塑造了中国共产党在革命、建设和改革中的光辉形象，密切了党群联系。统一战线对象在学习统一战线话语的过程中，推动政治传统的形成并坚定政治信念，实现自身健康发展。话语在推动主客体发展过程中，对统战工作的方式也提出了要求，促进统战方式朝多元化方向发展。

1. 统一战线话语塑造并展现党光辉的形象

中国共产党作为统一战线工作的领导核心，将政治话语化与话语政治化相结合，塑造了百年大党"大的样子"。政治话语化，意味着统战对象可以依据话语来认知和学习中国共产党统战工作的政策和方针。各民主党派可以通过"协商民主"话语透视中国共产党领导的多党合作和政治协商制度的优越性，了解到中国共产党如何将各个政党和无党派人士紧密团结起来，朝着共同目标奋斗。各少数民族通过"铸牢中华民族共同体意识"等话语，跟随中国共产党走中国特色解决民族问题的正确道路，始终坚决维护各民族的根本利益。各宗教界人士在"宗教工作法治化"和"宗教中国化"话语引导下积极使宗教同中华优秀传统文化相融合、与社会主义社会相适应，坚持全面从严治教。对新的社会阶层人士而言，"团结引导"和"社会和谐"话语，体现出中国共产党对其信任尊重以及将其团结、组织起来发挥作用的工作思路。海内外中华儿女在"统一"和"复兴"感召下紧密团结在一起，有力出力，有智出智，汇聚起实现中国梦的强大力量。

话语政治化有助于增强政治领导力、思想引领力、群众组织力、社会号召力。话语政治化作为政治社会化的一种重要媒介，展现了政党的能力。话语政治化是中国共产党组织力的一个缩影和窗口。中国共产党将群众路线艺术性、政策性运用到统一战线话语中，群众话语被赋予政治属性，实现话语政治化，后者又被应用到群众中去。中国共产党将话语政治化的"起点"和"终点"都统一到群众中，体现了统战工作本质上是一种特殊的群众工作。具体来看，"法宝"本是佛教和道教术语，被中国共产党用来表征统战工作的重要作用和地位，打通了中国共产党和宗教人士沟通的话语障碍，使后者易产生情感共鸣和政治认同。"最大公约数"和"最大同心圆"原本是数学术语，引入统战工作中后被赋予政治意蕴，言简意赅，表明了统战工作目标。这种政治譬喻符合中国民众的认知习惯和思维方式，便于向广大民众进行宣传。"石榴籽论"和"钢铁论"都来源于民众日常生活，将统战成员比喻成"石榴"，直观和形象地使统战工作走入民众的心里，强调了紧紧团结在一起的重要性。"两岸一家亲""中华民族一家亲""天下一家亲"等话语表达拉近了统战成员之间的距离，增强了彼此间的感情，使人们更加容易产生情感共鸣和达成思想共识。统战成员在党的领导下团结成"一块钢铁"，民众进一步明白团结奋斗的力量比钢还强、比铁还硬。统一战线在推进政治话语化与话语政治化的辩证统一发展中，密切党群联系，展示出中国共产党始终代表中国最广大人民的根本利益的先进政党形象。

2. 统一战线话语推动统战对象自身建设

政治社会化在主体与客体之间并不是单向、被动的过程，客体在接受政治教育和训练的同时，通过对政治环境的认知、政治关系的把握和政治观点的分析，逐渐形成自己的政治认知以及政治自我和政治人格。话语是政治社会化的重要媒介和途径，能够帮助"自然人"成为"政治人"，并使之形成和完善政治人格。当政治人格成为自我意识的对象时，政治自我就形成了。具体在统战工作中，统战工作对象通过学习党的路线、方针和政策参与实现兴党强国和民族复兴具体过程，增强对中国共产党的政治认同、思想认同和情感认同，进而按照实现国家统一和民族复兴的要求来推进自身建设。习近平总书记指出："中国特色社会主义进入新时代，多党合作要有新气象，思想共识要有新提高，履职尽责要有新作为，参政党要有新面貌。"①在多党合作领域，各民主党派在发展过程中形成的具有自身特色的统一战线话语，已经成为推进自身建设的政治信念和鲜明旗帜。中国农工民主党把推进中国特色社会主义参政党建设作为一项长期的重要任务，持续加强自身建设，全面实施政治建党、人才强党、履职兴党、作风固党、制度治党战略。中国民主同盟发扬自我教育的优良传统，以思想政治建设为核心、组织建设为基础、履职能力建设为支撑、作风建设为抓手、制度建设为保障，建设政治坚定、组织坚实、履职有力、作风优良、制度健全的中国特色社会主义参政党。九三学社始终强调坚持中国共产党领导，发扬社会主义民主，体现政治联盟特点，坚持一致性与多样性相统一、进步性与广泛性相统一。中国民主促进会传承老一辈领导人"只有跟着共产党走，才是在道上行"的政治信念，在思想共识上取得新提高，在履职尽责上创造新业绩，在自身建设上展现新面貌，谱写了新时代民进历史新篇章。

在党外知识分子领域，欧美同学会坚持政治建会、团结立会、依章治会、民主办会、实干兴会，充分发挥群众性、高知性、统战性的特点和优势。在民营经济领域，全国工商联坚持政治建会、团结立会、服务兴会、改革强会，以促进民营经济健康发展和民营经济人士健康成长为主题，以建设政治坚定、特色鲜明、机制健全、服务高效、作风优良的人民团体和商会组织为目标，增强政治性、先进性、群众性。在宗教事务领域，各宗教团体坚持独立自主自办的原则，宗教团体、宗教活动场所和宗教事务不受外国势力的支配。各宗教团体坚持宗教中国化的前进方向，各协会名称都以"中国""中华"开头，如中国佛教协会、中国道教协会、中国基督教协会、中国伊

---

① 习近平：《多党合作要有新气象思想共识要有新提高 履职尽责要有新作为 参政党要有新面貌》，《人民日报》2018 年 2 月 7 日。

斯兰教协会、中国天主教爱国会、中国天主教主教团、中华基督教青年会全国协会、中华基督教女青年会全国协会等。

3. 统一战线话语推进统战方式多元融合

发展着的统战工作呼唤话语创新，新的统一战线话语又推动统战工作实现新的发展。新的社会阶层人士是典型的"社会人"。他们以青年为主体，思维活跃，习惯运用互联网获得信息、发表观点，网络化特征明显。因此，青年化、网络化是统战工作面临的新情况，要求统战方式进行变革，实现多元化发展。这种统战方式的变革，首先体现在统一战线话语的创新上。网络统一战线话语应互联网发展而兴起，引领着网络统战的前进方向和发展方式。互联网作为当前宣传思想工作的主阵地，对统战工作主客体的思维方式、价值观念和行为方式都会产生重要影响。从 2005 年首次提出"网络统战"理念到 2016 年习近平总书记提出构建"网上网下同心圆"，党领导下的主流媒体不断强化思想引领，提高传播力、引导力、影响力、公信力，使全体人民在理想信念、道德观念上紧紧团结在一起，让正能量更强劲、主旋律更高昂。"CCTV 网络春晚"是央视聚焦"网络"与"青春"，以主流文化价值观引领大众文化潮流为主导，以实现主流价值观的年轻态表达为方向，推动不同圈层文化共融共生、共创未来的新平台。"CCTV 网络春晚"基于网络统战的新平台，结合文化润物细无声的优势，致力于打造和维护网络公共领域和文化秩序，成为党在互联网时代增进群体认同和思想认同的新渠道。"CCTV 网络春晚"将网络统战和文化统战相融合，形成"多元一体"下的"一国""一心"，生发更大的统战效能。"CCTV 网络春晚"的出现和火热，体现出中国共产党对新群体新阶层所展现出来的网络文化、青年亚文化的整合与引领，尤其是展现了中国共产党在互联网领域对网民的思想引领力和组织力，在主流文化、青年亚文化和网络文化中争取最大公约数，画出最大同心圆。从 2002 年首次举办虚拟春节晚会到 2011 年举办首届"CCTV 网络春晚"，再到 2023 年以"一起开新，共造未来"为主题的"中央广播电视总台 2023 网络春晚"，其已成为一个具有感染力的网络话语和文化现象。在"CCTV 网络春晚"上，我们可以看到素人与明星共聚一堂，还可以看到青春偶像、传统艺人和虚拟人物在艺术上携手共进。"CCTV 网络春晚"正是通过"破圈""狂欢"，在增进群体认同与提升民族凝聚力等方面发挥强大影响力①。

　　语言是"思维本身的要素，思想的生命表现的要素"②，既是被规定的存在，又是对思维和思想的呈现。话语源于社会存在，又因其相对独立性反作用于社会存在。百余年来，统一战线话语在理论与实践、历史与现实、应然与实然之间发挥着引领与调适作用，这种作用发挥的过程与结果，熔铸成中国共产党领导下的统一战线文化。

---

① 燕道成、宋世玉：《叙事学视域下央视网络春晚的创意传播策略》，《新闻世界》2022 年第 8 期。
② 《马克思恩格斯文集》（第 1 卷），人民出版社，2009，第 194 页。

第五章
统一战线话语体系的时代建构路径

统一战线作为话语样态的表达，既包括概念、命题、论断等诸多方面，又基于不同表达功能具有不同的话语形态，具有鲜明的历史演进性、时代转换性和时空独特性。新时代统一战线的理论创新与实践探索，预示着统一战线话语建构将迎来重大飞跃。因此，从突出主线、立足主体、掌握主动、形成主导四个层面丰富统一战线话语的时代内涵，勾勒出新时代统一战线话语建构立体化、多层次的基本图景，对于中国共产党发挥政治领导、思想引领、组织群众和社会号召功能具有重要的现实意义。

一 突出主线：切实增强统一战线话语阐释能力

确立主线是进行观点阐释、安排内容布局、形成整体架构的基础。统一战线话语关涉党和国家事业发展大局、关系中华民族复兴大业，厘清谋篇布局的逻辑主线，是统一战线话语体系建构的关键所在。循此逻辑，统一战线话语体系的时代建构必须以切实增强话语阐释能力为主线，把握统一战线话语演进的主流，切中话语体系建构的本质，为新时代统一战线话语推陈出新指明目标、确定方向。

（一）把握统一战线话语演进的主流

把握主流是更加科学理性地辨识统一战线话语发展潮流和趋势的重要方法。纵观统一战线话语的历史逻辑，中国共产党始终坚持以马克思主义统一战线思想为指导，依据社会主要矛盾转化、阶级阶层关系变动等实践因素，灵活运用不同话语表达形态描述与阐释统一战线的性质、构成、范围、任务，逐渐形成统一战线话语主题性、原创性、延展性的演进主流。

第一，把握统一战线话语演进体现时代风貌的主题性。话语以广泛存在且影响深远的方式根植于时代发展的宏大语境，不同发展阶段的话语表达本质上由特定的时代主题所规定。这意味着，将统一战线话语置于社会变革与历史变迁的时代主题之中，是把握统一战线话语演进主流的首要原则。一是辩证分析统一战线话语主题性的"大"与"小"。"大时代"与"小时代"的辩证统一是列宁认识时代问题的鲜明特征，为统一战线话语体系提供宏微并臻的建构思路。从大处着眼，必须以时代性质为依据，"首先考虑到各个'时代'的不同的基本特征（而不是个别国家的个别历史事件）"①，依据中国特色社会主义新时代的目标和要求，将统一战线话语深度嵌入中国共产党团结带领全国各族人民全面建成社会主义现代化强国、实现第二个百年奋斗目标，以中国式现代化全面推进中华民族伟大复兴的中心任务之中。在锚定"大时代"的基础上，统一战线话语还需结合具体时空维度、不同发展阶段，针对短跨度、多阶段的"小时代"所面临的深化国家认同、维系民族团结、优化社会治理等特殊性需求，在复杂的时代形势中细化核心概念与关键议题。二是清晰界定统一战线话语主题性的"内"与"外"。自20世纪80年代邓小平同志提出和平与发展是当今世界的两大主题以来，世界时代主题与国内时代主题相互作用、相互影响逐渐成为中国共产党时代主题观的重要组成部分。从"外"的维度来看，统一战线话语必须定准世界视野的坐标，科学认识和平和发展这一时代主题，并结合应对世界百年未有之大变局、推动构建人类命运共同体、弘扬全人类共同价值等世界性议题，开启统一战线话语迈向国际的中国时代。从"内"的维度来看，脱离国内时代主题的话语可能沦为主观臆断的"虚假"话语，正是在这个意义上，必须系统化研究总结统一战线话语始终契合国内时代主题的历史经验，并紧扣中华民族从站起来、富起来到强起来的递进逻辑，

---

① 《列宁全集》（第26卷），人民出版社，2017，第143页。

实现统一战线话语的丰富发展。三是精辟阐释统一战线话语主题性的"守"与"变"。时代主题是稳定性和发展性的统一，因而统一战线话语是"守"与"变"的相互映照。从"守"的视角来看，无论时代主题如何变化，统一战线保持自身政治性、发挥联盟功能的定位没有改变，相对应的统一战线话语应该保持战略定力，保持相对稳定的表达形态。从"变"的视角来看，随着世界局势和国内形势的发展演变，统一战线在调整国家政治关系、保持国家总体平衡、服务国家中心工作等方面的作用不断凸显，相对应的统一战线话语应当紧跟变化发展的情况，与时俱进，创新话语表达形态。

第二，把握统一战线话语演进反映理论自觉的原创性。话语是理论的外在表达，但理论并不是一成不变的，习近平总书记指出，"马克思主义理论不是教条，而是行动指南，必须随着实践的变化而发展"[1]。从统一战线话语的原创性发展来看，理论创新与理论创造是推动统一战线话语演进的重要力量，也是把握统一战线话语演进的基本原则。一是在对现象的理论阐析中提炼原创性概念。由现象到理论的跨越是话语体系建构的重要途径，统一战线话语体系建构需要从繁杂的现实表象中挖掘特定现象蕴藏着的丰富话语资源。比如，从社会主义革命和建设时期统一战线工作强调"团结一切可能团结的力量，为我们的共同目标奋斗"[2] 这一现象出发，学理化阐释统一战线在稳定人心、巩固政权和建立制度等方面发挥的重要作用，进而从中提炼出"团结奋斗"的标识性概念。推而广之，需要以中国实践中的独特现象为原始素材，辅以道理、学理、哲理等逻辑自洽的理论阐析，从而提炼出坚守中国立场、创新中国视域、解决中国问题的统一战线原创性概念。二是在经验的理论提升中形成原创性论断。穿越感性直观的经验世界，使实践经验上升到理论的高度，进而梳理、抽剥并提炼出普遍合理的论断，是话语体系建构的重要准则。依此来判断，统一战线话语

---

① 习近平：《在纪念马克思诞辰 200 周年大会上的讲话》，人民出版社，2018，第 9 页。
② 《中共中央文件选集（1949 年 10 月~1966 年 5 月）》（第 22 册），人民出版社，2013，第 389 页。

体系建构需要创新从经验到理论的提升路径与形式，将特定的经验转化为更具普遍意义的话语，如将改革开放和社会主义现代化建设新时期统一战线统合不同社会政治力量的经验提炼为"大统战工作格局""大团结大联合"等原创性论断，为构筑统一战线话语体系提供坚实基础。三是在历史的理论归纳中挖掘原创性范式。话语范式由共同体成员所共享的概念范畴、观点论断等构成，具体而言，随着时代的转变、问题域的拓新，不同历史时期的统一战线话语可以细分为不同类型的话语范式。统一战线话语体系建构不能停留在简单表达和重复叙述的层面，而需要从范式生成与演变的维度切入，注重梳理统一战线话语在转译与初创、探索与建构、突破与变革、创新与重塑等不同历史阶段的范式革新，以一定的理论逻辑总结统一战线话语范式朝原创性方向发展的基本经验。在现有范式的基础上，加快推动原创性范式的综合集成和系统重塑，最终摆脱对西方话语范式的习惯性依赖。

第三，把握统一战线话语演进承载内容更新的关联性。统一战线话语不是固定不变的，应该伴随时代发展、任务变化等而不断丰富自身。一是确立内容延展性的理论枢纽。任何独立完整且成熟的话语体系都是由理论原点起步，而后经历一系列相互联系的环节逐步建构的，因而这一理论原点就成为话语体系建构的"总枢纽"。很显然，统一战线话语演进必须明确其须臾不可偏离的理论枢纽，无论是直接意义上的马克思主义统一战线思想，还是宽泛意义上的马克思主义理论，均可视为统一战线话语的理论内核。以此为出发点，统一战线话语体系建构不能因简单模仿或照搬"洋教条"而走向僵化盲从，需要从马克思主义的原典意义出发，在辨识阶级、国家、民族等一系列重要范畴中，发现斗争与联合、一体与多元、秩序与效率等的重要关系，实现逻辑严密性、范畴链接性、体系完备性与内容延展性之间的嵌合。二是筑牢内容延展性的实践基础。中国话语不是传统话语的当代复活，不是西方话语的中国翻版，就统一战线话语而言，应该有其独特的实践域，有其独特的内容。习近平总书记指出："当代中国正经历着我国历史上最为广泛而深刻的社会变革，也正在进行着人类历史上最为宏大而独特的实践创新。

这种前无古人的伟大实践，必将给理论创造、学术繁荣提供强大动力和广阔空间。"① 统一战线话语并不是简单借助外在直观的经验描述，更不是借助头脑的玄思或臆想，而是要在反映统一战线丰富实践的基础上实现内容表达的转换与更替、整合与融汇，在纷繁复杂的实践表象中有条理地揭示内容延展性的逻辑、规律和趋势。三是培育内容延展性的思维方式。按照逻辑学的理解，"命题就是陈述事物情况的思维形态"②。统一战线话语演进在一定程度上依循命题表达而展开，在服务中华民族站起来、富起来、强起来的历史进程中，形成相对明确的多种表达形态。新时代建构统一战线话语体系需要不断提升理论思维能力，运用战略思维、历史思维、辩证思维、系统思维、创新思维、法治思维、底线思维等，在核心价值、文化形态等诸多方面实现话语内容的延展。

（二）抓住统一战线话语建构的本质

辨识本质是在质的规定性上理解统一战线话语建构的基本前提，正如马克思所指出的，"如果事物的表现形式和事物的本质会直接合而为一，一切科学就都成为多余的了"③。一般来说，"话语体系是主体通过系统的语言符号，并按照一定的内在逻辑来表达和建构的结构完整、内容完备的言语体系"④。因此，抓住统一战线话语"谁在说""说什么""怎么说"的具体所指，更加突出统一战线话语旨在实现大团结大联合的本质要求，是探明统一战线话语体系区别于其他话语体系的题中应有之义。

第一，明确统一战线话语"谁在说"的主体所指。依据"谁在说"的不同分类标准，统一战线话语的主体涵括个人与群体、官方与民间、本土与域外等不同层次。一是个人与群体的有效衔接。统一战线话语主体既可以是

① 习近平：《在哲学社会科学工作座谈会上的讲话》，人民出版社，2016，第8页。
② 冉兆晴主编《普通逻辑教程》，中国政法大学出版社，2007，第31页。
③ 《马克思恩格斯全集》（第46卷），人民出版社，2003，第925页。
④ 郭湛、桑明旭：《话语体系的本质属性、发展趋势与内在张力——兼论哲学社会科学话语体系建设的立场和原则》，《中国高校社会科学》2016年第3期。

政党领袖、基层党员等具体个人，其需要中共中央、全国政协、中央统战部、民主党派中央等领航定向，需要各民主党派成员、无党派人士、党外知识分子等建言资政；也可以是政党、社团等抽象群体，需要不同群体利用全国政协会议、党外人士迎春座谈会、政党专题协商会议等多样化的平台开展协商，凝聚统一战线话语的"最大公约数"。二是官方与民间的和谐互动。官方主体意味着一定的权威性、政治性，是构建统一战线话语体系的主心骨，必须充分发挥政协系统等具有官方性质的组织、机构和个人的主导作用，把握信息发布、议题设置和舆论引导的主动权。同时，民间主体是统一战线话语体系建构无法忽视的重要力量，必须加快统合各类企业组织、社会团体、媒体智库、普通民众等多层次、多领域的民间力量，改变统一战线话语以往从上至下的生产和传播模式。由此，官方主体与民间主体上下联动可以减弱统一战线话语说教式的灌输色彩，在保持严肃性的前提下更加贴近话语受众的生活，增强话语作用力。三是本土与域外的充分对话。统一战线话语不是局限于一隅的"自娱自乐"，而是着眼于全球，能够有效发挥本土与域外有机融合的优势。在统一战线话语的本土主体与域外主体相分离的情况下，只重视本土主体，容易忽视海外侨胞作为统一战线重要对象的感受与体验；而放大域外主体的诉求和主张，则可能会遭遇西方固有思维框架下歪曲、污蔑中国等强化偏见的话语危机。本土主体联合域外主体，不仅可以促使统一战线话语呈现源自中国实践的鲜明特征，而且可以过滤部分西方政客、学者等别有用心的言论，争取绝大多数知华友华的国际舆论支持，建构源于本土并具有国际影响的统一战线话语体系。

第二，拓宽统一战线话语"说什么"的内容所指。"说什么"的问题关涉统一战线话语的叙事可能性，一旦丧失"说什么"的内容辨识度，就会产生形式大于内容的问题，话语的生命力自然可想而知。一是考析不同来源的统一战线话语内容。就来源形式而言，输入性话语、转化性话语、原创性话语构成统一战线话语在特定背景下的内容体系。输入性话语在一定程度上存在直接移植、照搬照抄之嫌，需要按照以中国为本位、以时代为观照的遴选标准，分类梳理、详细勘察。转化性话语是在"理论旅行"的过程中与中国历史文化传统和社会发展实际等相结合的名词、术语和概念，在历史实践中发挥更为关键的作用。需要客观把握转化性话语展示中国特色的内在属性和基本规律，推出更多富有创造性转化意蕴的统一战线话语。原创性话语是统一战线话语自身演进的内在要求。需要给予新时代正在进行的统一战线新实践更加积极、更为主动的话语回应，根据思想现实与社会现实，打造更深刻、更有说服力的统一战线话语。二是探索具有不同功能的统一战线话语内容。就功能定位而言，方向目标话语、现实问题话语、原则路径话语、方法策略话语构成统一战线话语从宏观到微观、从顶层设计到具体操作的内容体系。因此，统一战线话语始终面临着方向目标、现实问题、原则路径、方法策略所形成的复杂张力关系，必须仔细剖析四者之间的内在关联，既要关注方向目标话语和现实问题话语的定向性作用，也不能忽略原则路径话语、方法策略话语的持久性影响，促使其相呼应、相交融。三是统合不同板块的统一战线话语内容。依据实践决定话语体系建构的基本原理，统一战线话语的根本属性在于实践性。据此而言，统一战线话语内容应当与中国特色社会主义新时代一系列变革性实践相对接，紧紧围绕"五位一体"总体布局和"四个全面"战略布局，整合其所涉及的政治联合、价值引领、国家治理、社会建设等不同板块，从而形成容纳当代中国生动实践的宏大体量。

　　第三，丰富统一战线话语"怎么说"的形式所指。内容与形式是认识话语的一组关联范畴，如果对统一战线话语"怎么说"的问题产生误读甚至曲解，无论统一战线话语"说什么"，都无法取得较好的效果。一是根据话语价值立场决定"怎么说"。尽管统一战线话语仍处于动态演进、不断发展和丰富的过程之中，但其中一以贯之的是"以人民为中心"的价值立场，这决定着统一战线话语的形式必然超越资本逻辑，占据为人民代言、替百姓说话的道德制高点。在操作手段上，需要坚守最广大人民群众的根本利益，增强话语形式的可领会性，切实化解一般民众从形式上理解、信任和认同统一战线话语的障碍。二是根据话语接受对象决定"怎么说"。统一战线话语受众的认识深刻与否、科学与否，直接决定着话语体系建构顺利与否、成功与否。统一战线话语受众的多元化决定了话语形式的多样化，即针对不同的话语接受对象选择相应的话语表达方式，促使话语受众易于接受、乐于接受。三是根据话语传播环境决定"怎么说"。当前，统一战线话语正伴随互联网技术的广泛推广与应用而延展至网络空间，机遇与风险并存。在此意义上，需要科学有效地选择传播媒介及表达方式，充分发挥传统媒体与新兴媒体的互补性优势，提高统一战线话语传播效率。

（三）明确统一战线话语体系建构的归宿

合理的归宿是话语体系破题立论进而逐渐形成完整架构的重要导向，规定着话语体系建构的行动方向。根据统一战线话语内容层次不同、功能各异的特征，将统一战线话语放在明确归宿的视域中审视，可以发现，实然性、应然性和可然性三重维度构成统一战线话语体系建构的完整链条。

第一，明确统一战线话语体系建构的实然性归宿。事实是话语建构的坚实基础，将经过实践检验的事实提炼为概念、命题、论断等，是统一战线话语体系建构的实然性归宿，需要坚持客观性、自主性和多样性原则。一是坚持客观性原则，从统一战线因党而生、伴党而行的客观实际出发提炼话语，充分发挥事实的客观呈现在统一战线话语体系建构中的直接作用。统一战线在革命、建设、改革各个时期始终是党的总路线总政策的重要组成部分，是党克敌制胜、执政兴国的重要法宝，是党凝聚人心、汇聚力量的强大法宝。要通过从具体到一般、个别到普遍的抽象化过程，将鲜活事例、客观事实、实践成果等方面的感性经验提炼为理性认知，进而在概念、命题、论断等相互规定中不断丰富统一战线话语。二是坚持自主性原则，从统一战线作用对象的主体感知出发凝练话语。一般而言，由于阐释主体的差异性解读，不同话语都可能被误读或曲解，从主体认知和经验出发进行统一战线话语体系建构有其必要性。体现自主性需要以不同主体对统一战线的认同程度作为线索去挖掘相关的话语表达，广泛动员、充分吸纳、有力组织统一战线作用对象积极参与话语体系建构的全过程，尤其是将统一战线作用对象自发形成的认知、评价转化为系统化、普遍化的话语，彰显统一战线话语体系建构的广泛性、真实性。三是坚持多样性原则，从统一战线的时代特征出发创新话语。话语体系通常具有开放性和包容性，需要发挥不同话语主体的积极性，形成学术话语、政治话语、大众话语协调融通的机制。既要坚持"用学术讲政治"的方法，也要打造并形成统一战线话语"飞入寻常百姓家"的局面，及时对不同主体关于统一战线话语的特色表达等进行提炼和转化；既要避免纯粹思辨的"自我循环"造成的话语割裂，也要避免刻意模糊界限造成的话语泛化与混乱，还要避免简单"移植"话语造成的主体迷失和"理论陷阱"。要在保持自主性、自觉性和自为性的条件下进行概念创新、话语创新、范式创新与理论创新。

第二，明确统一战线话语体系建构的应然性归宿。规范是话语建构的理论逻辑，研判话语在一定条件下的发展走向及按照一定规律应该呈现的理想形态，是统一战线话语体系建构的应然性归宿，需要深入研究统一战线话语所蕴含的科学性、价值性和民族性。一是深入研究统一战线话语所蕴含的科学性。善于运用马克思主义话语体系阐释统一战线凝聚共识、凝聚人心、凝聚智慧、凝聚力量的优势，并以马克思主义中国化时代化的自觉，不断提升统一战线话语阐释的民族性与世界性、总结性与前瞻性、理论性与通俗性，尤其是要结合统一战线目标演进和路径演变的必然性与规律性，鲜明阐释统一战线话语发展取向的内生性逻辑。二是深入研究统一战线话语所蕴含的价值性。人民性既是马克思主义最鲜明的品格，也是统一战线价值取向的鲜明标志。要善于从阐释党的领导、统一战线、协商民主有机结合的内在联系和逻辑关系中展现统一战线的人民性，同时将统一战线在实践层面的现实效能与在群众中的认同程度作为话语建构的表达指向，强有力地坚持把人民性作为统一战线话语发展的价值旨归。三是深入研究统一战线话语所蕴含的民族性。"只有当一个民族用自己的语言掌握了一门科学的时候，我们才能说这门科学属于这个民族了。"① 当前，"我国哲学社会科学在国际上的声音还比

---

① ［德］黑格尔：《哲学讲演录》（第4卷），贺麟、王太庆译，商务印书馆，1978，第187页。

较小，还处于有理说不出、说了传不开的境地"①，为此既要针对性地破除西方关于中国统一战线理论与实践的片面化、碎片化、割裂化解读，立场坚定地反对历史虚无主义、文化虚无主义论调，运用统一战线话语阐述中国在发展取向、发展道路、目标设定等方面区别于其他国家的特质，也要树立战略眼光、形成全局意识、坚持灵活策略，融通古今中外各种话语资源，充分体现中国价值、中国精神、中国理念，积极建构更具认同性的统一战线话语阐释体系。

第三，明确统一战线话语体系建构的可然性归宿。事实与规范之间的落差是话语体系建构的重要支点，利用其支点作用衔接实然性归宿与应然性归宿，增强话语阐释的主动性和创造性，是统一战线话语体系建构的可然性归宿。需要辩证把握认同性与包容性、分殊性与融通性、价值性与工具性三组范畴。一是坚持认同性与包容性相统一。统一战线本身就有政治认同的意蕴，统一战线话语体系建构要在增强系统性和预见性的基础上，借助"最大的政治"等新时代统一战线话语的教育引导作用，既巩固统一战线话语共同的思想政治基础，增进人们对统一战线话语的自觉认同，又拓展统一战线话语的包容性，扩大统一战线话语的覆盖面，使其能涵盖更多新的社会阶层、社会组织、社会群体，切实增强统一战线话语与形成中华民族最广泛的大团结、大联合、大和谐的发展格局之间的适配度。二是坚持分殊性与融通性相统一。在当代中国社会转型日趋加快、社会矛盾错综复杂的情况下，基层（社区）统战工作、新的社会阶层的统战工作、对港对台统战工作、民族地区民族宗教的统战工作、城市（民族、宗教和流动人口）的统战工作，等等，都需要统一战线话语作出相应的结构调整。因此，统一战线话语既需要基于不同层面、领域、阶段进行分殊化的话语建构，也需要求同存异、体谅包容、协调关系、化解矛盾，统合包括各社会阶层，各民主党派，不同民族、不同信仰的所有社会主义劳动者、建设者和爱国者在内的社会力量，从而不断拓展自身的广度和深度。三是坚持价值性与工具性相统一。统一战线

---

① 《习近平谈治国理政》（第2卷），外文出版社，2017，第346页。

话语体系建构需要将价值原则与工具原则有机结合。就前者来说，统一战线话语作为加强社会主义意识形态建设的重要内容，主要目标在于化解分歧、凝聚共识，但仍需发挥其敢于亮剑和善于斗争的功能，在大是大非问题上举旗定向，理直气壮地筑牢统一战线话语共同的社会基础和思想基础。就后者来说，统一战线话语体系建构需要充分运用当代融媒体、全媒体、新媒体传播样态以及大数据、云计算等技术工具，构建方便快捷、资源共享的信息化传播平台，构筑统一战线话语的立体化传播矩阵。

二　立足主体：接续推进新时代的统一战线事业

接续推进新时代统一战线事业是党和人民的重要事业，具有丰富的内涵与外延。明确长期执政党的定位是新时代统一战线事业繁荣发展的根本保证，不断提升话语体系建构的能力和水平是新时代统一战线事业繁荣发展的重要保障。立足新时代统一战线理论创新、实践创新的成就，深入研究话语创制的主体能力和客观效果，有助于建构时代化的统一战线话语体系。

（一）明确长期执政党的定位

党的十九届六中全会将"建设什么样的长期执政的马克思主义政党、怎样建设长期执政的马克思主义政党"[①] 作为习近平新时代中国特色社会主义思想回答的重大时代课题之一，充分体现长期执政问题的极端重要性。作为中国共产党政治话语体系中的关键议题，建设长期执政的马克思主义政党无疑是统一战线话语不可或缺的组成部分，内在规定着统一战线话语的表达形态及实质内容。习近平总书记指出："统一战线是党领导的统一战线。在统战工作中，实行的政策、采取的措施都要有利于坚持和巩固党的领导地位和执政地位。"[②] 由此，利用长期执政的马克思主义政党的

---

① 《中共中央关于党的百年奋斗重大成就和历史经验的决议》，人民出版社，2021，第 26 页。
② 《习近平谈治国理政》（第 2 卷），外文出版社，2017，第 303 页。

政治定位，加快建构彰显党的性质、加强党的领导、实现党的使命的新时代统一战线话语体系，既是尚待厘清的理论问题，又是迫在眉睫的现实课题。

第一，深刻把握统一战线话语体系建构与长期执政的逻辑性关联。统一战线话语体系建构是中国共产党获取长期执政的资源的必要路径和有效手段。关注并致力于解决"民心向背"的问题，消除一切损害党的先进性、纯洁性的不良因素，确保中国共产党始终坚持立党为公、执政为民的执政理念，保障和巩固党的长期执政地位，是统一战线话语体系建构与长期执政党定位在内在逻辑层面的普遍追求和共同主题。历史已经证明：统一战线话语言说得当，就能树立党求真务实、开拓创新、勤政高效、清正廉洁的执政形象，就能为党夺取革命、建设和改革事业胜利而积累执政资源；统一战线话语言说失当，执政资源就会出现减量趋势，党的信任危机就会滋生。新时代统一战线话语体系建构为长期执政增添资源主要表现在两个方面。一方面，增进统一战线话语的广泛性认同，从数量上增加执政党的合法性资源。紧扣大团结大联合的主题，形成最广泛的政治同盟和社会同盟，将各民主党派、无党派人士、党外知识分子、少数民族人士、宗教界人士、民营经济人士、新的社会阶层人士等多元力量纳入统一战线话语的整体框架，从拓展工作范围和对象的角度推进统一战线话语体系建构，有助于夯实长期执政党的政治和社会基础。另一方面，增进统一战线话语的代表性认同，从质量上优化长期执政党的资源。中国共产党领导的统一战线从诞生之日起就具有广泛的代表性，是各方力量以代表身份参与政治、表达意愿、协商决策的产物。所谓代表性，就是要抓住统一战线工作对象中具有较大影响力的"关键少数"，鼓励其在政治协商、参政议政、民主监督的过程中更加积极地参与统一战线话语体系建构，并利用自身的威望传播统一战线话语，避免统一战线话语泛化、虚化甚至流于形式。

第二，深刻把握统一战线话语体系建构与长期执政的任务性关联。中国共产党领导的统一战线历来服务于党的总路线、总任务，由于各个历史时期党的目标任务不同，党执政面临的具体问题和情况发生变化，统一战线的目标任务以及话语表达就必然要随之发生变化。因此，统一战线话语体系建构与长期执政在任务层面的关联主要体现在两者是目标一致的统一整体，统一战线话语体系建构的战略策略能否契合党的目标任务，事关中国共产党能否长期执政。新时代中国共产党中心任务的提出，意味着统一战线话语体系建构致力于在新时代中国特色社会主义伟大实践中以党的坚强领导和顽强奋斗，激励全体中华儿女不断奋进，凝聚起同心共筑中华民族伟大复兴中国梦的磅礴力量。具体来说，新时代统一战线话语体系建构服务这一宏伟目标和艰巨任务的基本方式可以概括为"四个凝聚"。一是凝聚共识，引导统一战线广大成员用习近平新时代中国特色社会主义思想武装头脑，切实增强"四个意识"，牢固树立"四个自信"，筑牢共同的思想政治基础，始终做到路往一处走。二是凝聚人心，把不同党派、不同民族、不同阶层等凝聚起来，始终做到心往一处想。三是凝聚智慧，把统一战线这个大型智库用好，支持党外人士围绕大局建言献策，始终做到智往一处谋。四是凝聚力量，就是最大限度地减少阻力，增加助力，形成团结奋斗的强大合力，始终做到劲往一处使。

第三，深刻把握统一战线话语体系建构与长期执政的实践性关联。话语是实践的产物，新中国成立后，中国共产党从局部执政转向全国执政，反思与总结由此而始的执政实践，可为统一战线话语体系建构提供更为直接的参考。根据上述认识与思考，统一战线话语体系建构离不开以下两方面的努力。一方面，从统一战线的战略地位和长远价值来看，"中国共产党要稳固执政地位，实现长期执政，就需要保持政党在整个社会的中心地位，统一战线是中国共产党维持中心地位的重要法宝，统一战线法宝功能显现的重要表象就是中国共产党在国家和社会中心地位的保持，统一战线法宝功能削弱甚至消失，就会危及到中国共产党的中心地位"[①]。这就要求中国共产党在统

---

① 林尚立、肖存良主编《统一战线理论与实践前沿：2013》，上海人民出版社，2013，第14页。

一战线话语体系建构中占据绝对主导地位，充分发挥党在话语生产过程中的组织、协调、推进与引领作用，特别是要在描述性、解释性等合理性论证居于话语体系建构主流的情况下增加批判性反思和规范性校正，阐明统一战线中国实践的特殊优势以及未来实践可能面临的问题。另一方面，统一战线话语体系建构根源于社会实践，需要不断深化总结变化发展的中国共产党执政经验。习近平总书记强调："我们党所处的历史方位、所面临的内外形势、所肩负的使命任务发生了重大变化。越是变化大，越是要把统一战线发展好、把统战工作开展好。"① 实践证明，脱离人民群众是党执政后面临的最大危险，因此需要发挥统一战线话语更加接近人民群众的独特优势，以客观、公正、全面的态度宣传解释党的执政思想、执政制度、执政体制、执政方式、执政方法和执政本领等，为党实现更加科学化、民主化、规范化和程序化的长期执政凝聚广泛的社会共识。

（二）话语体系建构融入党的能力体系

中国共产党的能力主要包括科学决策力、社会动员力等方面的领导能力，科学执政、民主执政、依法执政并运用政权力量驾驭经济、政治各领域建设的执政能力，以及运用国家法律和制度，依靠人民管理国家和社会各方面事务的国家治理能力②。统一战线话语作为党领导政权、治理国家、整合社会的多重表达，其功能的有效发挥只能在党的领导能力、执政能力、国家治理能力环环相扣的能力体系结构中实现。

第一，统一战线话语体系建构与党的领导能力相结合。党的领导能力作为整体性能力，主要涵括党中央的科学决策力、社会动员力、资源配置力、统筹协调力、组织保障力、制度运行力等方面，统一战线话语体系建构必须强化上述能力。一是强化科学决策力。从根本上说，中国共产党的能力取决于科学决策力，统一战线话语体系建构需要聚焦问题、透视表象，瞄准战略

① 《十八大以来重要文献选编》（中），中央文献出版社，2016，第 557 页。
② 李君如：《中国共产党加强能力建设的历史研究》，《中国领导科学》2022 年第 1 期。

思考、战略决策的高位，确定统一战线话语的主旋律。二是强化社会动员力。社会动员力是中国共产党能力的重要方面，统一战线话语体系建构需要积极号召、团结、凝聚和吸引党外人士，运用恰当贴合的话语表达传递统一战线的路线、方针和政策，更好地引领部分漠视、怀疑统一战线乃至极少数发表错误言论的党外人士，帮助其改变对统一战线的认识，增进对统一战线的部分乃至全部政治认同。三是强化资源配置力。擅长资源配置与整合是中国共产党的特点，统一战线话语体系建构需要合理配置理论资源、实践资源、历史资源等，以触类旁通的思维方法打开新视域。四是强化统筹协调力。统筹协调力是中国共产党整体能力的重要体现，统一战线话语体系建构过程中，必须充分发挥党统筹统一战线话语权建设全局的领导核心作用，协调统一战线话语内容、整合统一战线话语载体、掌控统一战线话语环境、强化统一战线话语传播，引领统一战线话语朝着积极健康的方向发展。五是强化组织保障力。组织保障力是党的领导能力的鲜明特征，必须尽快明确不同组织层级建构统一战线话语体系的服务面向和目标定位，明确统一战线话语体系建构的责任担当，形成统一战线话语体系建构由党委统一领导、统战部门牵头协调、有关方面各负其责的高效联动机制。此外，还需充分考虑统一战线话语体系建构与制度运行力等党的其他领导能力相结合的路径、框架及场景，开掘话语体系建构融入党的领导能力的可靠进路。

第二，统一战线话语体系建构与党的执政能力相结合。党的十六届四中全会通过的《中共中央关于加强党的执政能力建设的决定》要求增强"五大能力"，包括提高驾驭社会主义市场经济的能力、发展社会主义民主政治的能力、建设社会主义先进文化的能力、构建社会主义和谐社会的能力、应对国际局势和处理国际事务的能力①。党的十八大以来，习近平总书记指出"能力不足"是党面临的一大危险，党内相当范围里存在"新办法不会用，老办法不管用，硬办法不敢用，软办法不顶用"②的状况，需要下大气力解

---

① 《十六大以来重要文献选编》（中），中央文献出版社，2006，第384页。
② 《习近平谈治国理政》（第1卷），外文出版社，2018，第403页。

决。从这个意义上说，统一战线话语体系建构是在全面提升党的执政能力下进行的，必须紧贴党的执政能力建设的全方位部署，统筹"两个大局"，统揽"四个伟大"，统筹经济、政治、文化、社会、外交以及国家主权和安全等各个方面。在新的历史起点上，统一战线话语体系建构与党的执政能力相结合需要解决新问题，实现新发展：一是在提高驾驭社会主义市场经济的能力方面，发挥统一战线话语的助推功能，进一步发挥工商联的职能作用，生动讲述新中国成立初期统一战线推动恢复国民经济、改革开放以来统一战线有效促进非公有制经济健康发展和非公有制经济人士健康成长等典型案例，更好地宣传统一战线在推动经济社会发展中的优势和作用；二是在发展社会主义民主政治的能力方面，发挥统一战线话语的协商功能，彰显我国新型政党制度的优势和特点，确保政治活动实现结果正义和程序正义，围绕支持各民主党派、无党派人士积极参政议政、建言献策等，凸显统一战线话语的建设性内涵；三是在建设社会主义先进文化的能力方面，发挥统一战线话语的引导功能，增强人民群众抵制历史虚无主义、新自由主义和民粹主义的自觉性，巩固人民群众对社会主义和共产主义的信仰；四是在构建社会主义和谐社会的能力方面，发挥统一战线话语的凝聚功能，正确处理一致性与多样性的关系，将社会多元主体尤其是新兴社会阶层和群体纳入国家治理的完整架构之中，在人民内部解决矛盾、化解冲突；五是在应对国际局势和处理国际事务的能力方面，发挥统一战线话语的交往功能，反对"西方中心论"等话语叙事，尊重"他者"话语所蕴含的价值主张并形成理性表达的"最大公约数"，在求同存异的过程中阐明统一战线的中国主张。

第三，统一战线话语体系建构与国家治理能力相结合。习近平总书记指出："国家治理体系和治理能力是一个国家制度和制度执行能力的集中体现。"① 作为治国理政的制度集合，国家治理能力的运用离不开统一战线的制度依托，而统一战线制度优势的彰显又必须依托统一战线话语的功能发挥，有效整合和吸纳全体社会成员的利益诉求、价值观念及行动取向。因

① 《习近平谈治国理政》（第 1 卷），外文出版社，2018，第 91 页。

此，与国家治理能力相结合赋予统一战线话语体系建构思维变革的意义，是统一战线话语走向国家治理现代化场域的新起点。一方面，整合是统一战线话语体系建构的核心途径。必须在尊重多元主体利益差异化的基础上，发挥统一战线话语沟通思想、理顺情绪、化解矛盾的作用，将政治、经济、文化等领域和方面的力量进一步转化为干事创业的历史合力。坚持采用协商、对话和互动等方式广泛团结全国各民族、各阶层、各党派、各社会团体、各界爱国人士、港澳台同胞和海外侨胞等，打造具有共同利益基础的共同体。另一方面，吸纳是统一战线话语体系建构的重要渠道。新时代统一战线话语将吸纳范围进一步扩大：一是从中华民族伟大复兴的角度扩大吸纳范围，把拥护中华民族伟大复兴的爱国者纳入统一战线话语的目标群体；二是从建构人类命运共同体的角度扩大吸纳范围，超越国家、种族、文化和意识形态界限，打造人类和平、发展、公平、正义、民主、自由的共同价值，在国际统一战线大视野下打造国际社会易于接受的统一战线"世界语言"。

（三）推进话语体系建构的长效化

话语体系建构效果是话语对象是否接受以及在何种程度上接受话语主体所传播话语内容的客观呈现。从话语言说与社会现实的张力来看，社会上本就存在依意识形态性强弱而区分的政治生活领域、思想文化领域以及日常生活领域，马克思主义话语主导权在政治生活领域表现为"指导"，在思想文化领域表现为"指点"，在日常生活领域表现为"引导"[①]。基于此，为更加准确地陈述话语内容、接榫话语对象，统一战线话语需要在适应不同生活领域特点的过程中不断丰富和发展自身，彰显政治性、学理性和大众性等表达特色，促使话语对象发自内心地认同统一战线话语。

第一，突出统一战线话语的政治性，发挥"指导"作用。以政治性言说出场的统一战线话语是推动统一战线由理论创新到命题确立、由实践探索到概念深化的重要支撑。从话语建构的主体多样性和现实可能性来讲，政

---

① 陈锡喜：《马克思主义：意识形态和话语体系》，华东师范大学出版社，2011，第298页。

党、学者和民众等主体均可享有阐释统一战线的话语权，但同一历史背景下，不同主体的话语权呈现出差异性和不平衡性。回到马克思主义原典，马克思指出，当统治阶级内部出现分工时，"在这个阶级内部，一部分人是作为该阶级的思想家出现的，他们是这一阶级的积极的、有概括能力的意识形态家，他们把编造这一阶级关于自身的幻想当做主要的谋生之道"①，意识形态主体地位要求中国共产党从话语上为统一战线锚定根本性质，厘清统一战线话语权的共享比例，在政治场域中增强统一战线话语建构的主导能力。在具体实践中，统一战线的战略谋划、政策实施等行为都与话语密切相关，统一战线话语中的政治性言说具有极强的权威性，能够将中国共产党的价值追求、利益诉求等贯穿其中，并通过一定的制度保障和媒介传播等形式，与中国共产党话语主体之间建立起结构化的有序关系。因此，统一战线话语中的政治性言说既起到定义、确证统一战线性质的作用，也向统一战线话语体系建构提出新的挑战，需要加强两个方面的内容建设：一是统一战线话语中的政治性言说主要体现在党和国家的政策文件以及领导人的相关论述之中，与政治权威相匹配并成为主导话语，需要进一步整理挖掘、深入解读相关政治文本或讲话中的主体性、原创性、本土化和自主性概念，发挥其在议题设置、思想凝聚、行为整合、个体动员等方面的基本功能；二是推动统一战线话语中的政治性言说深度介入治国理政全过程，要在权力运作、制度运转等过程中将党的主张、国家意志转化为人民群众的自觉行动，在政治场域的传播、渗透和灌输中充分发挥话语引领作用。

第二，突出统一战线话语的学术性，发挥"指点"作用。以学术性言说出场的统一战线话语从学理层面阐释、升华统一战线的理论形态，主要通过周延论证、思辨对话等方式不断总结新经验、形成新思想，在主题鲜明、内容连贯、自洽自足的学术系统中诠释统一战线，为统一战线话语奠定学理基础。现阶段统一战线话语以政治性言说为主，学术性言说仍然不足，两者呈现相对疏离的状态。因此，建构统一战线话语体系必须不断增

---

① 《马克思恩格斯选集》（第 1 卷），人民出版社，2012，第 179 页。

添学术性言说的分量，增强学科意识和学者意识，推动党的创新理论向学术话语转化。一方面，学科意识是学术话语的发源地和发散场。作为统一战线话语中学术性言说生成的前提和基础，知识性和规范性的统一战线学科话语体系发展时间尚短，不论是理论上的基本范畴清理，还是实践中的特殊概念提炼，都没有可供借鉴的模板，亟须构建内在逻辑统一、概念范畴完整的科学体系，摆脱中国学术研究奉西方理论为圭臬、尊西方思维为范导的仆从困境。另一方面，缺乏学者群体支撑的话语体系难以永葆生机活力，终将成为无本之木、无源之水。学者意识关系到学术话语生产与再生产的动力。一是提高学术研究的议题设置能力，鼓励专家学者摆脱"学徒状态"，提出自我主张，独立研究统一战线的基本理论、基本路线、基本方略和基本经验，运用新观点、新论断不断充实、丰富和发展统一战线话语的学术性言说。二是注重将专家学者研究的共性问题摆出来进行话语关联与对话。统一战线的重大问题仅依靠各学科分别阐释是难以说清的，必须支持不同学科甚至持有不同学术观点的学者相互论辩，通过观点的碰撞和整合，为统一战线话语提供更具专业性的学理论据。三是更加重视统一战线高端智库建设，广泛吸纳哲学社会科学领域的优秀专家学者进入统一战线高端智库从事研究。畅通学者和智库之间的交流渠道、协作机制，充分发挥"学者+智库"紧密配合的叠加效应，更好地设置议题、回应关切。

第三，突出统一战线话语的大众性，发挥"引导"作用。生发于人民群众实际生活的大众性言说有赖于"向下"视角的观察，是统一战线话语中最能引发共情、最具生机活力的基础部分，正如毛泽东同志所说，人民群众的丰富语言扎根泥土，是"表现实际生活的"①。统一战线话语中的大众性言说既源于人民群众"由下往上"表达民意、反映民声的主动传播，也源于中国共产党"自上而下"立足人民立场的自觉言说，其话语特色主要体现在语汇、修辞以及整体风格等方面。一是尽量确保统一战线话语中的大

---

① 《毛泽东选集》（第3卷），人民出版社，1991，第837页。

众性言说通俗易懂、生动活泼，增强口语化色彩。早在 1942 年，刘少奇在领导农民运动时就强调统一战线话语中的大众性言说，要求在向农民说明统一战线重要性时"一定要准备好，语言和举例应当是当地农民容易懂而又切身感到的"①。这就是说，统一战线话语中的大众性言说必须贴近群众实际生活，符合大众口味，以普通大众为言说主体或者直接面向普通大众，能够想民之所想、急民之所急，引发情感共鸣，在生活场域增强统一战线话语的亲和力。二是积极运用比喻、用典等修辞手法。比如，运用贴切自然的比喻，毛泽东同志将抗日战争时期在全国算来还是少数的中国共产党人称为统一战线里的"小股东"②，强调联合的必要性；运用"不是一根头发，而是一把头发"③ 批评新中国成立初期部分党内同志不够重视民主党派及党外民主人士的现象。习近平总书记将统一战线工作形象比喻为"交朋友"，强调"交朋友的面要广，朋友越多越好，特别是要交一些能说心里话的挚友诤友。想交到这样的朋友，不能做快餐，而是要做佛跳墙这样的功夫菜"④。因此，需要恰当运用形象生动的各类修辞手法丰富统一战线话语中的大众性言说，于看似微不足道实际却耐人寻味之处阐明统一战线的深远寓意，起到直击人心、争得民心的效果。三是赋予统一战线话语中的大众性言说直截了当、言简意赅的整体风格。从毛泽东同志提出"统一战线，武装斗争，党的建设，是中国共产党在中国革命中战胜敌人的三个法宝"⑤ 等，到习近平总书记提出"包容的多样性半径越长，画出的同心圆就越大"⑥ 等，统一战线话语中的大众性言说朴实无华，不仅朗朗上口、便于记诵，而且切中要害，极具吸引力和感染力。为丰富统一战线话语中的大众性言说，需要继续用人民群众想听、愿听、爱听的形式阐发统一战线的大道理，以同理共情的形式融入普通大众的日常生活，联结最广大人民群

---

① 《刘少奇选集》（上卷），人民出版社，1981，第 236 页。
② 《毛泽东文集》（第 2 卷），人民出版社，1993，第 148 页。
③ 李维汉：《回忆与研究》（下），中共党史资料出版社，1986，第 681 页。
④ 《习近平谈治国理政》（第 2 卷），外文出版社，2017，第 304~305 页。
⑤ 《毛泽东选集》（第 2 卷），人民出版社，1991，第 606 页。
⑥ 《习近平谈治国理政》（第 2 卷），外文出版社，2017，第 304 页。

众的情感体验和心理认同，使人民群众理解、接受统一战线话语背后的真实意蕴。

三 掌握主动：激发统一战线话语体系建构活力

掌握主动是中国共产党认识世界和改造世界的独特优势，意味着实践主体脱离依附关系、按照自由意志行动。世界历史正处于新的分水岭，"西方世界的地理板块正在分化，西方世界的统一性正在削弱，西方世界的概念体系正在瓦解"①。时代的转折赋予统一战线话语掌握主动的思想空间和发展机遇，需要在三重密切相关的具体维度，即主体自觉维度、资源整合维度、顶层设计维度中有序展开。其中，主体自觉维度规定统一战线话语的支撑力量，资源整合维度规定统一战线话语的素材来源，顶层设计维度规定统一战线话语的总体构架。

（一）激发话语创新的主体自觉

"话语主体是话语体系生成的力量源泉和发动者"②，统一战线工作涉及主体的多元化促使统一战线话语主体呈现多元化趋势。

第一，激发中国共产党创新统一战线话语的主体自觉。中国共产党是统一战线的领导力量，在历史虚无主义、文化虚无主义等错误社会思潮此起彼伏且试图冲击统一战线话语的时代背景下，中国共产党尤其需要增强创新统一战线话语的主体自觉。一是从理论继承到实践创新。理论与实践的关系问题是事关统一战线话语体系建构方向的基本问题。中国共产党是马克思主义指导的无产阶级政党，统一战线话语作为思想表达的工具，直接来源于马克思主义统一战线思想的科学指导。但正如毛泽东同志在论述马克思主义中国化时所指出的，"没有抽象的马克思主义，只有具体的马克思主义。所谓具

---

① 陈曙光：《中国时代与中国话语》，《马克思主义研究》2017 年第 10 期。
② 韩震：《论话语的内涵、实质及功能》，《哲学研究》2018 年第 12 期。

体的马克思主义，就是通过民族形式的马克思主义，就是把马克思主义应用到中国具体环境的具体斗争中去，而不是抽象地应用它"①。这就意味着中国共产党增强创新统一战线话语的主体自觉既需要有合规律性的理论依据，生动反映马克思主义统一战线思想的基本主张，也需要有合目的性的实践诉求，充分适应新形势下巩固和发展统一战线的实践需求。二是从自发探索到自觉追求。"走自己的路，是党的全部理论和实践立足点，更是党百年奋斗得出的历史结论。"② 回顾历史，中国共产党统一战线话语体系建构经历由自发探索逐渐转向自觉追求的过程。在党的幼年时期，由于理论上不够成熟、政治上不够清醒，统一战线话语体系建构自发性有余而科学性不足，不可避免地遭遇挫折、出现失误。为避免忽视客观规律而导致主动性变为盲目性的问题，中国共产党创新统一战线话语需要承担应尽责任，充分发挥主观能动性，为统一战线话语体系建构提供导向性支撑。三是从局部主动到全局主动。中国共产党统一战线话语的原初形态以社会基本矛盾的阶级对抗性为主要依据，基本属于重视阶级联盟和政党合作的"局部"表达，至今已发展为覆盖中国特色社会主义新时代各领域全过程的"全局"表达。中国共产党创新统一战线话语，需要把握统一战线话语体系建构从局部主动转向全局主动的基本原则和逻辑路径，在统筹推进"五位一体"总体布局、协调推进"四个全面"战略布局等方面主动谋划。

第二，激发各民主党派、无党派人士等统战对象创新统一战线话语的主体自觉。从统一战线的作用对象来看，发挥统一战线话语体系建构主动性、创造性的基础是充分相信和依靠日趋多样的统战对象。一是扩大统战对象范围。进入新时代，爱国统一战线的范围和主体由以往的"四者"政治联盟拓展为"五者"政治联盟，这就要求将各级各类需要联系和团结的人员全部纳入统一战线，不断更新和拓展与社会结构变迁相适应的统一战线符号系统。二是细化统战对象定位。由于统战对象涉及思想诉求千差万别的各领域

---

① 《建党以来重要文献选编（1921~1949）》（第 15 册），中央文献出版社，2011，第 651 页。
② 习近平：《在庆祝中国共产党成立 100 周年大会上的讲话》，人民出版社，2021，第 13 页。

各阶层人员，而其中大部分具有更为鲜明的流动性、个性化和活跃性特征，这就要求统一战线话语体系建构不能停留于"千人一面"的固有思维，必须加快打造"千人多面"甚至"千人千面"的个性化表达。这既需要深入了解统战对象思想状况、具体诉求等各方面内容，针对民主党派、民营经济人士和新的社会阶层人士等不同类型的统战对象分类施策，也需要运用灵活的方法，针对同一类型统战对象中的不同层次（如民营经济人士中的上层、中层和下层）精准施策，将最大多数的各类党外代表人士作为统一战线话语的服务主体。三是聚焦统战对象结构。按照国家与社会的分类方法，统战对象大致可以分为政治性统战对象和社会性统战对象。统一战线话语体系建构既需要坚持统战传统和统战原则，有效吸纳包括不同党派在内的各类政治力量，整合支持国家建构和运行的团结性因素，也需要针对新的意识形态特征，有效吸纳包括不同社会组织在内的各类社会力量，整合支持社会建构与治理的认同性因素。

第三，激发人民群众创新统一战线话语的主体自觉。毛泽东同志提出："真正的铜墙铁壁是什么？是群众，是千百万真心实意地拥护革命的群众。"① 人民群众作为话语的生产者、创造者，筑牢统一战线话语体系建构的"铜墙铁壁"，必须重视人民群众的主体作用，善于激发广大人民群众的主体自觉。一是要处理好人民群众整体利益与个体利益之间的关系。统一战线是协调个人、社会和国家之间利益的重要途径，其中涉及大多数人广泛认同的整体利益和高度分化的个体利益。在统一战线话语体系建构中，既要站稳人民立场，贴近人民实际，重视人民群众作为单一话语主体的个性化诉求，也要反映人民群众作为抽象话语主体存在的共识性诉求，通过多种方式和渠道妥善处理人民群众长远利益和现实利益的关系，增强统一战线话语反映人民群众中各个话语主体现实利益及其发展趋势的能力，形成人民群众思想共鸣和利益交汇的明晰叙事框架，切实增强人民群众利益认同及价值认同。二是要处理好人民群众政治需求和非政治需求之间的关系。统一战线作为中国

---

① 《毛泽东选集》（第 1 卷），人民出版社，1991，第 139 页。

共产党的重要法宝，具有极强的政治性。但新时代统一战线不能只关注政治需求，还必须以人的自由而全面发展为目标，切实结合人民群众的经济需求、精神需求等非政治需求，确保统一战线话语体系建构关注人民群众的综合需求。三是处理好人民群众自发探索与归纳总结之间的关系。作为反映人民群众开展统一战线工作自觉行动的重要工具，统一战线话语体系建构需要始终坚持人民主体意识，"及时把人民群众创造的经验和面临的实际情况反映出来"①，同时做好有关人民群众自发探索的提炼工作，将社区统战工作等案例转变为统一战线话语的全新表达，改变一段时间以来统一战线话语体系建构上热、中温、下凉的局面，开辟新时代统一战线话语纵深发展的新空间。

（二）整合话语创新的丰富资源

习近平总书记指出，统一战线"团结一切可以团结的力量、调动一切可以调动的积极因素"②，为党和人民的事业发展创造有利条件。统一战线话语体系建构的各类资源作为"一切可以调动的积极因素"中的"富矿"，必须得到有效的整合。

第一，挖掘统一战线话语创新的实践资源。实践是话语的根基，坚实厚重的实践基础是话语体系建构的"活水"和"语库"。统一战线话语是在服务中华民族站起来、富起来、强起来的伟大实践中形成和发展起来的，离开实践的话语体系建构只能是不切实际的"空中楼阁"。一是立足过去的实践。统一战线话语必须要用历史事实和经验说话，准确反映党的百年奋斗和实践探索历程，汲取党在领导统一战线事业中运用"革命""抗日""民主""协商"等话语发挥强大感召力的历史智慧，增强统一战线话语体系建构的历史自信。二是着眼当前实践。习近平总书记指出："我们有本事做好中国的事情，还没有本事讲好中国的故事？我们应该有这个信心！"③ 事实最有解释力和说服力，中国特色社会主义新时代成功创造了统一战线的实践

---

① 《习近平谈治国理政》（第2卷），外文出版社，2017，第332页。
② 《十八大以来重要文献选编》（中），中央文献出版社，2016，第556页。
③ 《习近平关于总体国家安全观论述摘编》，中央文献出版社，2018，第115页。

新样本，必须以此为主要实践基础，积极推出符合新时代中国发展实际的统一战线话语。三是放眼未来实践。越发丰富的实践形态将形成诸多统一战线服务工作大局、解决社会问题、化解矛盾纠纷、维护社会稳定等实践案例，建构统一战线话语体系需要将实践优势及时转化为话语优势，在"精耕细作"中推陈出新、大放异彩。

第二，开拓统一战线话语创新的理论资源。话语体系是理论体系的反映和表达，只有具备扎实深厚的理论体系，才能建立系统完备的话语体系。一是明确理论的价值定向。马克思主义统一战线思想是统一战线话语的灵魂，在汲取各种理论资源的情况下，尤其需要建立以马克思主义统一战线思想为核心、以多样化理论资源为外围的"同心圆"结构，避免处于补充地位的其他理论资源干扰其定性作用。换言之，应"脱虚向实"，将坚定信仰和认同马克思主义统一战线思想确立为话语体系建构的逻辑起点，并使其真正贯穿统一战线的话语图谱。二是跟踪理论的创新发展。在马克思主义统一战线思想为统一战线话语的完善和发展提供基本价值导向的前提下，建构全景式反映理论发展规律的中国特色统一战线话语体系：将马克思、恩格斯、列宁等关于统一战线的经典论述与中国共产党百余年奋斗所总结提炼的统一战线理论相结合，既更好地正本清源，深耕马克思主义原典，又追溯中国共产党统一战线发展的思想经纬和历史纵深，同时不忘立足当下，加强对习近平总书记关于做好新时代党的统一战线工作的重要思想的理论阐释。三是深化理论的规范研究。成熟的理论体系是维系话语体系的"底层逻辑"，只有理论周延，话语才能稳定。因此，统一战线话语体系建构需要梳理、分析中国共产党统一战线理论创新与理论创造的内在机理及其规律，提炼、归纳中国共产党统一战线发展独特经验及其意义，厘清统一战线话语逻辑贯通的基本概念、基本范畴和基本命题。

第三，整合统一战线话语创新的文化资源。文化是话语建构的历史渊源和精神血脉，"在现时代，构建中国话语的本质是在中西方关系中恢复并强化中国文化主体意识"①。统一战线话语体系建构的深层基础在于文化的认同，

---

① 黄力之：《论 1949 年后的中国话语态势问题》，《南京师大学报》（社会科学版）2019 年第 2 期。

战线话语传播提供最广覆盖面。"①"大统战工作格局"有效解决不同历史时期统一战线话语具体内涵及其建构方式的差异性和阶段性问题，推动统一战线话语从变动到稳定、从量变到质变，最终实现对诸多话语的有效统摄。

第二，加强学术维度的自主创新。话语是思想的容器，长期以来，由于西方学术思想的强势扩张和深度殖民，西方话语通过学术思想的传播在中国较有市场。为扭转上述趋势，建构统一战线话语体系需要配套建设学术领域的知识体系，围绕统一战线的重要概念、命题、论断等进行关键词文献汇编。一是明确统一战线关键词文献汇编的撰写模式。从现有研究看，学界既有的关键词文献编纂方式主要有"标准答案、一锤定音"的辞典式、"语料汇抄、词义类聚"的类书式、"范式归纳、体系构建"的范畴式②。为避免在基础理论、基本概念等领域进行重复劳动，进行统一战线关键词文献汇编需要搜集整理已发表和出版的论文、著作等。在前人辞书编纂的基础上，以"辞典释义"为基本模式，辅以"类书"的语料准备与"范畴"的理论扩展，同时运用历史语义学，注重动态把握和现时关注，确定统一战线关键词文献汇编的基本框架和工作思路。二是规范统一战线关键词文献汇编的概念选择。统一战线关键词的审定实质上关涉文献汇编的基本性质和根本目的，遴选统一战线关键词需要坚持相关标准和原则：注重权威性，从学源、学脉的角度简明准确地揭示统一战线关键词蕴含的丰富语义；注重基础性，详细列出统一战线相关概念清单，在总体框架的考量上清晰区分统一战线关键词的层次，决定一级词条、二级词条、三级词条等主次内容；注重时代性，厘清统一战线关键词的古今关联及语义变迁，既尊重其传统定义，又进行通往未来的时代新诠释。三是推动统一战线关键词文献汇编的学科融合。不同学科对关键词的理解往往不尽相同，整体观照统一战线关键词，既需要来自统一战线学的专题阐释，视关键词所涉及的范围大小、内涵丰简、影响广狭，就统一战线某一事件、某一人物、某

---

① 丁俊萍、颜苗苗：《新时代统一战线话语的建构》，《中南民族大学学报》（人文社会科学版）2022 年第 3 期。

② 李建中：《关键词研究开启中华文化现代意义世界》，《中国社会科学报》2014 年 6 月 4 日。

一问题、某个方面等进行专项界定，又需要跨越学科"围栏"，吸纳文化语言学、认知语言学、语言哲学、阐释学等学科的研究方法，洞察关键词从诞生、成长到更新再生的内涵演变历程。

第三，加强制度维度的体系建构。统一战线话语体系建构如果缺乏强有力的制度支撑，其顶层设计将缺乏通盘谋划和协调联动。一是从"大"制度出发，利用宪法确立的基本政治制度为统一战线话语定性。从基本功能来看，中国共产党领导的多党合作和政治协商制度、民族区域自治制度、基层群众自治制度是我国的基本政治制度，都蕴含着统一战线的基本精神，分别具有落实协商民主、维护国家统一和民族团结、保障人民当家作主的重要作用。统一战线话语体系建构的顶层设计首先应当考虑基本政治制度与统一战线的互嵌关系，从基础性制度安排的维度为统一战线话语体系建构奠定政治前提，牢牢把握统一战线话语体系建构的主动权，压缩乃至消除异质话语进行抹黑攻击的操纵空间。二是从"中"制度出发，通过政策落实为统一战线话语扩容。习近平总书记指出："政策性强，也是统战工作的一个重要特征。统一战线中的各种关系、各种问题，很多都要靠政策来调节。有的同志不学习、不熟悉统战政策，遇到问题荒腔走板、动作变形。"① 党中央先后出台统一战线领域的基础主干党内法规《中国共产党统一战线工作条例（试行）》（2015 年）、《中国共产党统一战线工作条例》（2020 年）以及相关法规性文件，为统一战线话语发展提供良好的政策保障。就顶层设计而言，需要以推进统一战线工作制度化、规范化和程序化建设为基轴，发挥政策对话语的形塑作用，围绕统一战线的内涵扩容和外延拓展建点布局，建构与新时代统一战线的性质、地位和作用相一致的统一战线话语体系。三是从"小"制度出发，推出统一战线话语体系建构的具体制度。统战工作部门是统一战线话语体系建构的直接负责主体，当务之急是准确把握民族、宗教、侨务等相关工作部门在统一战线话语体系建构中的职责定位、作用机制，形成中央政府统一领导、有关

---

① 《十八大以来重要文献选编》（中），中央文献出版社，2016，第 560 页。

各方共同参与、内外力量联动、主次梯队配合的统一战线话语体系建构制度。

四 形成主导：构建统一战线话语对外传播机制

建构与传播是话语有效性表达的一体两面，任何传播乏力的话语都不可能成为真正意义上得到有效建构的话语。在对外传播的语境中，统一战线话语涉及政党制度、民族宗教、民营经济、港澳台侨等国际话语权建设高度敏感的领域，应当在提高中国国际话语权方面承担重要使命、发挥积极作用，实现对外传播自立自强。

（一）增强统一战线话语吸引力

话语吸引力来源于话语生产、话语转译和话语创新等前后相继、有机衔接的实践环节。在统一战线话语对外传播中增强话语吸引力，即是在立足话语生产的实践前提下合理表达统一战线的思想观念和价值主张，运用话语转译策略促使受众接受统一战线话语，并按照其反馈推动统一战线话语创新。

第一，明确统一战线话语生产基点。一是警惕西方话语陷阱，坚定统一战线话语生产的主体意识。近年来，美西方国家对华污名化指向统一战线领域，主要表现为：打着人权民主的"普世价值"幌子，着重攻击我国政党制度和宗教信仰自由政策，反复炒作涉疆、涉藏、涉港、涉台议题，在国际关系中丑化中国形象，挑拨我国与其他国家的关系，形成人权民主污名枢纽话语且匹配涉疆、涉藏、涉港、涉台等具体领域污名话语的立体格局①。为回应美西方对中国统一战线的攻击，必须将全过程人民民主、中国新型政党制度、民族区域自治制度、"一国两制"等成功实践或制度作为统一战线话

---

① 龚静阳：《美西方对华污名化框架下统一战线话语和叙事体系构建：梳理与应对》，《统一战线学研究》2022 年第 6 期。

语对外传播的"语料库",以自主的话语范式打破理论性不足导致的对外话语传播局限。二是正确处理对内传播和对外传播的关系,实现统一战线话语生产民族性叙事与全球性议题的有效连接。从传播目标来看,统一战线话语是民族国家特定诉求与世界历史发展要求一体化的综合性表达,不管是对内传播还是对外传播,都旨在超越冲突、寻求人类共同利益和共同价值,推动探索未来中国的发展道路乃至全人类更为美好的未来。这就要求统一战线话语对外传播不能与对内传播相割裂:一方面,对内传播是对外传播的基础,需要围绕统一战线在中国共产党执政、中国特色社会主义制度等论域中的意义和作用,形成长线与短线相结合的立体化、长期性的统一战线话语生产规划;另一方面,对外传播需要从全球视野出发,摆脱运用内宣手法进行外宣的思维惯性,围绕恐怖主义、生态污染等人类共同关注的全球治理性议题,彰显统一战线以共同发展为导向、以合作共赢为核心等先进理念。三是合理对待澄清谬误与正面宣介的关系,推动统一战线话语生产建立以立为本、立破并举的常态化机制。从澄清谬误来看,必须清醒认识美西方潜移默化乃至明目张胆地引导全球舆论走向的文化霸权之举,理性分析"西强我弱"的国际话语权格局,全方位、大声量对外揭批西方对统一战线话语的攻击抹黑。从正面宣介来看,统一战线话语对外传播不是简单被动地回应争议,必须在国际场合将统一战线的制度优势和实践效能作为议程设置的依据,向国外民众阐明统一战线话语所蕴含的共同价值,逐渐消除西方对统一战线的刻板印象,提升统一战线话语对外传播效能。

第二,提高统一战线话语转译能力。话语转译是统一战线话语对外传播不可或缺的一环,承担着在以英语为通用语言的国际传播体系中突出重围的艰巨使命。一是优化统一战线话语的语料供给。与中文语料相比,统一战线话语对外传播在英语以及其他外语语料供给方面存在瓶颈。现实可行的做法是加快推进统一战线话语的外译工程,建强建优英语及其他外语语种的专门人才队伍,打造统一战线话语国际传播高端智库,构建多主体、立体式的语料供给库。二是推进统一战线话语的精准翻译。在话语对外传播过程中,翻译的品质"体现为中介转换,是符号与意义、符号与符号之间的互动,发挥着桥梁、管道的作用"①。由于不同话语系统的语言结构存在差异，准确性欠缺的翻译往往招致理解障碍，甚至因失之毫厘而谬以千里。提高统一战线话语转译能力，必须主动对接目标国家或地区的文化语境和语言形式，精准翻译统一战线话语中的关键性术语、基础性术语，切实减少话语传播过程中信息损耗、概念变形等情况。同时，要厘清表层含义与深层意义有机统一的知识框架，牢牢掌握话语塑造主动权。三是善于围绕统一战线工作进行微观叙事。运用国外受众乐于接受和易于理解的方式，助推统一战线话语的微观转化，是提高统一战线话语转译能力的最佳方式：既要有内容上的具象呈现，将国外受众对美好生活的向往作为共情点，讲好统一战线在政治、经济、文化等诸多领域嵌入人民群众美好生活的鲜活故事，充分展现人民群众的获得感、幸福感、安全感，有效激发国外受众的情感共鸣；也要有形式上的生动传达，探索统一战线话语微观化的特色表现形式，形成数量充足、形态丰富的统一战线话语，满足国外受众多元需求，实现统一战线话语的有效增值。

第三，开辟统一战线话语创新路径。创新是增强统一战线话语吸引力的基本驱动，需要综合统筹目标对象的基本特性、技术发展的前沿趋势，同时有效利用反馈结果。一是定位目标对象的基本特性。从活跃程度看，以"Z世代"为代表的年青一代已成为国际舆论中的关键变量。在统一战线话语对外传播的过程中，必须全面布局"Z世代"知华友华"朋友圈"建设，灵活运用全球化表达、区域化表达等策略创新统一战线话语。同时，针对"Z世代"信息接收定制化、互动化、视觉化、移动化等趋势日益显著的特点，在海外舆论生态中发掘年轻人的兴趣点、兴奋点以及与之相匹配的统一战线话语的创新增量，推出适应新媒体格局的统一战线话语传播方式，占领全球"Z世代"特殊舆论阵地。二是紧跟技术发展的前沿趋势。统一战线话语对外传播必须顺应数字化、网络化、移动化的时代发展趋势，充分运用4K/8K、5G、AI、VR、AR等新传播技术，全面推动建设统一战线的内容、平台、渠道和终端等配套传播产业链。例如，借助算法、传感器等人工智能

---

① 麻争旗：《翻译与跨文化传播》，《北京第二外国语学院学报》2001年第6期。

技术来准确把握国外受众的偏好，针对不同地域、不同文化背景、不同认知水平的受众群体精准施策；利用 VR 技术打造智能化场景，打破时空局限性，让国外受众切身体验统一战线的深邃历史感和鲜明时代感。三是强化反馈结果的有效利用。健全统一战线话语对外传播的效果评估机制，加强国际传播效果评估与反馈，能够推动统一战线话语在调整优化中实现提质增效。不断健全统一战线话语对外传播考核评估体系，完善海外影响力和关注度等评估指标，提高评估体系的科学性、全面性、实用性，加强技术应用和内容创新，既要做到事前事中事后流程管控，又要重视不同国家、不同区域、不同群体的反馈，引导和推动统一战线话语对外传播持续改进创新。

（二）提高统一战线话语感召力

统一战线话语对外传播是主体与客体、内容与形式、场域与时态、效果与效度等多重要素作用的耦合，各个要素相互作用，规定着统一战线话语的感召力。综合考虑上述要素的角色和作用，提高统一战线话语感召力需要因势而谋、顺势而为，在对话传播、柔性传播和裂变传播方面下大功夫。

第一，推动统一战线话语的对话传播。从世界各国的政治运转情势来看，政治联盟特别是政党结盟的现象具有普遍性，这为统一战线话语对外传播提供现实可能性。但由于不同国家存在合作型政治与竞争型政治的逻辑分野，考虑到不同文明形态、文化传统、社会制度和发展阶段，各国对统一战线的认识各有侧重。在此情形下，推动统一战线话语的对话传播极其重要。一是坚持对话传播的可通约性。统一战线话语首先是植根于中国大地的本土性话语，要实现对外传播的目标，就必须走向世界并被世界接纳。但现实情况是，"在理论宣传过程中，'本质'、'核心'、'灵魂'、'精髓'、'关键'等概念经常出现，如果直译成外文，外国人根本看不懂。如果意译，内容似乎又很相似，外国人更看不懂"①。因此，统一战线话语对外传播不能是"自言自语""自吹自擂"，必须充分考虑个体维度的年龄、性别等基本物理

---

① 秦宣：《中国特色学术话语体系构建思路》，《人民论坛·学术前沿》2012 年第 11 期。

要素，并结合地缘、业缘、学缘等群体维度的关联要素，同时将语言差异、种族差异、民族差异、历史差异、利益差异、价值观念差异、宗教信仰差异、政治倾向差异等变量计算进来，进行高效整合，摆脱"概念漂浮"的现象，建立精准对话的牢靠基础。二是坚持对话传播的可理解性。"话语的可理解性表现为，一是话语符号（包括文化符号）的可理解性，二是话语构塑的语境的可理解性。"① 在统一战线话语的对外传播中，需要运用国外受众易于理解的话语符号，如第二次世界大战中的反法西斯同盟、万隆会议上凝聚亚非国家共识的求同存异方针等，这些举措或政策推动各方产生某种程度共鸣。三是坚持对话传播的可互动性。所谓可互动性，就是要求对话者摒弃单向灌输和空洞说教的方式，根据国外受众的特点，重点设计其能够深刻感受并主动接受的话语表达，如可以运用 20 世纪以来亚非拉国家反对殖民主义统治、兴起民族解放运动进而形成合力等正面案例和 20 世纪 90 年代冷战结束后狭隘民族主义撕裂世界和平与发展力量等反面案例，增强统一战线话语对外传播的针对性和代入感。

第二，推动统一战线话语的柔性传播。话语是一定阶级和利益集团意识形态表达的有效工具和载体，承载着特定的意识形态内容、形式及目标任务，具有明显的政治色彩，统一战线话语自然难以例外。因此，统一战线话语的柔性传播，就是采取含蓄迂回的方式，最大限度地避免国外受众反感或抵触。一是避免理念冲撞。由于我国政治体制以及意识形态与其他国家尤其是西方国家存在差异，且话语客体倾向于选择性接触和自身立场、兴趣相一致的内容，统一战线话语对外传播不能泛意识形态化，如不可频繁强调西方国家不愿承认甚至时常加以污蔑抹黑的部分，而应当聚焦国际动荡、社会撕裂、族群冲突、弱势群体抗争等共同议题，重点阐述坚持团结、促进合作等统一战线理念，提升统一战线话语对外传播的技巧和能力。二是缩小文化间距。历史地看，统一战线并不只是中国的文化特

---

① 胡键：《语言、话语与中国的对外传播》，《华东师范大学学报》（哲学社会科学版）2021年第 2 期。

色、民族特色，近代以来广大亚非拉国家在争取民族独立时也曾经充分利用统一战线，广泛联合反对殖民统治的力量，其中存在统一战线的文化因素。换句话说，统一战线的核心价值在于利益共存、合作共赢、休戚与共，这符合人类社会发展要求，广泛存在于世界各个民族的文化之中。坚持统一战线话语的柔性传播就是要论证、阐释、挖掘和提炼统一战线话语蕴含的世界性意义，增强其与国外受众之间的文化接近性，从而拉近国内外民众的心理距离。三是挖掘柔性传播的鲜活素材。讲述故事或叙述典型避免强势传播方式，是统一战线话语柔性传播的重要方法。这就需要将构建人类命运共同体、构建新型国际关系、落实正确义利观、共建"一带一路"和拓展伙伴关系网络等故事化或者案例化，生动形象地向国外受众传播统一战线话语所体现的核心价值观，激起国外民众对统一战线话语及其理念的情感认同。

第三，推动统一战线话语的裂变传播。从话语的传播速率来看，能否按照几何倍数进行裂变式的网状传播，是判断一种话语是否具备感召力的重要标准之一。基于裂变传播的视角提升话语能见度，是统一战线话语对外传播的重要策略。一是深耕裂变传播的内容。传播调适理论认为，"在赢得不同文化（群体）的他人的好感时，语言调整是极常见的策略"[①]。统一战线话语实现裂变传播，就是基于目标对象的具体情况进行内容替换和形式转化等，也即进行"再创作"，同时还需要及时了解国外受众的反馈，从而继续进行统一战线话语更新，拉长统一战线话语对外传播的生命周期，打造和完善全方位、立体化的统一战线话语对外传播格局。二是经营裂变传播的社群。与传统媒体时代信息中心化生产和单向度传输的模式相比，移动互联时代的信息生产和传播呈现去中心化与再中心化并存的特点，基于此特点的统一战线话语裂变传播不是自发形成的，需要将用户视为"社群"。在理念上，必须把长久以来被视为"他者"的国外受众作为统一战线话语的潜在传播者，把海外社群作为统一战线话语裂变传播的有生力量。在实践上，充

---

① ［美］埃姆·格里芬：《初识传播学》，展江译，北京联合出版公司，2016，第417页。

分利用国外社交媒介的后台数据，了解国外受众对统一战线相关议题的态度和兴趣，密切联系既有社群，拓展话语传播链条，借助"深度粉"的节点传播寻求统一战线话语"出圈"。三是关注裂变传播的算法。社交媒体的智能算法是影响统一战线话语裂变传播的隐性规则，而国外社交媒体的算法推荐逻辑不尽相同，如 Facebook 优先考虑家人和朋友的分享，X 的视频推文可节省 50% 以上的参与成本，YouTube 关注长视频以及频道效果。因此，需要将统一战线话语对外传播的部分精力用于研究国外社交媒体的算法推荐逻辑，关注关键词、标签、缩略图等以往容易忽略的一些细节，重视谷歌关键词规划器等优化内容的工具的使用，努力实现正面效果最大化、中性效果有利化、负面效果积极化。

（三）提升统一战线话语影响力

传播布局、传播生态和传播矩阵是决定统一战线话语影响力的关键变量。为进一步提升统一战线话语影响力，统筹战略传播布局、培育良性传播生态和构筑全新传播矩阵势在必行。

第一，形成精准高效的战略传播布局。一是完善工作主体布局。确立系统性、整体性的战略传播思维，整合各类战略主体形成"合奏"，是统一战线话语对外传播的基础。因此，从战略传播的高度着眼，必须加强顶层设计与统筹协调，以宣传部门、新闻媒体、文教单位为主体，充分调动相关职能部门、高校、智库、企业等主体的积极性，发挥党政机构的突出作用，调动企业、社会团体、民间组织等的积极性，建立全方位、多元化的对外发声体系，形成统一战线话语对外传播的大合唱。二是完善全球区域布局。当前，美西方国家依然占据全球话语传播的优势地位，统一战线话语对外传播需要以新时代中国特色大国外交的顶层设计为基础，建立符合各方利益、提供公平机遇、鼓励普遍参与的国际合作架构，巩固并扩大认同统一战线话语的国际"朋友圈"。一方面，以尽力夯实基本盘为策略，统筹考虑布局重点和面向周边，关注"一带一路"共建国家并在部分国家实现突破，对接外交部驻外各大使领馆、文旅部海外文化设施建设管理中心等,更好地实现统一战线话语对外传播与公共外交相互借重;另一方面,以全力串联重点人群为牵引,在集约化、高效率发展中拓展非政府组织、跨国企业中的知华友华力量,推动统一战线话语对外传播完善布局、转型升级。三是完善交流渠道布局。为避免将统一战线话语对外传播纯粹作为政治问题和外交问题,必须开辟公共外交之外的民间交流渠道,鼓励第三方开展统一战线相关对话与交流。为此,应当积极发挥国家高端智库的作用,支持专家学者、学术机构、非政府组织等民间力量开展国际统一战线交流,利用学术访问、学术会议、学术成果交流等形式传播中国统一战线事业的新发展和新成就,从而让国际社会对统一战线话语具有更加立体、更加全面的认识。

第二,培育良性传播生态。纵观人类传播发展史,传播生态是否与时俱进,已成为决定传播效能的重要方面。一是推动先进技术赋能统一战线话语对外传播。近年来,以大数据、云计算、虚拟现实、人工智能、深度学习等新技术为代表的新传播技术革命正在加快重塑全球媒体生态与传播格局。面对风起云涌的媒体变革,统一战线话语对外传播中,必须有效适应现实与虚拟深度融合的全球传播秩序变化,实现各种媒介资源、生产要素有效整合,更好地推动统一战线话语对外传播的流程优化、格局重塑,实现统一战线话语对外传播的个性化需求研判、精准化语言翻译、智能化信息递送。二是推动优质人才赋能统一战线话语对外传播。良性传播生态的形成离不开人才队伍建设,统一战线话语对外传播必须高度重视并积极建设具有语言优势、熟悉国外情势的人才队伍,提高讲好中国故事、传播中国声音、阐释中国话语的能力。一方面,积极选聘具有政治学、新闻传播学、对外汉语等学科背景,政治素养与把关能力过硬,业务层面综合能力突出,熟悉国际国内形势特别是舆论环境的高层次人才加入统一战线话语对外传播队伍;另一方面,依托宽松政策氛围与深沉文化积淀,增强外宣、统战等相关领域工作人员跨文化传播、跨媒介叙事的能力,支持其在统一战线话语采集、生产、分发、接收、反馈等全链条进行更具时效性、交互性、多维性等的创新性改造。三是推动法治建设赋能统一战线话语对外传播。建立健全话语对外传播的法律制度是培育良性传播生态的有力保障。统一战线话语对外传播必须建立在合理保护、有效维护中国话语及其传播机制的法律制度之上，旗帜鲜明地批判西方对统一战线话语的歪曲与污蔑：对内加强话语污名的法律规制，明晰相关民事、刑事责任划分，对外运用法律武器维护各类组织、机构、个人合法权益，加强熟悉所在国相关法律的人才队伍培养，建成统一战线话语对外传播的涉外法律服务团队。

第三，构筑立体多元的全新传播矩阵。现代媒介是统一战线话语对外传播的重要载体，根据不同媒体的定位和禀赋发挥其优势、形成合力，在彼此整合中完善统一战线话语对外传播的媒介矩阵，是提升统一战线话语影响力的关键之举。一是发挥中央级媒体掌握权威信息、高度组织动员、优化资源配置等综合性优势。加大对《人民日报》（海外版）等中央级媒体的制度性政策扶持力度，培育一批拥有独家、首发资质且特色鲜明、优势突出的国际一流媒体，通过集中选题、整合资源、统筹版面、优先分发、重点推介等方式，形成全面立体的对外传播"话语链"和"话语群"。二是发挥省级、地（市）级、县级媒体联动合作的整体性优势。从数量上看，省级、地（市）级、县级媒体在当前四级媒体的主体架构中占据多数，理应成为统一战线话语对外传播的"主力军"。一方面，省级、地（市）级、县级媒体层次结构清晰，是统一战线话语对外传播的关键枢纽，需要与属地管理的党委、政府密切配合，结合省级、地（市）级、县级对外交流工作和统一战线工作的实际情况，共同聚焦统一战线话语对外传播的任务，完成相应层级统一战线话语对外传播的舆论引导工作。另一方面，加快推动省级、地（市）级、县级媒体差异化、特色化发展，组建各级媒体推进统一战线话语对外传播的硬件平台，分析与研判不同层级媒体在统一战线话语对外传播中的内容效果数据、受众行为数据等数据信息，在持有海量用户数据、掌握前沿智能技术的基础上继续加强统一战线话语对外传播的针对性表达。三是发挥商业媒体在资源聚集、技术研发、产品迭代等方面的灵活性优势。与传统主流媒体相比，商业媒体平台用户数量庞大、媒介资源雄厚，但新闻采编内容散乱、质量参差不齐。为避免商业媒体短板带来的不良影响，统一战线话语对外传播需要打通专业媒体与商业媒体之间的壁垒，在安全可控的范围内实现商业媒体与专业媒体相互赋能，加快流量共享与内容共创，邀请专业媒体入驻 TikTok 等商业平台进行常态化账号运营，在贴近平台风格与研判国外用户需求的基础上，推动统一战线话语"造船出海"。同时，积极拓展多元化平台，巩固 Meta、X 等现有国外社交媒体上统一战线相关内容稳定发布的优势，继续将 Line、Telegram 等具有广泛影响力的海外新兴社交平台发展为统一战线话语对外传播的有效载体，加快建设立场坚定、特色鲜明、风险可控和传播迅捷的国际新媒体平台集群。

参考文献

一　中文文献

（一）马克思主义经典著作类

［1］《马克思恩格斯选集》（第 1~4 卷），人民出版社，2012。

［2］《马克思恩格斯文集》（第 1~10 卷），人民出版社，2009。

［3］《列宁选集》（第 1~4 卷），人民出版社，2012。

［4］《列宁专题文集（论社会主义）（论无产阶级政党）》，人民出版社，2009。

［5］《列宁全集》（第 36~43 卷），人民出版社，2017。

［6］《斯大林选集》（上下卷），人民出版社，1979。

［7］《斯大林文集》（1934~1952 年），人民出版社，1985。

［8］《毛泽东选集》（第 1~4 卷），人民出版社，1991。

［9］《毛泽东文集》（第 1~2、3~5、6~8 卷），人民出版社，1993、1996、1999。

［10］《邓小平文选》（第 1~2、3 卷），人民出版社，1994、1993。

［11］《邓小平文集》（上、中、下），人民出版社，2014。

［12］《邓小平年谱》（1975~1997），中央文献出版社，2004。

［13］《江泽民文选》（第 1~3 卷），人民出版社，2006。

［14］江泽民：《论"三个代表"》，中央文献出版社，2001。

［15］江泽民：《论党的建设》，中央文献出版社，2001。

［16］《江泽民论加强和改进执政党建设（专题摘编）》，中央文献出版社、研究出版社，2004。

［17］《江泽民思想年编》（1989—2008），中央文献出版社，2010。

［18］《胡锦涛文选》（第1~3卷），人民出版社，2016。

［19］《科学发展观重要论述摘编》，中央文献出版社、党建读物出版社，2008。

［20］胡锦涛：《论构建社会主义和谐社会》，中央文献出版社，2013。

［21］《习近平谈治国理政》（第1~4卷），外文出版社，2018、2017、2020、2022。

［22］《习近平关于党的群众路线教育活动论述摘编》，中央文献出版社，2014。

［23］《习近平关于全面深化改革论述摘编》，中央文献出版社，2014。

［24］《习近平关于全面依法治国论述摘编》，中央文献出版社，2015。

［25］《习近平关于全面从严治党论述摘编》，中央文献出版社，2016。

［26］《习近平关于党风廉政建设和反腐败斗争论述摘编》，中央文献出版社、中国方正出版社，2015。

［27］《习近平关于严明党的纪律和规矩论述摘编》，中央文献出版社、中国方正出版社，2016。

［28］习近平：《论坚持全面深化改革》，中央文献出版社，2018。

［29］习近平：《论坚持党对一切工作的领导》，中央文献出版社，2019。

［30］习近平：《论党的宣传思想工作》，中央文献出版社，2020。

［31］习近平：《论坚持全面依法治国》，中央文献出版社，2020。

［32］《习近平著作选读》（第1、2卷），人民出版社，2023。

［33］《习近平新时代中国特色社会主义思想学习纲要（2023年版）》学习出版社、人民出版社，2023。

［34］《习近平新时代中国特色社会主义思想专题摘编》，中央文献出版

社、党建读物出版社，2023。

［35］《习近平新时代中国特色社会主义思想的世界观和方法论专题摘编》，党建读物出版社、中央文献出版社，2023。

［36］《习近平关于调查研究论述摘编》，党建读物出版社、中央文献出版社，2023。

（二）党和国家重要文献类

［1］《建党以来重要文献选编》（1921～1949）（第1～26册），中央文献出版社，2011。

［2］《中共中央文件选集》（1949年10月～1966年5月）（第1～50册），人民出版社，2013。

［3］《建国以来重要文献选编》（第1～3、4～7、8～10、11、12～13、14～17、18～20册），中央文献出版社，1992、1993、1994、1995、1996、1997、1998。

［4］《三中全会以来重要文献选编》（上、下），人民出版社，1982。

［5］《十二大以来重要文献选编》（上、中、下），人民出版社，1986、1986、1988。

［6］《十三大以来重要文献选编》（上、中、下），人民出版社，1991、1991、1993。

［7］《十四大以来重要文献选编》（上、中、下），人民出版社，1996、1997、1999。

［8］《十五大以来重要文献选编》（上、中、下），人民出版社，2000、2001、2003。

［9］《十六大以来重要文献选编》（上、中、下），中央文献出版社，2005、2006、2008。

［10］《十七大以来重要文献选编》（上、中、下），中央文献出版社，2009、2011、2013。

［11］《十八大以来重要文献选编》（上、中、下），中央文献出版社，

2014、2016、2018。

[12]《十九大以来重要文献选编》（上、中、下），中央文献出版社，2019、2021、2023。

[13]《中国共产党历次党章汇编 1921—2012》，中国方正出版社，2012。

[14]《中国共产党党内法规选编（1978—1996）》，法律出版社，2009。

[15]《中国共产党党内法规选编（1996—2000）》，法律出版社，2009。

[16]《中国共产党党内法规选编（2001—2007）》，法律出版社，2009。

[17]《中国共产党党内法规选编（2007—2012）》，法律出版社，2014。

[18]《中国共产党党内法规选编（2012—2017）》，法律出版社，2019。

[19]《中央党内法规和规范性文件汇编（1949 年 10 月—2016 年 12月）》，法律出版社，2017。

（三）中文著作类

[1] 胡绳：《马克思主义与改革开放》，中国社会科学出版社，2000。

[2] 王惠岩：《政治学原理》，高等教育出版社，2006。

[3] 胡绳主编《中国共产党的七十年》，中共党史出版社，1991。

[4] 林尚立等：《新中国政党制度研究》，上海人民出版社，2015。

[5] 薄一波：《若干重大决策与事件的回顾》（上下卷），中共党史出版社，2008。

[6] 周淑真：《政党和政党制度比较研究》，人民出版社，2013。

[7] 王沪宁：《政治的逻辑》，上海人民出版社，1993。

[8] 浦兴祖：《当代中国政治制度》，上海人民出版社，1992。

［9］林尚立：《当代中国政治形态研究》（第二版），天津人民出版社，2017。

［10］杨光斌：《政治变迁中的国家与制度》，中央编译出版社，2011。

［11］景跃进、陈明明、肖滨：《当代中国政府与政治》，中国人民大学出版社，2016。

［12］何俊志：《从苏维埃到人民代表大会制——中国共产党关于现代代议制的构想与实践》，复旦大学出版社，2011。

［13］陈家刚：《协商民主与国家治理》，中央编译出版社，2014。

［14］刘红凛：《政党政治与政党规范》，上海人民出版社，2010。

［15］秦宣：《秦宣自选集》，学习出版社，2010。

［16］陈明明：《在革命与现代化之间——关于党治国家的一个观察与讨论》，复旦大学出版社，2015。

［17］杨光斌：《观念的民主和实践的民主——比较历史视野下的民主与国家治理》，中国社会科学出版社，2015。

［18］封丽霞：《政党、国家与法治——改革开放 30 年中国法治发展透视》，人民出版社，2008。

［19］杨光斌：《当代中国政治制度导论》（第二版），中国人民大学出版社，2015。

［20］王奇生：《党员、党权与党争》，中国法制出版社，2009。

［21］杨海蛟、程竹汝主编《国家治理现代化丛论》，上海人民出版社，2017。

［22］杨耕：《国家治理研究——活力与秩序》，北京师范大学出版社，2016。

［23］周敬青主编《国家治理视角下的中外政党比较研究》，上海人民出版社，2015。

［24］辛向阳：《中国特色社会主义与国家治理现代化》，浙江人民出版社，2015。

［25］陈明明、任勇：《国家治理现代化理念、制度与实践》，中央编译

出版社，2016。

[26] 周雪光：《中国国家治理的制度逻辑》，生活·读书·新知三联书店，2017。

[27] 俞可平主编《国家治理评估——中国与世界》，中央编译出版社，2009。

[28] 俞可平：《推进国家治理与社会治理现代化》，当代中国出版社，2014。

[29] 王续添：《代表制与国家治理》，社会科学文献出版社，2018。

[30] 江必新、鞠成伟：《国家治理现代化比较研究》，中国法制出版社，2016。

[31] 许耀桐：《中国国家治理体系现代化总论》，国家行政学院出版社，2016。

[32] 燕继荣：《国家治理及其改革》，北京大学出版社，2015。

[33] 罗峰：《嵌入、整合与政党权威的重塑》，上海人民出版社，2009。

[34] 闫健：《中国共产党转型与中国的变迁——海外学者视角评析》，中央编译出版社，2013。

[35] 郑永年：《中国模式：经验与困局》，浙江人民出版社，2010。

[36] 郑永年：《全球化与中国国家转型》，浙江人民出版社，2011。

[37] 郑永年：《改革及其敌人》，浙江人民出版社，2011。

[38] 萧功秦：《中国的大转型——从发展政治学看中国变革》，新星出版社，2008。

[39] 萧功秦：《超越左右激进主义——走出中国转型的困境》，浙江大学出版社，2012。

[40] 刘建军、陈超群：《执政的逻辑：政党、国家与社会》，上海辞书出版社，2005。

[41] 李路路、李汉林：《中国的单位组织——资源、权力与交换》，浙江人民出版社，2000。

[42] 李金河：《当代世界政党制度》，中央编译出版社，2011。

［43］梁琴、钟德涛：《中外政党制度比较》，商务印书馆，2013。

［44］温玉堂：《不同政党制度的社会成本分析与比较》，中共党史出版社，2008。

［45］刘敏茹：《转型国家的政党制度变迁——俄罗斯与波兰的比较分析》，中央编译出版社，2013。

［46］黄卫平、陈家喜：《制度建设与政党发展——政党体制的比较分析》，社会科学文献出版社，2013。

［47］包承柯：《转型体制下各国政党体制与选举制度研究》，上海人民出版社，2013。

［48］许宝友主编《世界主要政党规章制度文献：越南、老挝、朝鲜、古巴》，中央编译出版社，2016。

［49］罗荣渠：《现代化新论——中国的现代化之路（增订本）》，华东师范大学出版社，2013。

［50］王绍光：《中国·政道》，中国人民大学出版社，2014。

［51］王绍光：《安邦之道——国家转型的目标与途径》，生活·读书·新知三联书店，2007。

［52］吕增奎主编《执政的转型：海外学者论中国共产党的建设》，中央编译出版社，2011。

［53］方维规：《概念的历史分量：近代中国思想的概念史研究》，北京大学出版社，2019。

［54］孙江、刘建辉主编《亚洲概念史研究》（第一辑），生活·读书·新知三联书店，2013。

［55］孙江、陈力卫主编《亚洲概念史研究》（第二辑），生活·读书·新知三联书店，2014。

［56］黄兴涛主编《新史学（第三卷）：文化史研究的再出发》，中华书局，2009。

［57］张凤阳、孙江主编《亚洲概念史研究》（第3辑），生活·读书·新知三联书店，2017。

[58] 王韶兴主编《政党政治论》，山东人民出版社，2011。

[59] 欧爱民：《中国共产党党内法规总论》，人民出版社，2019。

[60] 杨光斌：《中国政治认识论》，中国社会科学出版社，2018。

[61] 杨彬彬：《伟大社会革命》，人民日报出版社，2024。

（四）中文译著类

[1] ［法］卢梭：《社会契约论》，何兆武译，商务印书馆，2003。

[2] ［法］孟德斯鸠：《论法的精神》（上下卷），许明龙译，商务印书馆，2012。

[3] ［德］马克斯·韦伯：《经济与社会（第2卷）》，阎克文译，上海人民出版社，2010。

[4] ［美］古德诺：《政治与行政：政府之研究》，丰俊功译，北京大学出版社，2012。

[5] ［美］萨托利：《民主新论》，冯克利、闫克文译，上海人民出版社，2009。

[6] ［美］塞缪尔·P.亨廷顿：《第三波：20世纪后期的民主化浪潮》，欧阳景根译，中国人民大学出版社，2013。

[7] ［法］费尔南·布罗代尔：《文明史：人类五千年文明的传承与交流》，常绍民、冯棠、张文英、王明毅译，中信出版集团，2017。

[8] ［美］弗朗西斯·福山：《国家构建：21世纪的国家治理与世界秩序》，郭华译，学林出版社，2017。

[9] ［美］弗朗西斯·福山：《历史的终结与最后之人》，陈高华译，广西师范大学出版社，2014。

[10] ［法］让·布隆代尔、［意］毛里齐奥·科塔：《政党政府的性质——一种比较性的欧洲视角》，曾森、林德山译，北京大学出版社，2006。

[11] ［美］史蒂芬·E.弗兰泽奇：《技术年代的政党》，李秀梅译，商务印书馆，2010。

[12] [美] 弗莱蒙特·E. 卡斯特、詹姆斯·E. 罗森茨韦克:《组织与管理统方法与权变方法》,傅严、李柱流等译,中国社会科学出版社,2000。

[13] [意] G. 萨托利:《政党与政党体制》,王明进译,商务印书馆,2006。

[14] [美] 李侃如:《治理中国:从革命到改革》,胡国成、赵梅译,中国社会科学出版社,2010。

[15] [美] 弗朗西斯·福山:《政治秩序的起源》,毛俊杰译,广西师范大学出版社,2014。

[16] [美] 沈大伟:《中国共产党:收缩与调适》,吕增奎、王新颖译,中央编译出版社,2011。

[17] [美] 利昂·D. 爱泼斯坦:《西方民主国家的政党》,何文辉译,商务印书馆,2014。

[18] [美] 邹谠:《中国革命再阐释》,甘阳译,牛津大学出版社,2002。

[19] [法] 布隆代尔、[意] 科塔:《政党与政府——自由民主国家的政府与支持性政党关系探析》,史志钦等译,北京大学出版社,2006。

[20] [美] 阿伦·利普哈特:《选举制度与政党制度——1945-1990 年27 个国家的实证研究》,谢岳译,上海人民出版社,2016。

[21] [匈] 瓦伊达:《国家与社会主义》,黑龙江大学出版社,2017。

[22] [英] 伊安·汉普歇尔-蒙克:《比较视野中的概念史》,周保巍译,华东师范大学出版社,2010。

[23] [英] 梅尔文·里克特:《政治和社会概念史研究》,张智译,华东师范大学出版社,2010。

[24] [德] 李博:《汉语中的马克思主义术语的起源与作用:从词汇-概念角度看日本和中国对马克思主义的接受》,赵倩、王草、葛平竹译,中国社会科学出版社,2003。

（五）学位论文类

［1］吴婧羽：《延安时期中国共产党政治话语体系建构研究》，延安大学博士学位论文，2022。

［2］路珧：《中国共产党引领协商民主话语创新研究》，吉林大学博士学位论文，2022。

［3］刘志贻：《中国共产党中华民族观的历史演进研究》，贵州师范大学博士学位论文，2022。

［4］张沛霖：《中国共产党国际统一战线思想演进研究（1949-2020）》，山东大学博士学位论文，2021。

［5］张伟军：《中国特色社会主义政党制度的生成逻辑与实践机理研究》，兰州大学博士学位论文，2020。

［6］李旖旎：《新民主主义革命时期中国共产党意识形态领导权建设研究》，哈尔滨工程大学博士学位论文，2019。

［7］陈杰：《新民主主义革命时期中国共产党群众工作话语体系研究》，西南交通大学博士学位论文，2019。

［8］路璐：《马克思主义统一战线思想的源与流研究》，山东大学博士学位论文，2019。

［9］张克荣：《中国共产党话语体系中的孙中山》，武汉大学博士学位论文，2019。

［10］武峥：《中国特色社会主义制度自信及实践研究》，南京师范大学博士学位论文，2019。

［11］陶磊：《中国特色社会主义总布局民众共识及达成路径研究》，中国石油大学（华东）博士学位论文，2018。

［12］刘俊峰：《中国特色社会主义统一战线理论及其创新发展研究》，东北师范大学博士学位论文，2018。

［13］郭士民：《政治共识达成与新时期统一战线关系研究》，山东大学博士学位论文，2017。

［14］张德明：《改革开放以来中国共产党的统一战线理论创新研究》，辽宁大学博士学位论文，2016。

［15］曹龙虎：《中国革命语境中的"资本主义"：一项概念史考察》，南京大学博士学位论文，2015。

［16］张艳娥：《中国特色社会主义制度创新研究》，陕西师范大学博士学位论文，2014。

［17］张振华：《当代中国社会共识形成研究》，武汉大学博士学位论文，2014。

［18］祝志男：《中国共产党关于建立抗日民族统一战线的理论和政策》，东北师范大学博士学位论文，2006。

（六）中文期刊类

［1］王英、贾晓强：《李大钊统一战线思想的精髓要义与实践意蕴》，《河北学刊》2023年第5期。

［2］胡天生、房维维：《统一战线思想的溯源与解码——西湖会议的时局分析与历史影响》，《浙江社会科学》2023年第8期。

［3］钱再见：《从科学到学科：新时代统一战线学学科建设的路径选择》，《江苏社会科学》2023年第4期。

［4］桑兵：《"抗日民族统一战线"的名实源流》，《中共党史研究》2023年第3期。

［5］莫岳云：《再论广州是中国革命统一战线的发源地》，《学术研究》2023年第5期。

［6］郭海龙、马勇田：《中共三大：在开启中国革命统一战线先河中把握历史主动》，《学术研究》2023年第5期。

［7］王遐见、蔡元洋：《马克思主义统战理论中国化的历史逻辑》，《思想政治教育研究》2023年第2期。

［8］王冉：《论习近平对统一战线理论的创新发展》，《学校党建与思想教育》2023年第6期。

［9］孙信：《统一战线是党凝聚人心、汇聚力量的强大法宝》，《东岳论丛》2023年第2期。

［10］桑兵：《中共"抗日民族统一战线"的定名与异变》，《抗日战争研究》2023年第1期。

［11］臧秀玲：《中国新型政党制度国际话语权的基本内涵与提升路径》，《马克思主义研究》2022年第4期。

［12］蒋光贵：《中国共产党坚持和践行统一战线的历史经验》，《理论视野》2022年第6期。

［13］张毅：《统一战线学的构建：学科、学术和话语》，《湖南省社会主义学院学报》2022年第3期。

［14］喻中：《文明秩序的同心圆结构——中国宪法中的"统一战线"析论》，《法学评论》2022年第2期。

［15］丁俊萍、颜苗苗：《新时代统一战线话语的建构》，《中南民族大学学报》（人文社会科学版）2022年第3期。

［16］罗平汉：《中国共产党坚持统一战线的历史经验》，《科学社会主义》2022年第1期。

［17］倪延年：《"不忘初心"和"与时俱进"的辩证统一——革命战争年代中国共产党新闻宣传话语体系的演变及启迪》，《人民论坛·学术前沿》2022年第3期。

［18］门洪华、俞钦文：《中国共产党构建国际统一战线的百年探索（1921-2021年）》，《国际观察》2022年第1期。

［19］郭路：《新时代统一战线话语体系的构建与表达——政策话语、学术话语和实践话语的互动融合》，《广西社会主义学院学报》2021年第6期。

［20］李俊：《统一战线的现代化国家建设逻辑及其优势》，《社会主义研究》2021年第5期。

［21］张超、曹文宏：《中共统战话语体系的百年演进及其内在逻辑》，《华侨大学学报》（哲学社会科学版）2021年第4期。

［22］王凤青：《中国共产党"停止内战，一致抗日"话语的建构》，《理论学刊》2021 年第 4 期。

［23］吴学琴：《中国共产党协商民主学术话语的百年国际传播探析》，《学术界》2021 年第 6 期。

［24］丁俊萍、颜苗苗：《中国共产党百年来统一战线工作的历程和经验》，《江苏社会科学》2021 年第 3 期。

［25］何虎生、赵文心：《中国共产党统一战线思想的精髓要义：法宝、和合与平衡》，《中国人民大学学报》2021 年第 1 期。

［26］卢勇、陈思：《统一战线话语权构建的现实困境与理论求索》，《上海市社会主义学院学报》2020 年第 6 期。

［27］李俊、蔡宇宏：《中国语境下统一战线话语表达形态的百年演进》，《统一战线学研究》2020 年第 5 期。

［28］刘继忠、张京京：《促成抗日统一战线：巴黎〈全民月刊〉抗战话语研究》，《现代传播（中国传媒大学学报）》2020 年第 5 期。

［29］石文龙：《新时代我国统一战线话语体系建构及其时代特征》，《上海市社会主义学院学报》2020 年第 1 期。

［30］董山民：《数字时代统一战线动员策略优化：从科层动员到话语动员》，《统一战线学研究》2020 年第 1 期。

［31］莫岳云：《习近平总书记关于加强统一战线工作重要论述的精髓要义》，《马克思主义研究》2019 年第 12 期。

［32］朱碧波：《新时代中国统一战线话语体系研究》，《湖南省社会主义学院学报》2019 年第 5 期。

［33］徐佩瑛、乐文红、张师平：《论新时代统一战线话语权建设》，《广州社会主义学院学报》2019 年第 3 期。

［34］商红日：《统一战线政治哲学：基于统一战线学科话语体系建构的论说》，《统一战线学研究》2019 年第 3 期。

［35］包心鉴：《开创新时代统战工作新局面的根本纲领——论习近平关于加强和改进统一战线工作的重要思想》，《当代世界社会主义问题》

2019 年第 1 期。

［36］樊亚平、李向辉：《抗日民族统一战线下的特殊话语表达——抗战时期范长江在国统区的公开言说与话语策略》，《国际新闻界》2018 年第 10 期。

［37］路璐：《马克思主义统一战线概念的内涵及其演进》，《当代世界社会主义问题》2018 年第 2 期。

［38］罗振建、林华山：《统一战线与中国话语权》，《统一战线学研究》2017 年第 1 期。

［39］张艳娥：《统一战线与中国方案的话语认同》，《重庆社会主义学院学报》2016 年第 6 期。

［40］赵士发、倪博闻：《毛泽东与抗日民族统一战线话语体系的构建——纪念抗战胜利 70 周年》，《理论视野》2015 年第 9 期。

［41］林尚立：《人民共和与统一战线：中国共产党建设国家的政治方略》，《经济社会体制比较》2011 年第 4 期。

［42］蔡宇宏、李俊：《论统一战线主题内容的发展演变》，《马克思主义与现实》2010 年第 5 期。

［43］肖存良：《人民概念重构与统一战线国家政权——中国共产党国家建设的一种视角》，《理论与改革》2008 年第 6 期。

［44］王小鸿：《论统一战线的结构与功能》，《北京师范大学学报》（社会科学版）2007 年第 5 期。

［45］程中原：《中国共产党与抗日民族统一战线的建立》，《抗日战争研究》2005 年第 3 期。

二　外文文献

（一）外文著作类

［1］R. . P. Peerenboom, *China Modernizes*: *Threat to the West or Model for the Rest*? Oxford：Oxford University Press，2007.

［2］Roderick MacFarquhar，*The Politics of China*：*Sixty Years of the People's Republic of China*，Cambridge：Cambridge University Press，2011.

［3］Bruce Dickson，*Trends in China Watching*：*Observing the PRC at Fifty* (*Sigur Center Asia Papers*，*No.* 7)，Washington DC：George Washington University，1999.

［4］Jurgen Domes，*The Government and Politics of the PRC*：*A Time of Transition* (Boulder and London：Westview Press)，1985.

［5］Reinhart Koselleck，*The Practice of Conceptual History*：*Timing History*，*Spacing Concepts*，Stanford：Stanford University Press，2002.

［6］Gavin Kendall & Gary Wickham，*Using Foucault's Methods*，London：SAGE Publications，1999.

［7］J. G. A. Pocock，Concepts and Discourses：A Difference in Culture? Comment on a Paper By Melvin Richter，in Hartmut Lehmann & Melvin Richter eds.，The Meaning of Historical Terms and Concepts：New Studies on Begriffsgeschichte，Washington D. C.：German Historical Institute，1996.

［8］Robert Merton，*Social Theory and Social Structure*，New York：Free Press，1968.

（二）外文期刊类

［1］Jean Blondel，Toward a Systematic Analysis of Government—Party Relationships. *International Political Science Review*，Vol. 16，No. 2，Apr.，1995，pp. 127-143.

［2］Florian Grotz，Till Weber，Party Systems And Government Stability in Central and Eastern Europe，*World Politics*，Vol. 64，No. 4，Oct. 2012，pp. 699-740.

［3］Michael Taylor，V. M. Herman，Party Systems and Government Stability，*The American Political Science Review*，Vol. 65，No. 1，Mar. 1971 pp. 28-37.

[4] Michael Laver, Divided Parties, Divided Government, *Legislative Studies Quarterly*, Vol. 24, No. 1, Feb. 1999, pp. 5-29.

[5] Dingping Guo, The Changing Patterns of Communist Party—State Relations In China: Comparative Perspective, *The Journal of East Asian Affairs*, Vol. 31, No. 1, Spring/Summer 2017, pp. 65-96.

[6] Victor Shih, Christopher Adolph, Mingxing Liu, Getting Ahead in the Communist Party: Explaining the Advancement of Central Committee Members in China, *American Political Science Review*, Vol. 106, No. 1, Feb. 2012, pp. 166-187.

[7] Ludger Helms, From Party Government to Party Governance, *Government and Opposition*, Vol. 49, No. 1, Jan. 2014, pp. 120-138.

[8] LLP. Gore, The Communist Party – Dominated Governance Model of China: Legitimacy, Accountability, and Meritocracy, *Polity*, Vol. 51, No. 1, Jan. 2019, pp. 161-194.

[9] Jiayue Quan, Liqiong An, The Mass Line is the Core Ideas and Values of the Communist Party of China, *Journal of Politics and Law*, Vol. 11, No. 1, Mar. 2018, pp. 37-41.

[10] A. D. Voskresenskiy, 19th National Congress of the Communist Party of China: Internal and External Effects and Prospects of China's Reforms, *Sravnitelnaya Politicca – Comparative Politics*, Vol. 9, No. 2, 2018, pp. 140-159.

[11] Qinghai Fu, From the Founding to the Ruling Party: The Identity Crisis of Mao Zedong and the Communist Party of China, *Fudan Journal of The Humanities And Social Sciences*, Vol. 8, No. 3, Sep. 2015, pp. 447-469.

[12] Kerry Brown, The Communist Party of China and Ideology, *China – An International Journal*, Vol. 10, No. 2, Aug. 2012, pp. 52-68.

[13] Young Nam Cho, China's Rule of Law Policy and Communist Party

Reform, *Asian Perspective*, Volume 40, Number 4, October – December 2016, pp. 675-697.

[14] Elizabeth C., Economy, Author's Response: The Third Revolution is Real, *Asia Policy*, Volume 13, Number 4, October 2018, pp. 162-165.

[15] Zheng Yongnian, Where Does the Chinese Communist Party Go From Here?: Challenges and Opportunities, *China: An International Journal*, Volume 10, Number 2, August 2012, pp. 84-101.

[16] Donald Clarke, China's Legal System and the Fourth Plenum, *Asia Policy*, Number 20, July 2015, pp. 10-16.

[17] Carl Minzner, Legal Reform in the Xi Jinping Era, *Asia Policy*, Number 20, July 2015, pp. 4-9.

[18] Giovanni Sartori, Concept Misformation in Comparative Politics, *The American Political Science Review*, Vol. 64, No. 4, 1970.

[19] James Vernon, Who's Afraid of the "Linguistic Turn"? The Politics of Social History and Its Discontents, *Social History*, Vol. 19, No. 1, 1994.

图书在版编目（CIP）数据

统一战线话语体系建构机制研究／杨彬彬著．
北京：社会科学文献出版社，2024.10. --ISBN 978-7
-5228-3688-1

Ⅰ.D613

中国国家版本馆 CIP 数据核字第 20241V081R 号

统一战线话语体系建构机制研究

著　　者／杨彬彬

出 版 人／冀祥德
责任编辑／王小艳
责任印制／王京美

出　　版／社会科学文献出版社·马克思主义分社（010）59367126
　　　　　地址：北京市北三环中路甲 29 号院华龙大厦　邮编：100029
　　　　　网址：www.ssap.com.cn
发　　行／社会科学文献出版社（010）59367028
印　　装／三河市龙林印务有限公司

规　　格／开　本：787mm×1092mm　1/16
　　　　　印　张：14.75　字　数：225 千字
版　　次／2024 年 10 月第 1 版　2024 年 10 月第 1 次印刷
书　　号／ISBN 978-7-5228-3688-1
定　　价／98.00 元

读者服务电话：4008918866